国家安全学
学科建设工程系列丛书

新型领域安全概论

郭晓兵 · 主　编　刘兰芬 · 副主编

时 事 出 版 社
北 京

《新型领域安全概论》

主　编

郭晓兵

副主编

刘兰芬

撰稿人（按姓氏笔画排序）

尹玉海　巩小豪　余佳颖　张敏学　筱　卉

出版说明

国家安全是安邦定国的重要基石，是实现“两个一百年”奋斗目标和中华民族伟大复兴中国梦的重要保障。

进入新时代，我国国家安全内涵和外延比历史上任何时候都要丰富，时空领域比历史上任何时候都要宽广，内外因素比历史上任何时候都要复杂。内部安全和外部安全相互叠加，传统安全和非传统安全相互交织，“黑天鹅”“灰犀牛”事件时有发生，维护国家安全的任务更加艰巨。正是在对时代发展大势的科学准确把握中，在对中国特色国家安全道路的不懈探索中，总体国家安全观应运而生，为从党和国家工作全局上认识国家安全、定位国家安全、把握国家安全提供了强大思想武器。

总体国家安全观是系统完整、逻辑严密、相互贯通的科学理论体系，其顺应时代之变、满足理论之需、切合实践之要，科学回答了维护和塑造国家安全所面临的一系列重大问题，是马克思主义国家安全理论中国化的最新成果，是中国共产党和中国人民捍卫国家主权、安全、发展利益百年奋斗实践经验和集体智慧的结晶。总体国家安全观是习近平新时代中国特色社会主义思想的“国家安全篇”，是我们党深刻总结中外历史经验教训，在新时代创立并不断推动完善的中国特色国家安全理论，是新时代国家安全工作的根本遵循和行动指南。

在此背景下，2020 年 12 月国务院学位委员会决定设立交叉学科门类并下设国家安全学一级学科。国家安全学作为服务总体国家安全观的综合性、交叉性核心支撑学科，以统筹国家安全与发展的根本性、全局性重大风险安全问题及应对为研究对象，致力于培养具有宏观、全局和全球战略思维以及具备观大势、察风险、谋远略、控全局能力的国家安全复合型专门人才。国家安全学下设四个二级学科：国家安全思想与理论、国家安全战略、国家安全治理和国家安全技术。

为加强做好推动国家安全学学科建设，国家安全学学科评议组根据国务院学位办相关要求，认真学习贯彻总体国家安全观，为创建具有鲜明中国特色的国家安全学，切实加强和支撑国家安全学学科体系及教材建设，提高人才培养特色、质量和水平的力度，组织首批国家安全学博士和硕士学位授权点单位资深专家学者，集中精力，勠力同心，共同撰写国家安全学学科建设工程系列丛书。

该丛书的编写坚持以总体国家安全观为统领，以“四个二级学科”和国家安全“二十个重大领域”分别为研究撰写对象，从构建学科知识图谱入手，明确学科核心知识点及其演化与逻辑，兼具古今中外时空维度，学理性与实用性并重，理论阐释与实证分析并举，是国家安全学学科体系建设的一项基础性关键性工作，有助于构建好跨门类交叉的国家安全学知识体系和课程体系，探索闯出中国特色国家安全学学科建设新路径，为推进国家安全体系和能力现代化提供学理支撑及人才支持。

本套系列丛书可用于教材及科研、实务工作学习参考。

由于水平有限，书中难免有不当之处，欢迎读者批评指正。

国家安全学学科评议组

目　录

绪　论

外空、深海、极地等新型领域是国家安全的最前沿，是国际社会高度关注的战略新疆域。这些领域具有极高、极深或极冷的特征，以往被视为人类难以涉足的绝域禁地。但随着科技的发展，它们逐步成为人们研究甚至开发的热点。能否在新型领域占有一席之地，能否在新型领域治理中拥有一定的话语权，对于一国的军事安全、经济安全和资源安全有着至关重要的影响。

第一节　新型领域安全的概念与内容

新型领域安全是一个动态的概念，其具体内涵随时代的变化而变化。在总体国家安全观框架下讨论新型领域安全，最初主要指外空、深海、极地安全，后来又将生物安全列入其中。[①] 由于在本套丛书编写中，生物安全另有专著讨论，所以本书所说的新型领域安全仅限于外空、深海、极地三个领域。

一、新型领域安全的概念

迄今为止，新型领域安全主要是一个法律、政策概念，多见于国家安全相关立法解释及政策文件。相关学术探讨多见于新疆域安全、

① 2020年，生物安全被纳入国家安全体系，参见《习近平2020年2月14日在中央全面深化改革委员会第十二次会议上的讲话》。

全球公域安全等论述之中。

（一）新型领域安全概念的提出

新型领域安全最早体现在2015年版《中华人民共和国国家安全法》（以下简称《国家安全法》）第三十二条的规定之中。《国家安全法》第三十二条规定："国家坚持和平探索和利用外层空间、国际海底区域和极地，增强安全进出、科学考察、开发利用的能力，加强国际合作，维护我国在外层空间、国际海底区域和极地的活动、资产和其他利益的安全。"①《国家安全法》并未直接使用新型领域安全的概念，但参与《国家安全法》制定工作的人员明确指出，该条款是"关于维护新型领域安全任务的规定"，并解释道"外层空间、国际海底区域和极地等新型领域，虽然目前还不属于国家主权管辖范围，但是近年来，这些新型领域对于国家安全的重要性，已经越来越成为世界各国的共识。世界各国普遍认为这些领域属于未来国家利益拓展和维护国家安全的'战略新疆域'"。②

该条款是在全国人民代表大会法律委员会审议《中华人民共和国国家安全法（草案）》的过程中，一些全国人民代表大会法律委员会常委委员、参与审议的列席人员以及相关部门提议增加的。他们认为："我国在外空、深海和极地这些'战略新疆域'有着现实和潜在的重大国家利益，也面临着安全威胁和挑战，应当将维护这些领域的安全任务纳入国家安全法。"全国人民代表大会法律委员会经过与中央海权办、外交部等部门和有关专家的研究论证，最终同意增列新型领域安全条款。③

此后，新型领域安全频频见于一系列党中央和国务院文件之中。

---

① 《中华人民共和国国家安全法》第三十二条，中国政府网，https：//www.gov.cn/zhengce/2015－07/01/content_2893902.htm。

② 郑淑娜主编：《〈中华人民共和国国家安全法〉导读与释义》，中国民主法制出版社2016年版，前言、第158页。

③ 《全国人民代表大会法律委员会关于〈中华人民共和国国家安全法（草案）〉审议结果的报告》，引自郑淑娜主编：《〈中华人民共和国国家安全法〉导读与释义》，中国民主法制出版社2016年版，第309页。

例如，《中共中央关于制定国民经济和社会发展第十四个五年规划和二〇三五年远景目标的建议》要求“维护新型领域安全”。[①]《中华人民共和国国民经济和社会发展第十四个五年规划和2035年远景目标纲要》提出，“切实维护新型领域安全”。[②]教育部制定的《大中小学国家安全教育指导纲要》也提出“新型领域安全包括太空、深海、极地、生物等发展探索、保护利用等，是未来国际竞争的新焦点，面临技术挑战、参与国际规则制定等问题。维护新型领域安全必须推进顶层设计、加快人才培养、深化国际合作等”。[③]

“新型领域”与“新疆域”两个词经常相互替换。在国家领导人讲话和对外政策文件中，多以新疆域来指代新型领域。如习近平主席提出，“要秉持和平、主权、普惠、共治原则，把深海、极地、外空、互联网等领域打造成各方合作的新疆域，而不是相互博弈的竞技场”。[④]但是细究起来，新型领域与新疆域还是有微妙区别。新型领域主要用于法律语言，范畴比较清晰，就是指外空、深海、极地以及后加的生物。而新疆域范围更广，除了外空、深海、极地之外，一般网络也包括在内。一些研究者还将人工智能也作为新疆域。[⑤]从逻辑上来讲，疆域是指某种地理空间[⑥]，传统的疆域包括领陆、领水、领空。而领陆之外的陆地如南极洲等，领水之外的水域如公海及其海底等，领

① 《中共中央关于制定国民经济和社会发展第十四个五年规划和二〇三五年远景目标的建议》，中国政府网，2020年11月3日，https：//www.gov.cn/zhengce/2020－11/03/content_5556991.htm。

② 《中华人民共和国国民经济和社会发展第十四个五年规划和2035年远景目标纲要》，中国政府网，2021年3月12日，https：//www.gov.cn/xinwen/2021－03/13/content_5592681.htm。

③ 中华人民共和国教育部：《大中小学国家安全教育指导纲要》，2020年9月28日，第6页。

④ 习近平：《共同构建人类命运共同体》，《求是》2021年第1期，http：//www.qstheory.cn/dukan/qs/2021－01/01/c_1126935865.htm。

⑤ 孙吉胜、韩雪亮、刘天一：《新疆域治理和未来全球治理格局中的中国角色》，《当代中国与世界》2023年第4期，第4—18页。

⑥ 陈宇：《人类命运共同体视域中的国家传统疆域与新疆域》，《世界地理研究》2021年第5期，第893—902页。

空之外的空间如外空等应算作新疆域。网络作为一种新近形成的虚拟空间，也可以算作新疆域。但生物、人工智能并非独立的空间概念，而是有了新发展的传统领域或最近出现并迅猛发展的领域。[①] 称它们为新疆域只是隐喻意义上的新疆域，并非物理意义上的新疆域。本书所讲新型领域，主要指物理意义上的新疆域，而不包括隐喻意义上的新疆域，也不包括网络虚拟空间。

（二）新型领域安全的内容

新型领域安全涵盖外空安全、深海安全和极地安全三个领域的安全问题。三个领域既有一定共性，但又有各自独特的规律。

1. 外空安全

外空通常是指地球大气层之外的区域，国际航空联合会定义离地球海平面100千米的高度为“卡门线”（以美国科学家西奥多·冯·卡门的名字命名），作为大气层与外空的分界线。外空安全，是外空系统、外空权益、外空活动、外空轨道环境等方面不受威胁、侵害的客观状态。它包括确保外空环境中的安全与和平，防止外空活动、外空资产和外空科技被恶意利用、破坏或导致冲突等。概而言之，它包含两个方面问题。一是军事层面的外空安全问题，主要涉及维护外空和平，防止外空军备竞赛，防止冲突或战争。二是与和平利用外空活动相关的安全与安全保护问题，主要涉及减缓外空碎片的数量增长、完善外空交通管理等。[②] 两者相比较而言，维护外空和平是促进外空开发和利用的前提和条件，是确保外空安全的根本性问题。[③] 针对外空安全，习近平主席指出：“太空资产是国家战略资产，要管好用好，更要保护好。要全面加强防护力量建设，提高容灾备份、抗毁生存、信息

---

① 关于新型领域范围的辨析，可参见赵先刚：《科学认知新型领域》，《解放军报》2020年5月12日，http://www.81.cn/szb_223187/szbxq/index.html?paperName=jfjb&paperDate=2020-05-12&paperNumber=07&articleid=757218。

② 《李松大使在裁谈会“防止外空军备竞赛”附属机构首次会议上的发言》，中华人民共和国常驻联合国日内瓦办事处和瑞士其他国际组织代表团网站，2022年3月22日，http://geneva.china-mission.gov.cn/chn/dbtxwx/202203/t20220328_10656760.htm。

③ 中国现代国际关系研究院太空安全课题组：《第三太空时代的安全挑战与规则构建》，《当代世界》2022年第2期，第47—51页。

防护能力。要加强太空交通管理，确保太空系统稳定有序运行。要开展太空安全国际合作，提高太空危机管控和综合治理效能。”①

2. 深海安全

深海的概念随着深潜技术的发展而不断调整变化。按照海洋资源及海洋工程的分布情况，一般将水平面1000米以下的海域称为深海域。由于全球海洋90%的海域水深大于1000米，而海洋面积占地球总表面积的71%，因此深海海域面积约占地球表面积的65%。② 深海是“地球上最后的未被人类全面系统感知和利用的地理空间”。③ 深海安全包括以下四个方面内容。一是深海经济与资源安全，即确保我国在开采和使用国际海底地区矿物质和生物资源的权利。二是深海军事安全，即充分利用深海便于机动和隐蔽的特点，确保核报复力量的生存能力和还击能力，以及确保深海基础设施的安全。三是深海生态安全，即平衡资源开发与环境保护，避免破坏脆弱的深海生态环境。四是深海科技安全，即掌握深海进入、深海探测、深海开发关键技术，在深水、绿色、安全的海洋高技术领域取得突破，提高深海科学考察、勘探开发和运载能力。④

3. 极地安全

本书所涉及的极地指包含北极点与南极点在内的、以北冰洋和南极洲为中心区域并包括其广大周边地区在内的区域。极地安全涵盖四个方面的内容。⑤ 一是极地自身安全，主要指极地作为一种稳定状态而自然存在的安全。二是极地地区安全，主要指各国在领土主权、海洋划界、地缘政治等方面的激烈竞争。三是极地人类安全，主要指在极

---

① 《习近平在视察驻陕西部队某基地时强调　聚焦备战打仗　加快创新发展　全面提升履行使命任务能力》，人民网，2021年9月16日，http：//politics. people. com. cn/n1/2021/0916/c1024－32229347. html。

② 胡波：《中国的深海战略与海洋强国建设》，《人民论坛·学术前沿》2017年9月下，http：//www. rmlt. com. cn/2017/1017/500112. shtml。

③ 胡波：《中国的深海战略与海洋强国建设》，《人民论坛·学术前沿》2017年9月下，http：//www. rmlt. com. cn/2017/1017/500112. shtml。

④ 《总体国家安全观干部读本》编委会：《总体国家安全观干部读本》，人民出版社2016年版，第123—124页。

⑤ 云宇龙：《北极安全治理及其中国参与研究——基于复杂性的理论视角》，博士学位论文，武汉大学，2019年，第28—29页。

地活动的人类安全。四是极地共同安全，主要指极地作为全球公域，对不同国家、地区、种族等生存发展的关联性或扩散性安全威胁。从国家安全的角度来看，极地安全是指国家和平探索和利用极地，增强安全进出、科学考察、开发利用极地的能力，加强国际合作，维护国家在极地的活动、资产和其他利益的安全。[①]

二、新型领域安全的特点

与其他国家安全领域相比，新型领域安全具有突出的公域性、前沿性和战略性。

（一）公域性

外空、深海、极地与通常所说的全球公域高度重合。所谓“公域”，源自英国的“公共土地”一词。根据古代英国的法律，平民可在公共土地上割草或放牧牲畜。所谓“全球公域”，联合国机构认为是指“处于国家管辖之外的区域和资产”或“处于任一国家政治管辖之外的资源领域或区域”。[②] 美国认为，“全球公域”是指“不受单个国家控制，同时又为各国所依赖的领域或区域”。[③] 国际上对于全球公域的范围并无共识，但一般认为外空、深海和极地属于全球公域，[④] 因为外空、深海、极地的大多数区域位于主权国家管辖范围之外，属于人类共同财产、共同遗产或共同关切。[⑤] 正是因为如此，其治理机制非常

---

① 关于极地安全的论述，参见邓贝西：《“全球公域”视角下的极地安全问题与中国的应对》，《江南社会学院学报》2018 年第 3 期，第 31—38 页。

② United Nations Statistics Division，“Global Commons Definition”，http：//unstats. un. org/unsd/environmentgl/gesform. asp? getitem = 573；UNEP，“Divison of Environmental Law and Conventions”，IEG of the Global Commons，http：//www. unep. org/delc/GlobalCommons/tabid/54404/.

③ DOD，“Quadrennial Defense Review Report”，February 2010，p. 8，https：//dod. defense. gov/Portals/1/features/defenseReviews/QDR/QDR_as_of_29JAN10_1600. pdf.

④ Lieutenant Colonel Patrick W. Franzese，USAF，“Sovereignty in Cyberspace：Can it Exist?”，The Air Force Law Review，Vol. 64，2009，p. 15，https：//www. afjag. af. mil/Portals/77/documents/AFD－091026－024. pdf.

⑤ 孙灿、郑普建：《国内学界“全球公域”研究综述》，《战略决策研究》2014 年第 3 期，第 85—95 页。

复杂，涉及从公私实体到国家，再到超国家行为体等各种行为体。其利益分配也非常复杂，需要兼顾企业、国家和国际社会的共同利益。如果管理不善，就会出现“公地的悲剧”。[①] 值得注意的是，并非所有的外空、深海、极地都属于全球公域，因为有部分的深海和极地区域受到主权国家的管辖，而外空与领空的界限也缺乏共识。[②]

（二）前沿性

首先，新型领域安全与前沿科技的发展密切相关。新型领域的开拓是科技进步的结果。正如没有指南针，就难以完成环球航海旅行，如果没有航天科技、深潜科技、极地科技的发展，外空、深海、极地对于人类来说就仍然是难以涉足的绝域禁地。美国智库新美国安全中心在总结全球公域安全的特点时，特别指出，要出入外空、公海等全球公域，国家和非国家行为体必须掌握必要的技术能力。[③] 哪个国家在技术上领先，就能在新型领域的能力布局和规则塑造上占得先机。不仅如此，为探索新型领域而进行的科技研发又产生外溢效应，应用于其他领域，将成为带动整个国家先进生产力发展的龙头。但同时也要看到，新型领域安全的高科技特征也带来了相应的高成本和高风险。[④]

其次，新型领域安全议题不断推陈出新，相关领域的规则构建与博弈也是众所瞩目的前沿问题。如外空领域的交通管理问题、低轨巨型卫星星座管理问题、商业卫星介入武装冲突的问题、地月空间安全问题，深海领域的矿物开采问题、海底光缆等关键基础设施的保护问题，极地领域的大陆架划分问题、航道管理问题等。

---

① Garret Hardin, “The Tragedy of the Commons”, Science, 1968, 162 (13), https: //math. uchicago. edu/ ~shmuel/Modeling/Hardin, %20Tragedy%20of%20the%20Commons. pdf.

② 关于新疆域与全球公域的联系与区别，参见赵隆：《论中国新疆域外交的体系建构和话语建构》，《世界经济与政治论坛》2018 年第 4 期，第 39—53 页。

③ Abraham M. Denmark, James Mulvenon eds. , “Contested Commons: the Future of American Power in a Multipolar World”, Center for a New American Security, January 2010, p. 10, https: //www. cnas. org/publications/reports/contested - commons - the - future - of - american - power - in - a - multipolar - world.

④ 张茗：《全球公域：从“部分”治理到“全球”治理》，《世界经济与政治》2013 年第 11 期，第 57—77 页。

（三）战略性

新型领域包含的范围很广，各领域之间差异巨大，外空极高远，深海极深邃，极地极寒冷。但它们都是资源的宝库、科技的前沿、产业的增长点、军事的制高点。其开发和利用对于维护和促进国家的军事安全、资源安全、科技安全、经济安全具有重要意义。外空具有居高临下、俯视地球表面的优势。作为作战支持力量，它可以提供侦察、通信、预警、导航、定位、天气预报等各种服务。作为作战打击力量，它具有巨大的潜在势能和全球快速打击的能力。因此，美国前总统肯尼迪曾说，谁能控制外空，谁就能控制地球。深海之下隐身效果好，难以追踪，所以战略核潜艇成为美英法等核武器国家战略核武库中唯一或最重要的一根支柱。南北两极看似苦寒遥远，但在全球战略中却居于枢纽地位。北极位于欧亚大陆和北美大陆顶端，若北半球大国爆发冲突，北极上空是攻击彼此的捷径。而北冰洋航道的开通也将改变国际航道格局，深刻影响全球贸易往来路径。展望未来，外空、深海、极地丰富的资源意味着人类未来的希望，捷足先登者在未来竞争中也将获得巨大优势。

第二节　新型领域安全的突出问题

正如大航海时代曾深刻改变了全球政治、经济和安全格局，深刻影响了各个大陆上古老民族和国家的安全，当前新型领域的开拓也给世界各国提出新的安全命题。其中既蕴藏着重大机遇，也伴随着巨大风险。

一、规则博弈热点

为了规范新型领域的安全秩序，国际社会达成了一系列的条约和公约，构建了初步的规则和机制。但总的来说，新型领域的规则建设仍存在较多的制度短板和理念分歧。[①] 随着技术的革命性发展和地缘政

---

① 杨剑、郑英琴：《“人类命运共同体”思想与新疆域的国际治理》，《国际问题研究》2017 年第 4 期，第 1—16 页。

治翻天覆地的变化，新型领域的规则博弈近年来趋于激烈。在外空安全方面，主要有五大条约，即《关于各国探索和利用包括月球和其他天体在内外层空间活动的原则条约》（以下简称《外空条约》）、《关于援救航天员、送回航天员及送回射入外空之物体之协定》（以下简称《营救协定》）、《空间物体造成损害的国际责任公约》（以下简称《责任公约》）、《关于登记射入外空物体的公约》（以下简称《登记公约》）和《关于各国在月球和其他天体上活动的协定》（以下简称《月球协定》）。它们规定了外空安全的基本原则，如一切国家都可以不受歧视、平等地、自由地进行外空活动，缔约国不得将外空据为己有，不得在外空放置核武器及其他大规模杀伤性武器，禁止在月球及其他天体上部署大规模杀伤性武器，外空科研须用于和平目的。但这些条约有其不足之处，如没有禁止近地轨道的军事化，没有禁止发展和部署天基常规武器，也没有禁止反卫星武器，对“和平利用外空”“外空军事化”等具体概念没有明确界定。近年来，随着外空博弈加剧，关于外空规则的讨论和制定也变得极为活跃。在各种推进构建外空安全规则的倡议中，有四个影响较大：一是中俄的《防止在外空放置武器、对外空物体使用或威胁使用武力条约》草案；二是欧盟提出的国际“外空行为准则”；三是英国提出的“负责任外空行为准则”，建议各国就何为负责任的外空行为准则达成共识；四是美国提出的“暂停地基直升式反卫星试验”倡议。①

在深海安全方面，《联合国海洋法公约》第十一部分和《关于执行1982年12月10日〈海洋法公约〉第十一部分的协定》对国际海底区域作了规定，将其界定为主权国家管辖范围以外的海底、洋底及其底土，并规定国际海底区域及其自然资源是人类的共同继承财产，国际海底区域资源开发的一切权利属于全人类，由国际海底管理局代表全人类对其进行管理。② 但是各国对于深海采矿分歧较大。法国、德国、

---

① 中国现代国际关系研究院太空安全课题组：《第三太空时代的安全挑战与规则构建》，《当代世界》2022年第2期，第47—51页。

② 郑淑娜主编：《〈中华人民共和国国家安全法〉导读与释义》，中国民主法制出版社2016年版，第158页。

智利、新西兰、帕劳、瓦努阿图等国对深海采矿持怀疑态度，认为应采取预防性暂停措施，直至出台完整的国际性深海采矿规则。而俄罗斯、英国、日本、挪威、墨西哥、瑙鲁等国则积极推进深海采矿。由于成员国分歧较大，截至2024年初，国际海底管理局尚未制定深海采矿规则。

在极地安全方面，《南极条约》对南极的法律地位作出了规定，冻结南极的任何领土主权要求，原来提出过领土主权要求的国家可以不放弃其主张，但也不能提出新的主张，原来没有提出过领土主权主张的国家不得提出新的要求。条约还要求南极永远只能用于和平目的、科学考察、科学合作和环境保护等。但该条约并未对南极大陆周边海域的经济专属区、大陆架等问题作出规定。部分国家提出划分南极周边海域大陆架的主张。还有一些国家通过在南极建立陆地和海洋特别保护区来谋求对南极特定地区的“软控制”。①

规范北极地区安全秩序的国际法主要有《联合国海洋法公约》《斯匹次卑尔根群岛条约》《保护北极熊协定》，以及其他适用于北极地区的国际公约。② 环北极国家在北冰洋拥有领海、毗连区、专属经济区和大陆架，由此也引发了一些争议。例如，俄罗斯、加拿大、丹麦、美国等北冰洋沿岸国相继提出对北冰洋外大陆架的主张，压缩了北冰洋国际海底区域的面积。这方面的最新动态是美国于2020年8月单方面宣布在北冰洋等区域延伸大陆架的主张，遭到俄罗斯强烈反对。③ 此外，受俄乌冲突影响，协商北极事务的北极理事会陷于瘫痪。

二、军事斗争焦点

外空、极地、深海具有重要军事价值，被称作军事力量的“倍增

---

① 邓贝西：《“全球公域”视角下的极地安全问题与中国的应对》，《江南社会学院学报》2018年第3期，第31—38页。

② 郑淑娜主编：《〈中华人民共和国国家安全法〉导读与释义》，中国民主法制出版社2016年版，第160页。

③ 邓贝西：《“全球公域”视角下的极地安全问题与中国的应对》，《江南社会学院学报》2018年第3期，第31—38页；《美国扩大北极领土主张加剧与俄矛盾》，新华网，2023年12月27日，http://www.xinhuanet.com/word/20231227/eb2465/ffa34bla8lc93a37869ede13/c.html。

器”和军事战略的“赋能器”。例如，美国战略界认为，对公海和外空等全球公域的控制是美国霸权的关键性支撑力量。[①] 欧洲战略界也认为，公海、国际空域、外空等全球公域是具有战略价值的开放性空间，欧洲必须在其中发挥独特作用。[②] 随着国际安全格局演变，这些领域的军事斗争形势更趋复杂。在外空领域，外空战场化增加了外空军备竞赛和外空武装冲突风险。人类甫一进入外空，外空军事化进程就已开启。但在冷战时期，外空设施主要与核武器的侦察、预警、指挥、控制相关，属于战略层面的融合。后来，随着技术发展，外空设施在常规作战支持方面大显神威。近年来，外空不再仅仅提供作战支持，而是要作为一支独立军种实施攻防作战，外空本身就要成为战场。这表现在以下三个方面。一是在军事建制方面，建立外空军蔚成潮流。2019 年，美国成立外空发展局、外空司令部、外空军三大机构。法日英印等国也纷纷效法，建立自己的外空部队。二是在外空装备方面，外空军备竞赛风险剧增。美国着力发展外空攻防能力，构建由数百颗卫星组成的外空国防架构，直接与导弹相联，能发现并摧毁高超音速导弹等运动目标。其他航天国家也不甘落后。俄法日印等国纷纷发展新型反卫武器。三是在冲突风险方面，外空战日益临近。在冷战时期，外空与核战略稳定密切相关，因此美苏都不敢轻举妄动。但现在外空有了其独立的地位，而且与陆海空整体军力结合极为紧密。卫星攻防不一定导致核大战，因此在外空中动武的心理门槛降低，爆发外空武装冲突的风险大幅增加。

在深海领域，水下攻防成为各国军方关注重点。主要国家备战“海底战”，试图利用低成本的水下预置武器和水下传感器，并通过无人潜航器提供必要支援，执行情报监视侦察、水面战、反潜战、打击、

---

① Barry R. Posen, “Command of the Commons: The Military Foundation of U. S. Hegemony”, International Security, Vol. 28, No. 1, 2003, pp. 5 – 46, https://web.mit.edu/SSp/people/posen/commandofthecommons.pdf.

② Gerald Stang, “Global Commons: Between Cooperation and Competition”, European Union Institute for Security Studies, April 2013, pp. 1 – 4, https://ciaotest.cc.columbia.edu/pbei/weu/0029437/f_0029437_23887.pdf.

欺骗、水雷战和电磁战等任务。美国海军 2011 年发布的《水下战纲要》和 2016 年发布的《水下战科学和技术战略目标》都明确指出了科技创新对未来水下战的重要地位。其他主要海军强国也发展了专门的海底战能力。例如，俄罗斯研发潜深达千米的"波塞冬"无人潜航器，成为威慑对手的利器。

在极地领域，大国军事角力不断加码。美国明确在北极的战略目标为：增加北极水域行动，强化区域安全机制建设，提升北约在北极的威慑和防御能力。为此，美军采取系列步骤。一是怂恿北约成员国成立大西洋司令部，加强对俄罗斯的威慑。二是重建第二舰队，负责美国东海岸、北大西洋的海空军和海军陆战队行动和管理，以限制俄罗斯在北大西洋扩张。① 三是抢先布子战略要地，在冰岛、格陵兰岛、扬马延岛等北极战略要地布子设点，并借俄乌冲突推动芬兰、瑞典加入北约。四是强化北极军演规模。而俄罗斯认为，北极地区现已成为多国领土、资源和军事战略利益争夺对象，冲突风险上升。为保护俄罗斯在北极的国家利益，俄罗斯将北方舰队提升至军区级别，加紧完善北极地区防空体系，强化北极早期预警网络。它还完善北极军事设施建设，在科捷利内岛、亚历山大地岛、弗兰格尔岛和施密特角兴建近 500 处军事设施。② 俄罗斯在北极地区的常态化部署也有所增强。俄罗斯北方舰队和太平洋舰队战机冷战后首度恢复北极空域常态化巡逻，并派遣反潜机在北方海航线执行监视和防范任务，监控航道周边舰船和潜艇活动。

三、产业增长发力点

新型领域既是连接全球的纽带，也是尚待开采的富矿。科技发展使得这些沉睡的财富被逐渐唤醒，成为产业发展的新风口。在外空领域，外空大开发的帷幕正在拉开。美国在 20 世纪 80 年代初就提出了

---

① 《俄议员：俄罗斯将采取适当措施回应美国重建第二舰队》，俄罗斯卫星通讯社，2018 年 8 月 25 日，http：//sputniknews. cn/military/201808251026210465/。

② "Russia Built over 710000 Square Meters of Arctic Military Facilities in Six Years", March 11，2019，https：//arctic. ru/news/20190311/828547. html.

“高边疆”理论，在这一思路指导下，美国里根政府在军事和民用航天之外，另辟商业航天，鼓励私人资本进军航天领域。40 多年来，外空产业蓬勃发展，未来更将“钱途”无量。据瑞士银行预测，2030 年全球外空产业产值将达到 8000 亿美元。时任美国商务部部长罗斯指出，在未来 20 年内外空产业规模可达 1 万亿美元，足见外空产业的巨大潜力。外空之富来自何处？首先，是建立在外空基础设施之上的信息产业。在信息社会，外空基础设施堪称“基础设施之基础设施”，与人类生活息息相关。如果没有卫星，就无法进行通信广播、定位导航、气象预报、资源勘探，人们的整个生活就会倒退到前信息化时代。其次，外空资源极为丰富。月球、小行星上均有储量巨大的各类矿物。美国外空战略学家加勒森说，各国在地球上争得头破血流，所争不过是一国国内生产总值的一个百分点，而外空资源则是全球国内生产总值总额的无数倍，善于开采利用外空资源的国家将获得与其领土和人口不成比例的优势。最后，外空科技整体带动效应显著。历史经验表明，外空探索投入巨大，但回报也极为丰厚。现在很多新兴产业系航天科技孵化而来，如纳米技术、超级计算机、电子医学，乃至纸尿裤都是航天工程的产物。

在深海领域，海底矿产产业正从勘探阶段迈向开发阶段。国际海底地区蕴藏着大量的多金属结核、富钴结壳、多金属硫化物、天然气水合物和深海生物基因等。随着全球地缘政治环境变动，有些国家为了保障本国战略资源供应安全，也把目光投向了深海。挪威政府 2023 年年初透露，其沿海大陆架上有铜、稀土金属等多种矿物。[①] 该国将开放部分水域，进行深海采矿等商业性海底矿产活动。[②] 美国国务院国际安全咨询委员会建议国务院应重新审查《海洋法》在海底采矿和深海

---

① 《挪威海底发现大量矿藏资源》，2023 年 2 月 2 日，https：//www.rfi.fr/cn/%E4%B8%93%E6%A0%8F%E6%A3%80%E7%B4%A2/%E7%94%9F%E6%80%81-%E5%81%A5%E5%BA%B7%E4%B8%8E%E7%A7%91%E6%8A%80/20230202-%E6%8C%AA%E5%A8%81%E6%B5%B7%E5%BA%95%E5%8F%91%E7%8E%B0%E5%A4%A7%E9%87%8F%E7%9F%BF%E8%97%8F%E8%B5%84%E6%BA%90。

② 罗保熙：《挪威率先开放深海采矿中美为争夺关键金属“决战海底”?》，《联合早报》2023 年 7 月 8 日，https：//www.zaobao.com/wencui/political/story20230708-1411848。

采矿方面的适用性。[①] 美国、加拿大、比利时等国的国际财团纷纷开展深海采矿试验，以期进入深海开发第一梯队。此外，海洋生物基因资源受到广泛关注，欧美等海洋强国纷纷发起相关研究计划，加速海洋生物基因资源的采探与储备。[②]

在极地领域，随着北极气候变暖趋势愈发明显，北极航道商业化开发和应用逐步受到地区大国重视。2018 年 7 月，诺瓦泰克公司液化天然气运输船首次经北极航线到达中国。[③] 从 2020 年 4 月北极理事会网站发布的首份《北极运输情况报告》来看，2013—2019 年北极海域船舶数量增长 25%，总运输量增长 75%，其中干货船运输量增长 160%。虽然受俄乌冲突冲击，北极航道开发近年暂时趋冷，但长远来看，发展潜力依然很大。[④] 在南极，随着渔业装备与技术的发展进步，南极磷虾的资源开发与利用备受关注。国际上已经形成以生态型高效捕捞技术支撑、高附加值产品驱动、集海上捕捞与船载加工为一体的全新型南极磷虾产业。[⑤]

第三节　维护新型领域安全的原则与实践

新型领域是国家安全的新疆域，也是全球治理的新疆域。想要有效维护在新型领域的国家利益，就必须努力壮大在新型领域的各方面

---

① Department of State International Security Advisory, "Report on the Impact of Artificial Intelligence and Associated Technologies on Arms Control, Nonproliferation, and Verification", October 2023, p. 10.

② 刘峰、刘予、宋成兵等：《中国深海大洋事业跨越发展的三十年》，《中国有色金属学报》2021 年第 10 期，第 2613—2623 页。

③ "Russia's Novatek Ships First LNG Cargo to China Via Arctic", Reuters, July 19, 2018, https://www.reuters.com/article/us-novatek-cnpc-lng/russias-novatek-ships-first-lng-cargo-to-china-via-arctic-iduskbn1k90yn.

④ 总体国家安全观研究中心、中国现代国际关系研究院：《气候变化与国家安全》，时事出版社 2022 年版，第 141 页。

⑤ 《南极“小”磷虾靠科技创新促进极地渔业“大”发展》，农业农村部网站，http://www.gov.cn/xw/bmdt/201801/t20180109_6134348.htm。

实力，并大力推动新型领域的国际规则建设。

一、维护新型领域安全的原则

新型领域安全往往超出国界，关乎全人类的利益，因此国际法努力在这些领域规范资源开发，防止爆发战争，并促进和平进程。[①]《外空条约》等国际外空法规定了和平利用原则、共同利用原则、平等共有原则和不得据为己有原则。《联合国海洋法公约》和《关于执行1982年12月10日〈海洋法公约〉第十一部分的协定》规定，公海应只用于和平目的，并规定用和平方式解决争端，还规定国际海底区域及其自然资源是人类的共同继承财产。[②]《南极条约》和其他条约规定，南极永远只用于和平目的、科学考察自由、各国科学合作，各国对南极有环境保护义务等。[③]

针对外空、深海、极地等领域面临的新形势新挑战，中国依据相关的国际法准则，提出要秉持"和平、发展、普惠、共治原则，积极推动新疆域治理规则与时俱进"[④]，努力在新型领域建设人类命运共同体。[⑤]中国在一系列法律、政府文件中重申以上原则。在外空领域，中

---

① 韩雪晴、王义桅：《全球公域：思想渊源、概念谱系与学术反思》，《中国社会科学》2014年第6期，第188—205页。

② 《联合国海洋法公约》第八十八条、第二百七十九条、第二百八十条，https://www.un.org/depts/los/convention_agreements/texts/unclos/unclos_c.pdf。

③ 《关于全球治理变革和建设的中国方案》，中华人民共和国驻博茨瓦纳共和国大使馆网站，2023年9月27日，http://bw.china-embassy.gov.cn/sgxw/202309/t20230927_11151437.htm。

④ 《关于全球治理变革和建设的中国方案》，中华人民共和国驻博茨瓦纳共和国大使馆网站，2023年9月27日，http://bw.china-embassy.gov.cn/sgxw/202309/t20230927_11151437.htm。

⑤ 关于人类命运共同体与新型领域安全的论述，请参见杨剑、郑英琴：《"人类命运共同体"思想与新疆域的国际治理》，《国际问题研究》2017年第4期，第1—16页；孙吉胜、韩雪亮、刘天一：《新疆域治理和未来全球治理格局中的中国角色》，《当代中国与世界》2023年第4期，第4—18页；赵隆：《论中国新疆域外交的体系建构和话语建构》，《世界经济与政治论坛》2013年第4期，第39—53页；陈宇：《人类命运共同体视域中的国家传统疆域与新疆域》，《世界地理研究》2021年第5期，第893—902页；卢静：《构建人类命运共同体：破解全球公域治理赤字的中国方案》，《人民论坛·学术前沿》2022年11月上，第40—48页。

国始终坚持探索和利用外空为全人类谋福利的原则，维护以 1967 年《外空条约》为基石的外空国际秩序，在平等互利、和平利用、包容发展的基础上，开展外空国际合作，反对外空武器化和军备竞赛，倡导在外空领域构建人类命运共同体。[①] 在深海领域，《中华人民共和国深海海底区域资源勘探开发法》规定，深海海底区域资源勘探、开发活动应当坚持和平利用、合作共享、保护环境、维护人类共同利益的原则。[②] 在极地领域，中国一贯支持《南极条约》的宗旨和精神，秉持和平理念，坚决维护南极条约体系的稳定，是南极全球治理机制的维护者、参与者和建设者。[③] 中国还致力于维护和平、安全、稳定的北极秩序。[④] 在新型领域共治问题上，中国主张新疆域的治理规则应与时俱进，“充分反映发展中国家意见、利益和诉求，充分保障发展中国家的参与权、话语权和决策权”。[⑤]

二、维护新型领域安全的实践

中国在外空和海洋领域倡导构建人类命运共同体，积极参与极地治理，将新型领域的安全治理理念付诸实践。

（一）在外空领域推动构建人类命运共同体

在防止外空武器化方面，中国大力推动外空军控的立法进程。2007 年以来，中国在联合国大会第一委员会（以下简称联大一委）连续多年参加共提“防止外空军备竞赛”“防止外空军备竞赛进一步切实措施”“不首先在外空部署武器决议”。2008 年，中俄向日内瓦裁军谈判会议（以下简称裁谈会）提交了《禁止外空武器化条约》草案。

---

① 《关于全球治理变革和建设的中国方案》，中华人民共和国驻博茨瓦纳共和国大使馆网站，2023 年 9 月 27 日，http：//bw. china－embassy. gov. cn/sgxw/202309/t20230927_11151437. htm。

② 《〈中华人民共和国深海海底区域资源勘探开发法〉第三条》，中国政府网，https：//www. gov. cn/zhengce/2016－02/27/content_5046853. htm。

③ 中国国家海洋局：《中国的南极事业》，2017 年 5 月。

④ 中华人民共和国国务院新闻办公室：《中国的北极政策》，2018 年 1 月。

⑤ 《关于全球治理变革和建设的中国方案》，外交部官网，2023 年 9 月 13 日，https：//www. mfa. gov. cn/wjbxw_new/202309/t20230913_11142009. shtml。

2014 年 6 月，中俄在广泛吸收各方意见的基础上，又提出《禁止外空武器化条约》的更新草案。

在和平利用外空方面，中国积极参与和平利用外空国际合作，参加联合国和平利用外层空间委员会及其小组委员会工作，为外空活动长期可持续性序言和 21 条准则作出了重要贡献。《2021 中国的航天》白皮书指出，中国积极支持联合国灾害管理与应急反应天基信息平台北京办公室工作，深度参与联合国全球卫星导航系统国际委员会各项活动，加入空间任务规划咨询组和国际小行星预警网等国际机制；发挥亚太空间合作组织东道国作用，支持《亚太空间合作组织 2030 年发展愿景》；利用中俄航天合作分委会空间碎片工作组、中美空间碎片与空间飞行安全专家研讨会等机制加强在空间碎片、外空活动长期可持续等领域的交流；支持国际电信联盟、地球观测组织、机构间空间碎片协调委员会、国际空间数据系统咨询委员会、国际空间探索协调组、机构间互操作顾问委员会等国际组织活动。①

在开展国际外空合作方面，中国是航天国际合作的推动者，始终秉持航天事业是人类共同事业的理念，坚持在平等互利、和平利用、包容发展的基础上，深入开展外空领域国际交流合作。据《2021 中国的航天》白皮书，2016 年以来，中国与 19 个国家和地区、4 个国际组织签署了 46 项空间合作协定或谅解备忘录，携手开展载人航天、北斗导航、深空探测、外空技术、外空应用、空间科学、人才与学术交流等领域国际合作。中国开放空间站，被联合国相关官员盛赞为“全球共享外空”的一个“伟大范例”。“天问一号”探测器“祝融号”火星车与欧洲空间局“火星快车”轨道器成功开展在轨中继通信试验，书写了中欧并肩开展深空探测的佳话。

（二）在深海领域推动构建人类海洋命运共同体

在海洋强国战略和海洋命运共同体的理念指导下，中国的深海治理实践取得了重要进展。中国依据不同的海洋类型形成了“近海维权、

---

① 《2021 中国的航天》，中国政府网，2022 年 1 月 28 日，https：//www. gov. cn/zhengce/2022 - 01/28/content_5670920. htm。

深海开发、远洋护卫”多层次的深海发展战略定位，同时在不断建立健全国家深海战略体系，发展强调制深海权的海权战略、强调开发深海经济的海洋发展战略和海洋强国战略。2016 年，中国颁布《中华人民共和国深海海底区域资源勘探开发法》，首次对私人部门、社会组织及国内公民在国家管辖外海域的深海活动作出正式规定。在资源开发方面，中国秉持“棋盘”战略，初步形成了“三洋三多”（三洋指太平洋、印度洋、大西洋，三多指多海区、多资源、多船只）深海开发战略格局。

（三）积极参与极地治理

极地治理关乎全人类的福祉，是人类命运共同体理念的最佳践行地之一。随着中国综合国力的不断跃升，中国从极地治理体系的局外人，逐渐变成融入者和学习者，现在正在变成改革者乃至引领者。在北极，中国 2013 年成为北极理事会的正式观察员国。中国与北极八国开展了多领域的北极事务对话，并积极参与重要的北极国际论坛，如北极圈论坛大会、“北极前沿”大会、“北极 - 对话区域”国际北极论坛、北极问题科技部长会议等。2017 年，习近平提出共建“冰上丝绸之路”。2018 年 1 月，中国首次发布《中国的北极政策》白皮书，阐明了中国在北极问题上的基本立场，全面介绍了中国参与北极事务的政策目标、基本原则和主要政策主张。在南极，中国 1983 年成为《南极条约》的缔约国，此后逐步建立了南极考察基础设施体系。截至 2023 年 9 月，中国南极科考队已 39 次赴南极执行科考任务。中国相继在南极建成了长城站、中山站、昆仑站、泰山站和罗斯海新站。同时，中国努力推动多边、双边和区域国际合作，打造南极合作伙伴关系网络，与美国、澳大利亚、新西兰等国签订了有关南极合作的双边协定或备忘录。

《新型领域安全概论》一书是国家安全学学科建设工程系列丛书中的一本。本书以总体国家安全观为指导，聚焦外空、深海、极地安全问题。全书共一篇绪论、12 章正文。绪论旨在举其大要，为读者勾勒新型领域安全的概况。正文每个领域各 4 章内容，分别介绍该领域安全概况、相关法律、突出问题和安全政策。其中绪论作者为郭晓兵，

第一章“外空安全概述”作者为筱卉，第二章“外空安全法律”作者为尹玉海、余佳颖，第三章“外空安全的突出问题”和第四章“外空安全政策”作者为巩小豪，第五章到第八章深海安全部分的作者为刘兰芬，第九章到第十二章极地安全部分的作者为张敏学。深圳北理莫斯科大学中俄法学比较研究中心执行主任、中国国际法学会理事、中国空间法学会常务理事尹玉海能拨冗参与本书写作，贡献专业智慧，殊为不易，在此特别致谢。新型领域安全涉及的三个领域均十分精深，从总体国家安全观视角予以综合分析的著述尚不多见，此书只是应时之需的探路之作，错谬之处，恐难避免，一概由主编负责。著者惟愿本书能激发学生对新型领域安全的兴趣，鼓励更多有志之士加入相关研究中来。本书注释不厌其繁，不厌其细，正是出此“导夫先路”的初心。

第一章　外空安全概述

外空又被称作“高边疆”①，是随着航天技术发展而逐渐被人类开拓和利用的战略新疆域。外空安全是国家安全的重要内容，事关国家总体安全和战略安全，与军事、经济、科技、信息等领域安全息息相关，是世界主要航天大国必争必保的安全高地。明确界定外空安全的概念与内容，系统认识外空在国家安全体系中的地位与作用，是研究分析外空安全问题的重要基础。

第一节　外空安全的概念与内容

外空通常是指地球大气层之外的区域，但在法律和学术层面，国际上迄今无明确的外空定义。国际航空联合会将距离地球海平面100千米高度的“卡门线”作为大气层与外空的分界线。外空安全包括维护外空和平与稳定、和平利用外空等内容。

一、外空的定义

外空（Space或Outer Space），亦称“太空”“外层空间”“空间”“航天”。这些措辞从含义上看并无较大区别，但通常会随着不同的用语习惯出现在不同的语境中。“太空”常用于军事语境。“外空”是

① ［美］丹尼尔·奥·格雷厄姆著，张健志、马俊才、傅家祯译：《高边疆：新的国家战略》，军事科学出版社1988年版。

“外层空间”的略称，这两者和“空间”一同常用于国际法的语境。联合国框架下的外空法条约，其官方中文译法便常用“外层空间”（Outer Space）的措辞。“空间”常用于技术活动的语境。“航天”一词是名词同时也是动词，多用于技术能力建设领域。鉴于《国家安全法》第三十二条使用了“外层空间”的概念，为了保持国家安全学概念表述的一致性，本书基本采用“外层空间”的略称“外空”一词，个别引文及约定俗成的专有名词例外。

一般认为，外空是宇宙中无限的广阔区域，没有大气和重力约束，是没有固体、液体或气体物质存在的真空状态，物体在外空中可以自由运动。外空中包含行星、恒星、星云等天体，以及太阳系和银河系等天体系统。外空是人类进行航天探索和研究的目标之一，是进行天文观测、航天活动和探索宇宙的重要场所。

外空的定义问题，也就是外层空间与大气层空间的边界划分问题，一直是联合国和平利用外层空间委员会及法律与科学技术委员会的议题，但迄今没有定论。定义外空边界目前主要有两种方法，即空间论和功能论。

（一）空间论

空间论主张以空间的某种高度来划分领空和外层空间的界限，以确定两种不同法律制度适用的范围。地球物理学家将大气空间（或称为空气空间）分为5层①，分别为对流层（海平面至10千米）、平流层（10千米—40千米）、中间层（40千米—80千米）、热成层（电离层，80千米—370千米）和外大气层（电离层，370千米以上）。地球上空的大气约有75%存在于对流层内，97%在平流层以下。热成层的空气密度为地球表面的1%，在外空1.6万千米高度空气继续存在，甚至在10万千米高度仍有空气粒子。因此，空气空间与外层空间没有明确的界限。从地球表面到100千米的高度，随高度增加，空气越来越少。人造卫星离地面的最低高度为105千米—110千米。国际航空联合

① 刘进军编著：《天使的翅膀——宇宙飞船》，航空工业出版社2012年版，第6页。

会将离地球海平面100千米的高度定义为“卡门线”，作为大气层与外空的分界线。

（二）功能论

功能论主张根据飞行器的功能来确定其所适用的法律。如果是航天器，则其活动为航天活动，应适用外空法。如果是航空器，则其活动为航空活动，应受航空法的管理。主张采用这一方法的观点认为，整个空间是一个整体，没必要明确划分领空和外层空间的边界。根据功能论，重要的是对航天器与航空器的区分。

所谓航天器，又称空间飞行器、外空飞行器，通常是指按照天体力学的规律在外空运行，执行探索、开发、利用外空和天体等特定任务的各类飞行器。航天器为了完成航天任务，必须与航天运载器、航天器发射场和回收设施、航天测控和数据采集网与用户台站（网）等互相配合，协调工作，共同组成航天系统。航天器是执行航天任务的主体，是航天系统的主要组成部分。

航天器具有多种分类方法，可以按照其轨道性质、科技特点、质量大小、应用领域进行分类。按照应用领域进行分类是使用最广泛的航天器分类法。航天器分为军用航天器、民用航天器和军民两用航天器，这三种航天器都可以分为无人航天器和载人航天器。无人航天器分为人造地球卫星、空间探测器和货运飞船。载人航天器分为载人飞船、空间站、航天飞机和空天飞机。人造地球卫星分为科学卫星、技术试验卫星和应用卫星。科学卫星分为空间物理探测卫星和天文卫星。应用卫星分为通信卫星、气象卫星、导航卫星、测地卫星、地球资源卫星、侦察卫星、预警卫星、海洋监视卫星、截击卫星和多用途卫星等。空间探测器分为月球探测器、行星及其卫星探测器、行星际探测器和小行星探测器。

所谓航空器，是飞行器中的一个大类，是指通过机身与空气的相对运动而获得空气动力升空飞行的任何机器。任何一种航空器都必须产生出与自身重力相同的升力才能进入空中。根据升力的产生方式的不同，可分为两类：轻于空气的航空器和重于空气的航空器，前者依靠空气之静浮力升空；后者依靠空气动力克服自身重力升空。目前我们能见到的航空器主要包括飞机、气球、飞艇、直升机、滑翔机等。

二、外空安全的概念

外空安全，是外空系统、外空权益、外空活动和外空轨道环境等方面不受威胁、侵害的客观状态。广义上讲，是指确保外空环境中的安全与和平，防止外空活动、外空资产和外空科技被恶意利用、破坏或导致冲突等。

外空安全的本质是和平与发展问题。具体而言，它包含两个层面问题。其一，要维护外空领域的和平，就要防止外空军备竞赛，防止冲突或战争，由此衍生出与军事层面相关的外空安全。其二，要在外空领域谋发展，就要探索和开发外空。在此过程中，必须处理好安全发展的问题，例如减缓外空碎片的数量增长、完善外空交通管理等，由此衍生出与和平利用外空活动相关的安全与安全保护问题。[①] 两者相比较而言，维护外空和平是促进外空开发和利用的前提和条件，是确保外空安全的根本性问题。由于外空与核武器联系紧密，维护全球战略稳定，防止外空冲突升级为核冲突是维护外空和平的核心议题。一旦发生外空战争，特别是核战争，不知会产生多少外空碎片，外空的电磁环境也会遭到严重干扰，和平利用外空的条件不复存在。因此，外空探索和开发过程中遭遇的安全问题虽然日益突出，但首要问题仍然是维护外空和平问题。[②]

外空与人类安全福祉息息相关。随着外空开发和探索活动增加、空间科技进步及其广泛应用，人类在外空的命运共同体特征越来越突出。中国在 2022 年 4 月提出全球安全倡议之后，又于 2023 年 2 月 22 日发布了《全球安全倡议概念文件》。其中重点合作方向之一就是外空。该文件明确提出：“加强外空领域国际合作，维护以国际法为基础

① 《李松大使在裁谈会“防止外空军备竞赛”附属机构首次会议上的发言》，中华人民共和国常驻联合国日内瓦办事处和瑞士其他国际组织代表团网站，2022 年 3 月 22 日，http：//geneva. china－mission. gov. cn/chn/dbtxwx/202203/t20220328_10656760. htm。

② 中国现代国际关系研究院太空安全课题组：《第三太空时代的安全挑战与规则构建》，《当代世界》2022 年第 2 期，第 47—51 页。

的外空国际秩序。基于国际法开展外空活动，维护在轨航天员的安全和空间设施的长期可持续。尊重并确保各国平等享有和平利用外空的权利。坚决反对外空武器化和军备竞赛，支持谈判缔结外空军控国际法律文书。”①

三、外空安全的内容

随着外空科技不断发展，各国外空活动日益增多，外空资源和技术竞争日趋激烈，外空安全问题日趋复杂严峻，外空安全范畴更加广泛。外空安全的主要内容包括维护外空的和平与稳定、保护外空活动和资产安全、外空活动透明和建立信任措施，以及为此制定履行相关国际法义务，包括国际条约、准则、规则等。维护外空安全的根本目标是防止军事冲突或战争，确保外空的自由、安全和可持续利用，国际合作应对外空安全事故或危机。具体包括以下内容。

（一）维护外空和平与稳定

维护外空安全的根本目标是防止在外空发生军事冲突或战争，维护外空共同和持久和平。外空军事化、武器化，以及由此引发的军备竞赛，是外空安全面临的现实性、根本性威胁，严重影响国际战略平衡与稳定。外空军控和防止外空军备竞赛是维护外空安全的重要内容。

自人类开始进行外空活动以来，就试图制定规则规范外空行为，以确保外空用于和平目的。1963 年 7 月，美国、苏联、英国签订的《禁止在大气层、外层空间和水下进行核试验条约》禁止在外空进行核试验。1967 年生效的《外空条约》规定，不得在外空放置核武器及大规模杀伤性武器，禁止在月球及其他天体上部署大规模杀伤性武器，外空科研须用于和平目的。1979 年，联合国大会通过的《月球协定》规定，确保各天体只用于和平目的，禁止对月球以及其他天体进行任何形式的军事化。在此基础上，国际社会确立了外空自由、和平利用外空、禁止在外空中部署大规模杀伤性武器等基本原则。但这些条约

---

① 《全球安全倡议概念文件（全文）》，中国政府网，2023 年 2 月 21 日，https：//www.gov.cn/xinwen/2023－02/21/content_5742481.htm。

没有禁止近地轨道的军事化，没有禁止发展和部署天基常规武器，也没有禁止反卫星武器，对“和平利用外空”“外空军事化”等具体概念没有明确界定。①

1978 年，首届裁军问题特别联合国大会确定“防止外空军备竞赛”（PAROS）的重要目标。1981 年，联合国大会首次通过决议，明确责成裁谈会就“防止外空军备竞赛”谈判国际文书。1982 年，“防止外空军备竞赛”正式纳入裁谈会议题。40 多年来，上述联合国大会决议历年均以压倒性多数获得通过，“防止外空军备竞赛”成为裁谈会最紧迫、最重要的议题之一。联大一委、裁谈会、联合国政府专家组等机制多年来围绕“防止外空军备竞赛”问题开展了大量工作，致力于推动裁谈会早日谈判缔结“防止外空军备竞赛”国际法律文书。围绕如何有效应对外空安全威胁和挑战，中国和俄罗斯于 2008 年共同向裁谈会提交《防止在外空放置武器、对外空物体使用或威胁使用武力条约》（PPWT）草案，并于 2014 年提交更新的案文。草案紧扣国际社会长期军控目标，通过明确禁止在外空放置武器、禁止对外空物体使用或威胁使用武力，有效解决外空安全最核心问题。

（二）保护外空活动和资产安全

保护外空资产、基础设施和活动、人员的安全，使其免受恶意行为的干扰和破坏，促进关于外空探索和开发的国际合作，以及为防止事故、减少和管控风险而采取的战略、政策和措施，也是外空安全的重要内容。主要包括：防止对卫星、航天器和地面控制系统等天基系统的意外或故意威胁；控制和减缓产生空间碎片，通过技术手段移除或防止空间碎片碰撞损害空间资产和活动；防止和避免卫星碰撞，必要时采取调整轨道等避碰措施等；探讨制定外空交通规则，加强外空活动的协调和监管；防止空间系统网络攻击、未经授权访问或使用空间资产；利用空间监测和预警系统，跟踪、防范和应对上述安全风险；保障宇航员和太空旅行参与者的生命安全，并为此采取营救措施等；

① 中国现代国际关系研究院：《地理与国家安全》，时事出版社 2021 年版，第 219—220 页。

加强国际合作与协商，包括共享数据、联合研究、制定共同的外空安全政策和规则，以及合作应对突发事件和危机等。

设在维也纳联合国办事处的联合国和平利用外层空间委员会，在制定和平利用外空的原则和规章、促进各国在和平利用外空领域的合作、研究与探索和利用外空有关的科技问题和可能产生的法律问题等方面，一直发挥着重要作用。该委员会自 1959 年成立以来，先后拟订并经联合国大会审议通过了五项国际公约和五项宣言和原则。

（三）外空透明与建立信任措施

适当、可行的外空透明与建立信任措施，对增进互信、减少误判、规范外空活动、维护外空安全具有积极意义。透明和建立信任措施可包括：外空政策、外空活动规划、外空活动风险预警等信息交换，外空发射活动观摩、外空设施参观、专家交流访问、国际合作与磋商等。

自 1990 年起，各国在联合国框架内就外空透明和建立信任措施开展了一系列讨论。联合国秘书长成立的“外空透明和建立信任措施”政府专家组分别于 1993 年、2013 年提交了研究报告，提出了一系列实质性的措施建议，倡导各国在自愿基础上实施。根据 2020 年和 2021 年联合国大会两次通过的“通过负责任行为准则、规则和原则减少空间威胁”的决议，联合国决定成立开放式工作组，于 2022 年 5 月、9 月和 2023 年 1 月已举行 3 次会议，并计划于 2023 年向第 78 届联合国大会提交报告，其中亦涉及外空透明与建立信任措施问题。

第二节　外空在国家安全体系中的地位与作用

外空安全是国家安全的重要内容，事关国家总体安全和战略安全，与军事、经济、科技、信息等领域安全息息相关，是世界主要航天大国必争必保的安全高地。

一、外空安全与军事安全

在军事上，外空被视作具有战略意义和军事利用价值的“终极高地”。

（一）外空是军事活动的重要疆域之一

事实上，外空的军事利用，自人类进入外空就已开始。20 世纪 60 年代，美国前总统肯尼迪提出，谁能控制外空，谁就能控制地球。[①] 许多国家将外空列为军事发展的重点领域，发展和应用外空技术、卫星和导弹防御系统等，以保护自身的军事利益和国家安全。越来越多国家认为，外空是继陆、海、空之后的“第四种战争介质”，并认为外空力量将逐步从战争的辅助手段，发展成战争的支援手段，最后演变成独立军种。[②] 2019 年 3 月，美国国防部设立外空发展局，8 月成立外空司令部。12 月，美国国会通过立法，成立第六大军种“外空军”，与陆军、海军、空军、海军陆战队、海岸警卫队并列。此外，法国、英国、日本、印度等亦纷纷跟进，宣布组建外空司令部甚至外空军。

（二）外空安全对于军事安全具有保障作用

在外空中，国家可以使用天基设施，主要是运用卫星进行远程侦察、通信、导航和预警等，为陆海空军事行动提供重要的情报和加强其指挥控制能力。同时，外空中的卫星系统为军事活动提供了重要的信息和支援，确保了军队的联合作战能力和战略优势。任何对外空系统的干扰、破坏或反制都可能对军队的战斗力产生严重影响。因此，确保外空领域的安全性和稳定性，对于保障军事安全和维护军队的作战能力至关重要。20 世纪 90 年代初的海湾战争号称史上首次“外空战”，此后外空系统在多次地区战争中大显身手，推动战争形态加速向智能化方向演变。

（三）外空武器化和战场化趋势严重威胁国家安全

外空武器化风险伴随着外空科技与应用的发展进程。早在冷战期间，美国、苏联就试验过核、常规和激光反卫星武器，还曾研究和试

---

① 原文为“假如苏联控制了太空，那么它就将控制地球”。John F. Kennedy，“If the Soviets Control Space……Thcy Can Control the Earth”，Missiles and Rockets，October 10，1960，https：//digitalcommons. unf. edu/cgi/viewcontent. cgi? article = 1134&context = etd。

② 中国现代国际关系研究院：《地理与国家安全》，时事出版社 2021 年版，第 200 页。

验轨道轰炸器。近年来，美国、俄罗斯、印度等国纷纷进行反卫星武器试验。美国、俄罗斯等国组建外空作战部队、演练外空行动能力，拥有强大的天基态势感知、全球快速打击等外空作战能力。据统计，截至2019年，全球目前已有28个国家能够发射经由外空的弹道导弹、30个国家能够使用激光干扰卫星传感器。不断发展的外空军事技术和装备可能引发军备竞赛，增加地区和全球的安全风险。外空安全形势日趋恶化，外空战争成为人们日益忧虑和警惕的安全风险。

综上所述，外空安全与军事安全密切相关、相互影响。确保外空安全对于保障军事利益、维护军事力量和促进国际安全与稳定至关重要。

二、外空安全与经济安全

在经济上，外空是尚待全面开发的“新边疆”。外空产业的蓬勃发展，蕴藏着巨大的经济财富，同时，确保外空安全也是维护经济安全的重要一环。外空安全与经济安全互相关联、互相促进。

（一）外空经济构成国家经济的重要组成部分

外空产业的经济价值可观，既可促进经济增长，又可创造大量就业机会。据瑞士银行预测，到2030年全球外空产业产值可达8000亿美元。时任美国商务部部长罗斯指出，在未来20年内外空产业规模可达1万亿美元，足见外空产业潜力巨大。商业航天正逐渐成为世界航天产业的主导力量。根据美国国家航空航天局发布的《2021年航天报告》数据显示，2020年，全球航天产业收入已达4000多亿美元，其中商业航天占比高达80%，成为推进全球航天产业经济发展的动力，全球政府在航天的总投入仅为903.3亿美元。正是得益于商业航天收入的加速提升，2020年全球航天经济规模增长了4.4%。[①] 商业航天发射、外空旅游、天基互联网建设、外空资源开发等，均蕴藏着巨大的经济价值。

---

① 总体国家安全观研究中心、中国现代国际关系研究院：《新疆域与国家安全》，时事出版社2022年版，第109页。

（二）确保外空安全是维护经济安全的重要一环

外空技术和应用广泛应用于现代社会的诸多领域，如卫星通信、导航、天气预报、农业、银行业等。尤其是卫星通信与导航系统，它们的稳定运行对于保障国家经济运行、金融交易和国际贸易至关重要。外空安全是确保经济持续发展的重要因素，外空技术的发展和运用可以促进经济增长和创新。同时，国家在外空中的重要资产、卫星通信系统和导航系统如果遭到威胁或破坏，将给国家经济造成严重损失和带来消极影响。外空威胁或冲突将干扰国家之间的外空合作和共享资源，对全球经济合作与发展造成不利影响。

（三）经济安全是国家外空活动的物质基础

一个国家必须具备强大的经济实力才能进行外空探索和利用活动。外空任务的设计、发射、运营和维护都需要大量的资金和技术支持。强大的经济基础可以支持外空探索和开发的投资和研究，促进外空安全的发展。经济的发展可以提供更多资源来投入外空科技发展，进一步提升外空的安全性。经济繁荣也可以提供更多的机会来扩大外空探索的范围，加强国际合作，进一步提升外空安全。

综上所述，外空安全和经济安全是相辅相成的。确保外空安全对于经济的稳定和发展至关重要，而经济的繁荣也可以为外空科技的发展和外空安全的保障提供支持。同时，国际社会对外空安全的保护与合作也对全球经济的稳定与发展至关重要。

三、外空安全与科技安全

外空安全与科技安全之间紧密关联，外空安全是科技发展与应用的前沿战略领域。科技安全是外空安全的基础，为维护外空安全提供了技术支撑和保障。科技军民融合特点提升了科技转化效益。

（一）外空安全是科技发展与应用的前沿战略领域

外空科技是多学科与技术高度综合的集成域，是牵引高精尖新兴科技群融合发展的风向标。外空科技全方位渗透式触及并影响国家社会建设全域，推动人类社会从工业化时代跨入信息网络时代，进而迈向智能化新阶段。而技术的两面性使外空安全又成为外空科技再度开拓应用的新领域，是综合国力与科技实力的新增长点。具有智能化技术特征的外空系统防护、航天器在轨服务、外空态势感知、外空交通管理、外空环境治理乃至外空军事对抗等外空安全工程新体系，将使外空高新科技进一步综合集成，为提升外空安全技术水平和保障能力提供关键支撑，使外空安全成为引领国家尖端新技术群发展的战略新航标。

（二）科技安全是外空安全的基础和保障

外空探索和利用的发展离不开科技的支持，包括卫星通信、导航定位、地球观测和科学研究等。如果科技系统存在漏洞或遭到攻击，将会严重影响外空活动的安全和顺利进行。因此，加强科技安全措施和技术研发对于确保外空安全至关重要。应对外空安全的威胁也需要科技安全的支持。外空领域面临着各种威胁和挑战，包括外空碎片、卫星间碰撞、潜在的军事威胁等。通过科技手段，如外空监测、碰撞预测、防护措施等，可以有效地识别和应对这些威胁，保障外空设备和人员的安全。科技的不断进步和应用创新，可以提高外空探索和利用的效率和安全性。例如，新技术的应用可以改善卫星通信的质量和可靠性，提供更准确的导航和定位服务，在地球观测和科学研究方面提供更多的数据和信息等。

（三）外空科技军民融合特点提升了科技转化效益

外空技术具有军民两用性质，外空产业的发展也有军民融合特点。外空的经济价值与军事价值相互作用，为开发和利用外空提供了持续动力。外空科技整体带动效应显著。现在很多新兴产业系航天科技孵化而来，如纳米技术、超级计算机、电子医学、编程，乃至纸尿裤都是航天工程的产物。[①] 打造设计制造、航天发射、产品应用、服务保障等核心产业链，有利于提升技术成果双向转化、资源共享互用的效益。航天科技牵引和助推先进制造、人工智能等前沿技术与基础科学快速进步，推动国家科技水平整体跨越发展。

---

① 中国现代国际关系研究院：《地理与国家安全》，时事出版社 2021 年版，第 202 页。

总之，外空安全与科技安全密不可分。科技安全的加强可以为外空活动提供安全和可靠的技术支撑，有效识别和应对外空威胁，同时也可以通过科技创新提高外空活动的能力和效率。因此，加强外空安全和科技安全的研究和发展，对于维护和促进外空活动的安全至关重要。

四、外空安全与信息安全

外空安全与信息安全的关联日益受到关注。外空中的卫星通信、导航定位和监控系统等均需要保护信息安全以确保其正常运作和有效使用，同时也要防止恶意攻击和不法行为对外空安全造成威胁。具体表现在以下四个方面。

（一）通信安全

外空中的卫星通信系统是进行数据传输和信息交流的重要基础设施，其安全性直接关系到国家安全和军事行动的成功与否。因此，确保卫星通信系统的信息安全非常重要，包括保护通信渠道的机密性、完整性和可用性，防止黑客攻击、窃取数据、篡改信息等。

（二）导航定位安全

外空中的卫星导航系统（如 GPS）是进行导航和定位的重要工具，在军事、航空、航海等领域有广泛的应用。由于导航系统中涉及大量的敏感数据，确保导航定位系统的信息安全至关重要，防止恶意干扰、GPS 欺骗、信号屏蔽等攻击方式使导航系统失效或产生误差。

（三）卫星监控系统与情报收集

外空中的卫星监控系统可以用于收集情报、监视目标、进行空间情报等工作，这些信息在国家安全、军事行动以及商业竞争中起着重要作用。信息安全需要确保卫星监控系统的数据传输和存储过程中的保密性和完整性，以防止情报泄露、数据被篡改、恶意攻击等。

（四）国家关键基础设施安全

通常人们在讨论国家关键基础设施的网络威胁时，往往忽视了卫星和其他外空设备存在的漏洞攻击。对通信网络和空间基础设施的干扰、欺骗和黑客等网络攻击，可能摧毁或瘫痪卫星和其他外空设备。

外空领域的关键节点攻击，可能对国家或国际关键基础设施和能力造成影响。对地面基础设施（如卫星控制中心、相关的网络和数据中心）的攻击，将导致潜在的全球性影响（如天气预报系统等）产生。针对卫星控制系统和任务包的攻击，可以实现控制卫星的功能，如关闭、变轨或把太阳能电池暴露于电离辐射环境等。

与此同时，信息安全的加强，能够防止系统被黑客攻击、病毒感染或遭遇其他恶意行为，防止航天器和卫星等外空设备产生和传输的大量数据泄露、被篡改或被滥用，提升外空安全的保障能力，确保外空任务的顺利进行，保护人类在外空中的安全。

思考题

1. 为何国际社会迄今未在法律层面就外空的定义达成一致意见？外空的定义应该如何界定？

2. 外空安全与安保哪个更重要？如何平衡处理二者关系？

3. 如何认识外空在国家安全中的地位和作用？随着科技不断发展，外空对国家安全还可能产生哪些影响？

第二章　外空安全法律

外空安全是国家安全的重要内容，而外空安全法律则对于外空安全以及国家安全的维护具有促进和保障作用，因此外空安全法律的制定也成为了国家外空博弈的一部分。广义的外空安全法律包括国际法与国内法两方面，但鉴于国际法在外空安全法律中的奠基性地位以及外空活动具有较强的跨国属性，本章主要阐述狭义的外空安全法律，即国际外空法体系。此外，本章还针对当前热点，着重介绍外空军备控制，以及和平利用外空的法律规则最新进展情况。

第一节　国际外空法概况

国际外空法体系以联合国框架下的“五大公约”为基本法律框架，以其他不具有法律约束力的软法性文件为辅助规则。该体系自20世纪中期人类外空活动起始以来逐渐形成，引导着各国和平有序地开展外空活动。

一、国际外空法体系

国际外空法指的是调整各国探索和利用外空活动的国际法原则、规则和制度的总和，又称“外层空间法”“外空法”“空间法”。[①] 国际外空法调整的范围包括整个外空和以月球为代表的自然天体，其调整

① 尹玉海：《国际空间法论》，中国民主法制出版社2006年版，第1页。

对象是国家与国家之间、国家与国际组织之间，以及国际组织与国际组织之间在空间开发利用活动中的国际关系。

国际外空法发源于20世纪五六十年代人类外空活动开始之际，是国际公法一个比较年轻的分支。随着人类外空技术的迅猛发展与外空活动范围的逐步扩大，国际外空法与国际外空法学也迅速地发展了起来。纵观国际外空法的不同发展阶段，其法律渊源主要包括具有法律约束力的条约与习惯，还有不具有法律约束力的国际组织决议等文件。国际外空法的发展历史主要可分为两个阶段，即20世纪80年代之前的“五大公约”缔约的时期，与20世纪80年代之后的软法盛行的阶段。

在国际外空法体系中，缔结于1967—1979年的五个联合国框架下的法律文件并称为“五大公约”，是整个国际外空法体系的框架性规范。其涵盖的内容包括：外空活动的基本原则、宇航员与外空物体的营救与返还、外空物体损害责任、外空物体登记以及月球和其他天体活动的相关规范。五大公约包括：《外空条约》《营救协定》《责任公约》《登记公约》《月球协定》。

另外，联合国大会通过的几项与外空活动相关的重要决议，尽管属于不具有法律约束力的软法性文件，但也在实践中获得了部分国家的遵循因而具有实际的执行效力，是国际外空法体系中重要的构成部分。这些文件包括：《外空宣言》、《各国利用人造地球卫星进行国际直接电视广播所应遵守的原则》（以下简称《卫星直接电视广播原则》）、《关于从外层空间遥感地球的原则》（以下简称《遥感原则》）、《关于在外层空间使用核动力源的原则》（以下简称《核动力源原则》）、《关于开展探索和利用外空的国际合作，促进所有国家的福利和利益，并特别要考虑到发展中国家的需要的宣言》（以下简称《外空国际合作宣言》）、《和平利用外空委员会空间碎片减缓准则》（以下简称《外空委空间碎片减缓准则》）。

二、国际外空法的主要内容

国际外空法以联合国框架下的“五大公约”为基本规则框架。其中,《外空条约》规定了外空活动的基本原则,后续的《营救协定》《责任公约》《登记公约》《月球协定》则是前者基础上的延伸与细化发展。

(一)1967 年《外空条约》:外空活动的基本原则

1967 年《外空条约》被称为外空宪章,规定了各国探索和利用外空的基本原则。作为第一项规范外空活动的条约国际法规范,《外空条约》的内容是较为原则性的规范,也体现了在外空活动发展初期需要国际法规制的一些紧迫事项。

共同利益原则、自由探索和利用原则与不得据为己有原则是《外空条约》也是整个国际外空法的核心原则。《外空条约》的共同利益原则规定,外空活动应为所有国家谋福利而不论其经济或科学发展程度,外空应为全人类的开发范围。[①] 自由探索和利用原则规定,各国可在平等且不受歧视的基础上,根据国际法自由探索和利用外空,自由进入天体的一切区域;各国有在外空进行科学考察的自由。[②] 不得据为己有原则规定,各国不得通过主权要求、使用、占领等方法以及其他任何措施,将外空包括月球和其他天体据为己有。[③] 此外,国际合作原则在《外空条约》的多个条文中得以体现。《外空条约》直接规定,提倡外空活动的国际合作,[④] 应以合作和互助原则为准则,应妥善照顾其他缔约国的同等利益。[⑤] 从共同利益原则到宇航员援助原则等,都能体现出《外空条约》对于国际合作的重视与促进。

在军备控制方面,《外空条约》的限制军事化原则规定。其一,在外空中,"各缔约国保证不在绕地球轨道放置任何携带核武器或任何其他类型大规模毁灭性武器的实体,不在天体配置这种武器,也不以任何其他方式在外空部署此种武器"。[⑥] 据此,各国禁止在绕地球轨道部

---

① 《外空条约》第一条第 1 款。
② 《外空条约》第一条第 2 款和第 3 款。
③ 《外空条约》第二条。
④ 《外空条约》第十条。
⑤ 《外空条约》第九条。
⑥ 《外空条约》第四条第 1 款。

署核武器或任何其他类型大规模毁灭性武器，但对于其他类型的外空武器在外空中的限制则未作规定。其二，在月球和其他天体中，“各缔约国必须把月球和其他天体绝对用于和平目的。禁止在天体建立军事基地、设施和工事；禁止在天体试验任何类型的武器以及进行军事演习”。[①] 由此可见，《外空条约》对于月球和其他天体上的军事化限制更为严格。但是，该原则不禁止使用军事人员进行科学研究或其他的和平目的，也不禁止使用为和平探索月球和其他天体所必需的任何器材设备。在外空物体登记方面，条约要求各国“以最大的可能和实际程度，将活动的性质、方法、地点及结果的情报，通知给联合国秘书长、公众和国际科学界”。[②] 在营救宇航员方面，该条约要求各国把宇航员视为“人类派往外空的使节”，并应在宇宙航行员发生意外、遇难、或在另一缔约国境内、公海紧急降落等情况下，向其提供一切可能的援助，应立即将宇航员安全地交还其航天器的登记国。在国际责任和赔偿责任方面，《外空条约》规定各国对其外空活动承担国际责任，不论这种活动是其政府部门或非政府部门开展的。[③] 在外空环境保护方面，该条约要求各国在外空活动中应避免使外空遭受有害的污染，也应避免地外物质使地球环境发生不利的变化。[④]

《外空条约》所规定的外空活动的基本原则是国际外空法体系的核心规范，体现了国际外空法的核心理念与价值取向。其后的四大公约以及部分软法性文件均是以《外空条约》的规范为基础而进行延伸和细化的。

（二）1968 年《营救协定》：外空活动的营救制度

1968 年《营救协定》规定了关于宇航员遭遇意外事故或危难情况的营救与送回，以及外空物体[⑤]的送回事项。该协定区别规定了宇航员与外空物体降落在不同区域时不同国家的义务。当意外降落发生在缔

① 《外空条约》第四条第 2 款。
② 《外空条约》第十一条。
③ 《外空条约》第六条。
④ 《外空条约》第九条。
⑤ 此处的“空间物体”包括其构成部分。

约国领土内，《营救协定》在充分尊重缔约国管辖权的基础上，规定其承担主要的搜救义务，也赋予其搜救行动的主导权。

（三）1972 年《责任公约》：外空活动的责任制度

《责任公约》规定，发射国对其发射的外空物体所造成的损害负赔偿责任。“发射国”包括发射或促使发射外空物体的国家，以及自其领土或设施发射外空物体的国家。[①] 当多个国家共同发射的外空物体造成了损害，这些国家对损害负连带和个别责任。已经给付了损害赔偿的发射国有权向共同发射的其他国家要求补偿。同时，共同发射的国家可就其财政义务的分摊订立协议。[②] 关于赔偿要求的提出，遭受损害的自然人和法人，包括无国籍者，可以通过国籍国、损害发生地国以及永久居住地国三个途径进行求偿，这是国际外空法在国际责任方面的一项创新规定。

（四）1975 年《登记公约》：外空活动的登记制度

《登记公约》规定了发射国在国家登记册以及联合国登记册进行登记的两种登记义务：发射国应以载入适当登记册的方式登记其发射入外空的物体，也应将其设置此种登记册的事宜通知联合国秘书长。[③] 国家登记册的内容项目和保持登记册的条件应由登记国决定。[④] 联合国登记册则应充分公开、听任查阅，而登记国有义务提供以下信息：发射国国名、外空物体的适当标志或其登记号码、发射日期和地点、基本轨道参数以及外空物体的一般功能。[⑤]

（五）1979 年《月球协定》：月球和其他天体上活动的法律规范

《月球协定》是国际外空法体系中唯一专门规定以月球为代表的天体上活动的条约。但由于内容具有一定争议性，所以其缔约国家的数量远低于其他四大公约。

《月球协定》的规定在前面四大公约的基础上针对天体上的活动作

---

① 《责任公约》第一条。
② 《责任公约》第五条。
③ 《登记公约》第二条第 1 款。
④ 《登记公约》第二条第 3 款。
⑤ 《登记公约》第三条、第四条。

出了进一步的规定，其部分条文是《外空条约》规定的重申以及延伸，对缔约国所承担的义务会提出更高要求。在非军事化方面，《月球协定》规定月球应专为和平目的而利用，与《外空条约》相比采用了更为严格的“专用”的措辞。具体而言，《月球协定》禁止缔约国在月球上使用武力或以武力相威胁，或从事任何其他敌对行为或以敌对行为相威胁。“敌对行为”是比“使用武力”更为宽泛的概念，因此《月球协定》对天体的非军事化的规定是较为彻底的。利用月球对地球、月球、宇宙飞行器、宇宙飞行器或人造外空物体的人员实施任何此类行为或从事任何此类威胁，也应同样禁止。缔约国不得在环绕月球的轨道上或飞向或飞绕月球的轨道上，放置载有核武器或任何其他种类的大规模毁灭性武器的物体，或在月球上或月球内放置或使用此类武器。另外，也禁止在月球上建立军事基地、军事装置及防御工事，试验任何类型的武器及举行军事演习。但不禁止为科学研究或为任何其他和平目的而使用军事人员，也不禁止使用为和平探索和利用月球所必要的任何装备或设备。①

在月球开发国际合作方面，《月球协定》重申了共同利益原则，并在此基础上进一步规定，应充分注意当代与后代人类的利益，以及提高生活水平与促进经济和社会进步和发展的需要。在国际合作方面，缔约国应遵循合作和互助原则，应尽量扩大合作范围。② 在月球科学研究方面，《月球协定》规定缔约国享有在月球上从事科学研究的自由。③ 在月球环境保护方面，缔约各国应采取措施，防止月球环境的现有平衡遭到破坏、防止地球环境因引入地球外物质或因其他方式而受到有害影响。④ 在活动的监督以及冲突的解决方面，《月球协定》规定，为了确保月球活动符合条约规定，缔约国在月球上的一切外空运载器、装备、设施、站所和装置应对其他缔约国开放。⑤

---

① 《月球协定》第三条。
② 《月球协定》第四条。
③ 《月球协定》第六条。
④ 《月球协定》第七条。
⑤ 《月球协定》第十五条。

《月球协定》的人类共同继承遗产和国际开发制度是其创新之处，也是最具争议的部分。《月球协定》规定月球及其自然资源均为全体人类的共同遗产，但未对“人类共同遗产”这一关键概念作出进一步的定义。《月球协定》重申了不得据为己有原则，并且进一步规定，月球及其自然资源不应成为任何国家、政府间或非政府国际组织、国家组织或非政府实体或任何自然人的财产。这一规定禁止了对月球及其自然资源的财产权利，不为开展私人外空业务的国家所支持。

第二节　外空军控的进展与现状

外空活动始于冷战时期的军备竞赛，而军备控制也自始便是外空安全法律的关键部分。近年来，外空军控规则的讨论持续升温，成为国际博弈热点。

一、外空军控的发展趋势

国际法的制定和解释是外空军控的重要手段之一。从人类进入航天时代至今，外空军控法律规范的发展呈现出内容更为细化，以及越来越难以形成普遍接受的多边条约的趋势。

一方面，外空军控法律所规制的内容更为细化。冷战时期对于外空军事化的规制始于《外空条约》的限制军事化原则，即禁止在外空部署、使用核武器和大规模毁灭性武器，以及天体的禁止军事化。随后，国际社会开始对外空军事应用尤其是侦察和间谍卫星的合法性展开讨论。冷战结束后，常规外空军事装备的部署、反卫星技术等具有军事目的的外空活动的合法性也被纳入讨论。未来，外空军事冲突规则、军民两用技术使用限制、网络攻击卫星及其基础设施，以及行星防御技术的限制军事化等问题，将成为外空军控规则所讨论的焦点。

另一方面，外空军控谈判的过程中呈现出多方势力博弈，越来越难以形成国际社会普遍接受的多边条约。从其发展历程来看，冷战时期的早期外空军控法律规范以条约规范为主，而冷战后至今的外空军控法律规范则以软法规范为主。人类发展外空技术始于冷战时期的军备竞赛，外空活动自始便带有军事化色彩，而国际外空法规范也自始就强调对外空军事化和武器化的限制以及外空的和平利用。《外空条约》限制军事化原则诞生于这一背景之下，也是目前为止国际接受程度最高的外空军控条约规范，体现了绝大部分国家在外空军控方面的一致诉求。《月球协定》则规定了更为严格的军事化限制，但未能得到多数航天国家的认同。除此之外，外空军控方面的条约还包括1963年《部分禁止核试验条约》、1968年《不扩散核武器条约》、1976年《禁止为军事或任何其他敌对目的使用改变环境的技术的公约》和1996年《全面禁止核试验条约》等。以上条约不同程度地对外空中的常规武器以及大规模毁灭性武器，尤其是核武器作出了限制。总体而言，这一阶段的外空军控条约不禁止使用外空中的常规武器，但禁止使用包括核武器在内的大规模毁灭性武器，体现的是大部分国家一致认可的诉求。

冷战结束后，国际社会自《月球协定》后也未再达成新的联合国框架下的多边外空法条约。但从2010年左右，国际外空军控规则的讨论和制定突然再度活跃。联合国框架内三大外空讨论平台——联合国大会、联合国和平利用外层空间委员会和日内瓦裁谈会均有新的进展。在裁谈会上，中俄持续倡导签署《禁止外空武器化条约》。在联合国大会上，2010年通过《外空透明与建立信任措施决议》。2011年，联合国根据该决议成立“外空透明和建立信任措施”专家组，提出信息交换、设施访问、信息通报、国际合作等增进透明和增进信任的措施。其报告得到中美俄一致支持，非常罕见。2017年，联合国大会决定成立“防止外空军备竞赛”政府专家组，就相关法律文书要素进行研究，并于2019年提交报告，后因美国阻挠而无果而终。此外，俄罗斯还在联合国大会提出《不首先在外空部署武器》决议草案，2014年以来每年均表决获得通过。在联合国和平利用外层空间委员会框架下，2010年成立外空活动长期可持续工作组，就外空活动的最佳实践达成一系列共识，涉及外空碎片、外空活动以及外空态势感知、外空气象等。

在各种推进构建外空军控规则的倡议中，有四个影响较大。一是中俄的《禁止外空武器化条约》草案。从2002年起，中俄两国开始推动就防止外空武器化达成条约，并于2008年向裁谈会提交《防止在外空放置武器、对外空物体使用或威胁使用武力条约》草案，主张禁止在外空放置武器，禁止对外空物体使用和威胁使用武力。这一条约草案以确保外空和平与安全为宗旨，弥补了《外空条约》的结构性不足，对于防止外空武器化和避免外空沦为冲突场所具有重大意义，但遭到来自美国及少数西方国家的拒绝。

二是欧盟提出的外空行为准则。欧盟于2009年正式推出《外空活动行为准则》草案。该草案偏重于外空资产安全，提出减少外空事故、谨慎机动、避免碰撞、禁止故意摧毁外空物体、禁止有害干扰、减缓碎片等措施，本质也属于外空透明与建立信任措施。欧盟为此展开一系列多边外交活动。但是草案过分照顾美国的主张，比如在禁止故意摧毁外空物体的同时，提出了自卫、安全、减少碎片等例外，严重削弱了其价值。该倡议在2015年纽约会议上受到多方批评而流产。

三是英国提出的负责任外空行为准则，建议各国就何为负责任的外空行为准则达成共识。2020年12月，联大就此通过决议，鼓励联合国会员国研究外空安全风险，讨论哪些行动和活动可被视为负责任、不负责任或具有威胁性及其对国际安全的潜在影响，并就制定和执行负责任行为准则进行交流①。

四是美国力推的停止破坏性直升式反卫星试验倡议。2022年4月18日，美国副总统哈里斯在加利福尼亚范登堡空军基地宣布，美国将停止破坏性直升式反卫星试验，并号召其他国家起而效仿，寻求建立新的“有关负责任外空行为的国际准则”。2022年9月，美国在联合国负责任外空行为准则开放式工作组第二次会议上首次提出《停止破坏性直升式反卫星导弹试验》决议草案，并将其提交给联大一委。决议主要内容有三个方面：一是吁请各国承诺不进行破坏性直升式反卫星导弹试验；二是认为该承诺是一项紧急的初步措施，目的是防止外空环境受到损害，同时也有助于制定防止外空军备竞赛的进一步措施；

---

① “A/RES/75/36”, December 16, 2020, https://undocs.org/zh/A/RES/75/36.

三是吁请所有国家继续通过有关机构进行讨论，并确定和制定可以采取的进一步实际步骤，以便能够减少风险，防止在外空发生冲突，并防止外空军备竞赛。该决议草案于 11 月初通过联大一委表决后，又在 12 月初获得联合国大会批准。该倡议只限制直升式反卫星试验，而不限制其他类型的反卫星试验，只限制试验，而不限制研发、部署和使用，内容片面，主要服务于美国的大国竞争成本强加战略。①

此外，在联合国框架之外，国际法学界展开努力探讨国际法适用于外空活动的可能性。其中较有影响的包括麦吉尔大学于 2016 年发起的研究议程，以编纂平时军事利用法律适用手册（MILAMOS）。2018 年，来自美英澳三国的四所大学（阿德莱德大学、爱克塞特大学、内布拉斯加大学和新南威尔士大学）联合发起另一项议程（WOOMERA），意图编纂外空军事行动下的国际法适用问题手册。2019 年，荷兰莱顿大学发起外空资源活动国际法律框架要素项目。这些努力，既包含对传统国际法的解释，也包含新规范的创造，触及实践和理论中最敏感和最棘手的问题，尽管属于学术活动，但对未来相关领域习惯国际法的形成和国家间缔约活动将产生重要影响。

二、外空军控升温的动因

国际外空军控规则讨论之所以持续升温，主要有三个原因。一是外空安全风险陡增，各国都意识到现有的外空军控规则已不敷用，必须予以强化和完善。这在国际上已成共识，所以关于外空安全的相关联合国大会决议都得到高票通过。二是美国认为外空“民主化”对其外空霸权构成挑战，它对外空军控的立场有所转变。奥巴马政府曾表示对外空军控新倡议持开放态度，只要该倡议是“公平、有效、可核

① 《中国裁军大使反击美国关于反卫星导弹试验的倡议》，中华人民共和国常驻联合国日内瓦办事处和瑞士其他国际组织代表团网站，2022 年 9 月 15 日，http：//geneva. china - mission. gov. cn/zgyqtgjzz/202209/t20220915_10766572. htm；郭晓兵：《拜登政府提出停止破坏性直升式反卫星试验倡议的动因及影响分析》，《中国信息安全》2023 年第 9 期，第 82—85 页。

查，且有助于加强美国及其盟国的安全”。[①] 讨厌多边规则的特朗普政府却偏偏在外空领域纠结盟国制定《阿尔忒弥斯协定》，试图为外空资源开采定规矩。其《国防外空战略》还提出要推行适当的外空行为准则，塑造外空战略态势。三是外空军控与和平利用的规则日益交融，新的外空军控规则正在旁敲侧击中悄然成型。联合国三大外空对话平台各有分工，裁谈会是外空军控对话平台，联合国大会授权的“外空透明与信任措施建设”是对禁止外空武器化努力的有益补充，联合国和平利用外层空间委员会侧重于和平利用。但是三者难以截然分开，议题多有重合。有些和平利用外空的措施并无军控之名，却起到了限制外空军事活动的实际作用。

三、外空军控面临的挑战

单独就外空军控达成条约存在多重挑战。一是制定具有法律约束力的外空军控条约的外交努力边缘化风险增加。透明和信任措施、外空活动长期可持续利用等自愿性规则影响力增加，而《禁止外空武器化条约》进程并无实质性进展。缺少刚性的条约束缚，奔向外空的战车恐怕难以踩下刹车。二是外空军控规则制定中大国博弈，而不是大国合作的成分在增加。外空是各主要国家军事竞争的战略高地，是军事优势的重要来源。极大的军事价值会大大削弱一些国家推动外空军控的动力。而大国竞争带来的相互猜忌、各国利益的日益多元化等进一步削弱了达成外空军控条约的政治基础。特别是一些国家奉行绝对安全，视外空为作战域，始终将外空手段作为军事选项，试图以武装冲突法排斥军控规则的制定。例如，在中俄推动下，联合国大会通过决议，成立政府专家组，讨论防止外空军备竞赛的国际法律文书要素。但美国却在2019年3月出于政治操弄目的，独力否决各方达成的共识文件。三是外空武器、外空攻击等关键的外空军控概念尚缺乏共识，外空军控尚缺乏有效的核查措施。受上述因素制约，现有的外空军控努力尚不足以应对扑面而来的严峻挑战。而国际社会一旦错过了外空

---

① The White House, “National Space Policy of the United States of America”, 2010.

安全质变的节点，未能及时有效完善外空军控规则，迎接人类的可能是一个硝烟弥漫的外空“乱纪元”。

第三节 和平利用外空规则的进展与现状

除了外空军备控制以外，外空法律规则还对其他和平利用外空的活动进行了规范。自“五大公约”以后，由于缺乏推动条约规范讨论的国际政治气候等原因，和平利用外空的国际规则方面出现了越来越多的软法文件。尽管规则正朝着细化的方向发展，但同时也呈现出碎片化的趋势。

一、和平利用外空规则的发展趋势

从内容上看，和平利用外空规则的发展呈现出规则愈加具体和细化的趋势。作为第一个专门规范外空活动的多边条约，《外空条约》的条文属于原则性的规定而并未涉及更为具体的事项，其措辞也有所宽泛与模糊。例如，《外空条约》第十一条的外空登记原则规定，缔约国应“以最大的可能和实际程度”将活动的性质、方法、地点及结果通知给联合国秘书长、公众和国际科学界。《外空条约》的这一特征实际上是各缔约国在谈判中相互妥协的结果。尽管随着外空活动的快速发展，《外空条约》的部分规定亟待细化，但《外空条约》已经实现了为早期外空活动提供规则与秩序的历史使命，同时也为随后的国际外空法体系的发展奠定了核心框架，在后续的国际外空法发展中不断被补充与完善。

逐步细化的趋势首先体现在《外空条约》与后续的四大公约之间。《营救协定》《责任公约》《登记公约》分别对《外空条约》中的宇航员营救、国际责任和赔偿责任以及外空物体登记的原则做出了细化的规定，而《月球协定》则在前面四大公约的基础上对月球和其他天体上的活动作出了专门的规定。随后的《卫星直接电视广播原则》《遥感原则》《核动力源原则》，再到后来的《外空委空间碎片减缓准则》

等软法文件，也是在五大公约体系的基础上，再对外空技术的具体应用以及空间碎片等新出现的问题作出更为细化的规范。

从形式上看，和平利用外空规则的发展呈现出软法规定增加的趋势。1967—1979 年，这段期间所构建起来的国际外空法体系主要是以 1967 年《外空条约》为首的五大公约体系。而自 1979 年《月球协定》签署至今，各国再未缔结新的联合国框架下的多边外空法条约。自 20 世纪 80 年代至今，随着外空活动具体应用的发展，以及由于外空活动快速发展不断浮现新的法律问题，出现了多项软法文件。这些软法文件的内容涵盖外空活动的多个方面，内容较“五大公约”而言更为具体，其讨论平台也从联合国框架内拓展至联合国框架外的其他政府间国际机构。例如，机构间空间碎片减缓委员会讨论形成的《IADC 空间碎片减缓准则》，随后成为《外空委空间碎片减缓准则》的讨论文件，对外空碎片的减缓和控制有一定的影响力。

从缔约主体上看，早期的和平利用外空规则以联合国框架下的多边条约与软法为主，而现今则正发展出由主要航天国家主导、以大型外空项目为中心的规则制定方式，同时具有规则碎片化的特点。以国际空间站的法律文件为例，便是仅由其项目合作国家和国际组织所协定的，针对国际空间站项目的相关外空活动的规范。近年的大型国际空间合作项目，如美国主导的阿尔忒弥斯系列的重返月球项目，其配套的《阿尔忒弥斯协定》也是由美国及其伙伴国家所协定的，为该项目对月球、火星、彗星和小行星进行民用探索和利用提供了一系列的合作原则。关于中国与俄罗斯主导的国际月球科研站项目，两国之间也签署了有关的合作协定。[①] 如果仅由这种新的规则制定方式对新出现的外空法律问题作出规范，由于不同项目之间不同国家其利益的差异甚至是冲突，以项目为中心的规则之间可能也会出现冲突，呈现出规则碎片化的特征。因此，鉴于各国之间存在和平利用外空的共同需求，需要至少在框架层面上能够统一各国做法的规则，这种由主要空间大

---

① 《中俄两国签署合作建设国际月球科研站谅解备忘录》，中国政府网，2021 年 3 月 9 日，https：//www. gov. cn/xinwen/2021 - 03/09/content_5591869. htm。

国牵头、表达与维护自身的利益诉求的规则制定方式不会取代联合国框架下多边协商的方式，两种路径或将同时存在并且相互补充发展。

二、和平利用外空规则的发展动因

其一，和平利用外空规则愈加具体和细化的原因，是外空技术的不断进步与外空活动的快速发展。《外空条约》缔结于外空活动发展的初期，其内容也限于原则性的法律规范。随着新的外空技术的不断研发，外空活动快速发展，外空活动的形式愈发多样。人类航天时代始于1957年10月4日成功进入地球轨道的斯普特尼特一号人造卫星，而六十余年后的今天，人类外空活动可远达月球、火星等深空区域，航天技术也发展出多类应用于日常生活的技术，对于人类文明延续具有深远意义的行星防御技术也正逐步发展。另外，早期的外空活动由于其高风险和耗资大的特点，活动主体以国家和国际组织为主。随着各国经济水平和技术水平的提高，私人主体也逐渐加入到航天产业中且实现了一些技术成就。因此，以《外空条约》为代表的“五大公约”中的规定尽管涵盖了外空活动的最重要方面，但随着技术的不断发展也出现了许多新的法律问题，需要更为细化和具体的规范以确保和平利用外空活动的顺畅开展与持续发展。

其二，和平利用外空软法的增加，与条约、软法的特点，以及国际社会上缺少宜于缔约的政治环境相关。与软法相比，条约的优点在于其具有法律约束力，缔约国必须遵守条约和履行条约义务，其规制效果具有更高的确定性。然而，也正是因为条约具有法律约束力，各国在条约谈判的过程中会更为细致和慎重地对其所可能承担的义务与条约文本进行讨论。因此，和平利用外空领域部分条约的起草过程相对于软法而言更为漫长，也出现了《月球协定》这样经过各国的长期谈判却最终缔约国数量较少的个例。而与条约相比，软法则具备谈判时间短和便于规范快速发展的外空活动的优点。由于软法不具有法律约束力，各国可自愿选择是否遵守其规定。没有了法律义务的约束，和平利用外空软法文件的讨论通常能够获得更多国家的参与，其起草时间也不会像多数外空法条约般漫长，软法形成时间段的特点也使得其更适合规范当下快速发展的外空活动。[①] 另外，国际政治局势的变化也导致和平利用外空条约发展的停滞和软法的增多。在和平利用外空领域，国际政治环境是条约缔结的重要因素之一。而在国际局势变幻莫测的当下，各国缔约的主观意愿降低，但外空活动持续地发展也产生了制定规则的客观需求，这便间接地导致了软法文件的增加。

其三，和平利用外空发展出由主要空间国家主导、以大型空间项目为中心的规则制定方式，其原因也在于国际政治环境的变化，以及大型空间合作项目的增加。由于国际局势的变化，目前的大型空间合作项目也呈现出阵营化的特点，不同项目之间的利益分歧也导致进行多边条约谈判的可能性下降。

三、和平利用外空规则制定中的争议焦点

和平利用外空的规则制定涉及诸多方面，而其中关于外空资源利用和以月球为代表的地外天体的开发和利用，则是目前和未来一段时期内规则制定热议的焦点。

（一）外空资源利用的国际法规制

外空资源开发和利用的法律问题从《月球协定》开始便具有争议性。《月球协定》规定月球及其自然资源均为全体人类的共同遗产，在重申了不得据为己有原则的基础上进一步规定，月球及其自然资源不应成为任何国家、政府间或非政府国际组织、国家组织或非政府实体或任何自然人的财产。另外，《月球协定》还要求缔约国公平分享这些资源所带来的惠益。这一规定本质上是反对天体及其自然资源的财产权利，是反对天体商业化发展的。在外空资源开发技术尚未成熟的缔约之时，由于利益获取的不确定性，多数空间国家未加入《月球协定》。根据《外空条约》的不得据为己有原则，各国不得通过主权要求、使用、占领等方法以及其他任何措施，将外空包括月球和其他天

---

① 尹玉海、余佳颖：《外层空间软法规制之发展及其价值判断》，《北京航空航天大学学报》（社会科学版）2019 年第 1 期，第 106—112 页。

体据为己有。[1] 主张外空资源的财产权利者则通常援引自由探索和利用原则，且认为不得据为己有原则仅禁止国家在外空提出主权要求，但未有禁止个人以及商业空间主体对外空资源提出财产权利。但如何保证被主张财产权利的外空资源能够依照共同利益原则而为所有国家谋福利，则也是其中一个关键的问题。

目前，已有卢森堡和日本的国内法律规定其自然人或法人能够对外空资源享有一定的财产权利，在国际上引发了争议。另外，也有海牙外空资源治理国际工作组对外空资源开发国际规则展开了讨论和起草工作。

（二）月球开发和利用的国际法规制

随着月球探索和开发活动的进一步发展，相关的法律问题也引发了争议。尽管《月球协定》对于月球和其他天体上的活动作出了专门的规定，但目前具有月球探索能力和潜力的国家，大部分不是《月球协定》的缔约国。目前，美国及其伙伴国家已经就其重返月球的阿尔忒弥斯系列月球项目签署了《阿尔忒弥斯协定》，包含月球和其他天体活动的一系列原则。其中，关于设立安全区以及空间遗产的规定产生了较大的争议。《阿尔忒弥斯协定》规定，签署方承诺进行协调以避免有害干扰，实施通知和协调以避免有害干扰的区域称为“安全区”。安全区应当是相关活动的标称运作或异常事件都可能合理地造成有害干扰的区域。[2] 针对可能的合理的有害干扰，进行事先通知和协调的措施，是与《外空条约》第十二条和《月球协定》第十五条相一致的。但是如果在天体上划定一个区域，并以安全区的名义排除其他国家的进入，则可能挑战不得据为己有原则，以及自由探索和利用外空原则。另外，“保护外空遗产”的条款[3]也有类似的争议，如果在天体上划定范围，以保护外空遗产的名义排除其他国家的进入的话，也可能会挑战不得据为己有原则及自由探索和利用外空原则。

---

① 《外空条约》第二条。

② 《阿尔忒弥斯协定》第十一条。

③ 《阿尔忒弥斯协定》第九条。

思考题

1. 何为外空安全法律的基本框架与核心原则？

2. 在外空军控的法律进程中，我国如何通过国际法律规则的制定维护自身的外空安全利益？

3. 在外空资源和天体的开发利用等争议性问题上，部分国家的规则制定倾向可能挑战现有的国际外空法律规则，我国应该如何应对？

第三章　外空安全的突出问题

外空是新时期大国竞争的新焦点、战略能力的制高点、国家安全的新疆域。随着世界各国对外空的开发、利用和竞争不断深化，外空军事化、武器化日益加剧，外空拥挤问题日益突出，外空产业竞争日趋激烈，各类外空威胁苗头不断涌现。不断恶化的外空安全环境正威胁着各国的外空和地面安全，是全人类面临的共同安全挑战。

第一节　外空军事化、武器化的挑战

外空是军事战略制胜的高边疆，各国围绕外空的军事竞争与较量不断升级。以外空军事利用为特征的外空军事化以及以在外空部署武器或以外空物体为目标在地球部署武器为特征的外空武器化加速推进，国际外空竞争的烈度持续升级。

一、外空军事化、武器化发展趋势

外空军事化是指通过运用外空资源增强传统军事力量的效率，或是为了军事目的（包括通信、电子侦察、气象监测、早期预警、导航等）使用外空资源。[①] 具体而言，外空军事化包括两方面的内容：一是

① Mathew Mowthorpe, "The Militarization and Weaponization of Space", Lexington Books, 2004, p. 3.

利用航天器支持和增强地球表面的武器系统及军事行动；二是外空武器的发展，即外空武器化。中俄两国2014年在日内瓦向裁谈会全体会议提交的《防止在外空放置武器、对外空物体使用或威胁使用武力条约》更新草案中提出，“在外空的武器”系指制造或改造的、基于任何物理原理用来消除、损害或干扰在外空、地球表面或空气空间中物体的正常功能，以及用来消灭人口和对人类生存至关重要的生物圈组成部分或对其造成损害的任何外空物体或其组成部分。① 因此，外空武器化指在外空部署武器或以外空物体为目标在地球部署武器。一方面包括以外空为基地的武器系统的发展，以损害或摧毁敌方在地球和外空中的目标，另一方面包括以陆地、海洋、大气层为基地的武器系统的发展，以损害或摧毁对方的外空物体。②

自特朗普政府以来，美国加速推进外空军事化，美国的外空安全战略转向产生负面示范效应，刺激更多国家步其后尘。世界主要大国竞相逐鹿外空安全高地，外空军备竞赛的帷幕悄然拉开，外空领域的军事化与武器化愈演愈烈。

（一）逐步将外空视为作战域

2017年第33届外空年会上，时任美空军外空司令部司令约翰·雷蒙德表示，外空是与陆、海、空、网络空间并行的联合作战域。③ 2018年3月14日，时任美国总统特朗普首次提出外空是一个作战域。2018年美军参谋长联席会议新版《外空作战条令》明确外空是与陆海空类似的作战域，将“外空作战”从“空天作战”中独立出来，并细致规划外空战的内容、步骤和原则。美国国防部2020版《外空防御战略》明确提出，国防部正将外空从支援职能转变为作战领域，以应对动能

---

① 《防止在外空放置武器、对外空物体使用或威胁使用武力条约（草案）》，外交部官网，2014年6月16日，http://bbs.fmprc.gov.cn/wjb_673085/zfxxgk_674865/gknrlb/tywj/zcwj/201406/t20140616_7949938.shtml。

② 贺其治：《国际法和空间法论文集》，中国空间法学会出版社2000年版，第108页。

③ “Exclusive: War In Space ‘Not A Fight Anybody Wins’ —Gen. Raymond”, Breakingdefense, April 6, 2017, https://breakingdefense.com/2017/04/exclusive-war-in-space-not-a-fight-anybody-wins-gen-raymond.

打击、电子战、网络攻击等威胁和挑战。[①] 从 2011 年奥巴马政府的《国家安全外空战略》中首次将外空安全环境描述为“拥挤、竞争和对抗”[②]，到特朗普政府更加强调外空对于国家安全的重要性，公开指出将外空转变为作战领域，美国不断推动外空军事战略向外空作战战役战术方面运用。

在美国带动下，美国的盟友和伙伴渐次跟进，在外空战略中宣示外空是独立作战域。2019 年 11 月 20 日，北约秘书长斯托尔滕贝格在北约成员国外长会议后举行的新闻发布会上表示，承认外空与天空、陆地、海洋、网络空间一样，都是作战领域。[③] 2022 年 9 月，英国国防部发布的《联合条令出版物 0－40——英国外空力量》明确指出，外空是与陆、海、空类似的作战域，天基情报搜集、预警、环境监测、卫星通信、定位导航授时等外空活动能支持英军战场作战行动。[④]

（二）纷纷建立外空军事力量

为增强外空战略执行力，各国竞相调整军队组织形态，发展新型作战力量，组建独立的外空军事执行机构、组织体系和功能系统，以完善外空战略的领导和组织管理。

2019 年初，美国国防部成立外空发展局。2019 年 8 月，时任美国总统特朗普在白宫宣布组建一级司令部——外空司令部。2019 年 12 月，美军正式创建第六大军种外空军。这是自 1947 年组建独立的空军后，美国首次组建新的独立军种。外空军最高指挥机构为外空作战办公室，其下辖的作战组织为司令部、三角队以及中队三级。司令部的组织架构主

---

① “2020 Defense Space Strategy Summary”, June 17, 2020, https://media.defense.gov/2020/Jun/17/2002317391/-1/-1/1/2020_DEFENSE_SPACE_STRATEGY_SUMMARY.PDF.

② “National Security Space Strategy”, January 2011, https://www.dni.gov/files/documents/Newsroom/Reports%20and%20Pubs/2011_nationalsecurityspacestrategy.pdf.

③ “Foreign Ministers Take Decisions to Adapt NATO, Recognize Space as an Operational Domain”, NATO, November 20, 2019, https://www.nato.int/cps/en/natohq/news_171028.htm.

④ “Joint Doctrine Publication 0-40 UK Space Power”, September 5, 2022, https://assets.publishing.service.gov.uk/media/653a5261e6c968000daa9b8a/JDP_0_40_UK_Space_Power_web.pdf.

要包括“外空作战司令部”“外空系统司令部”“外空训练与战备司令部”，分别负责外空作战、系统建设和维护、部队训练等职责。2022 年 11 月，外空军宣布设立首个战区军种分部——外空军印太作战司令部，总部设在夏威夷岛，计划编配 125 名军人和非军职人员。① 这是外空军作为独立军种正式向战区指派、部署兵力的实质性步骤。设立战区外空司令部，意味着外空兵力将纳入战区司令部指挥，并能够与陆、海、空、网络空间等多域兵力以平等身份实施作战或互为支援。

在美国的推波助澜下，其他国家纷起效尤。法国于 2019 年 7 月宣布批准在法国空军内部成立外空司令部，主要负责组织和协调与外空防御相关的所有资源，并实施未来空天军的外空作战行动。2020 年 9 月，法国空军正式更名为法国空天军。②

2020 年 5 月，日本航空自卫队在位于东京都的府中基地成立了“宇宙作战队”。③ 2022 年 3 月，日本防卫省宣布成立“宇宙作战群”，扩大外空部队规模。④“宇宙作战群”作为之前成立的“宇宙作战队”上一级部队，专门掌控外空领域的各种行动。该部队的指挥中心位于航空自卫队的东京府中基地内，虽然隶属航空自卫队编制，但却是由防卫省直接管辖。日本还打算对航空自卫队进行改革，将航空自卫队更名为“航空宇宙自卫队”，逐步从单一的空中力量向兼顾空中和外空力量的部队转型。

英国于 2021 年 4 月也建立了外空司令部。⑤ 该司令部是一个联合

① “Space Force Presents Forces to U. S. Indo – Pacific Command”, U. S. Indo – Pacific Command, November 23, 2022, https: //www. pacom. mil/Media/News/News – Article – View/Article/3227773/space – force – presents – forces – to – us – indo – pacific – command/.

② “French Air Force Changes Name as It Looks to the Stars”, Defence News, September 16, 2020, https: //www. defensenews. com/global/europe/2020/09/15/french – air – force – changes – name – as – it – looks – to – the – stars/.

③ 《日本成立首支太空作战队》，新华网，2020 年 5 月 18 日，http: //www. xinhuanet. com/world/2020 – 05/18/c_1126001937. htm。

④ 《日媒：日本航空自卫队组建太空作战队》，新华网，2022 年 3 月 21 日，http: //www. news. cn/mil/2022 – 03/21/c_1211616343. htm。

⑤ 《英国空军设立太空司令部》，俄罗斯卫星通讯社，2021 年 7 月 31 日，https: //sputniknews. cn/20210731/1034183867. html。

司令部，由英国皇家海军、空军、陆军以及文职人员、商业部门的关键成员组成，主要职能包括外空作战、外空部队的培训和发展、外空能力研发等。

2021 年 7 月，德国国防部在位于乌德姆市的德国空间态势感知中心宣布，正式成立外空司令部①，成为继美国、法国和英国后，第四个建立该指挥机构的北约成员国。这是德国继 2013 年成立外空态势感知中心、2020 年成立空天作战中心后，在外空军事领域迈出的又一实质性步伐。德国外空司令部的主要工作有三个方面：一是保护为军队提供关键通信服务和侦察数据的卫星系统，使其免受任何外部干扰；二是在发生冲突时，能有效地破坏对手的卫星运行；三是应对快速增长的卫星数量以及由此产生的大量碎片对军事和民用卫星系统的威胁。

2022 年 3 月，澳大利亚国防部正式成立外空司令部。该机构由空军副司令凯丝·罗伯茨领导，由三军、国防公务员和工业承包商的人员组成，与澳大利亚航天局紧密合作。时任澳大利亚国防部部长彼得·达顿宣称，澳大利亚未来可能会组建一支美国式的外空部队。

（三）积极开展外空备战

世界主要大国将加强外空攻防能力建设作为外空战略的重要支撑点，为未来的外空冲突作准备。

美国将外空视为国家军事力量的优先领域，提出要加强外空军能力，以抵御“敌对行为”，不断炒作外空战略竞争，全力支持外空作战能力发展。在 2024 财年国防预算中，外空军获得 300 亿美元拨款，主要用于导弹预警卫星、新型 GPS 导航卫星、下一代卫星网络运行控制系统，以及抗干扰、宽带和窄带卫星通信能力的开发等。② 同时，美国大力研发反卫星武器及先进外空军事装备，发展外空非对称优势以提高多域融合威慑能力。此外，其装备研发突出对抗性，探索发展武装卫星等进攻性武器。除加速相关装备研发采购外，美国还规划举办常

① 丁勇：《德“不甘落后”成立太空司令部》，《中国国防报》2021 年 7 月 21 日。

② “H. R. 2670（ENR）– National Defense Authorization Act for Fiscal Year 2024”，December 15，2024，https：//www. govinfo. gov/app/details/BILLS – 118hr2670enr/related.

态化外空军联合作战演习。美国外空军自成立以来，不断依托常态化军事演习完善外空作战能力。在“施里弗”“全球哨兵”“外空旗”等外空实战化演习基础上，另外每年会在超过50次的重大演习中运用外空力量，将外空力量融入“空军未来功能军事演习”“全球交战军事演习”“陆军转型演习”“全球海军军事演习”“联合陆海空模拟军事演习”等各军兵种大规模演习中。

日本以监控外国卫星和跟踪空间垃圾等借口为幌子，快速发展其外空作战能力。2022年成立的“宇宙作战群”由第一、第二“宇宙作战队”和新组建的“宇宙作战指挥所运用队”合并而成。第一、第二“宇宙作战队”均组建于2020年，每支作战队约20人规模，主要负责监控外国卫星、跟踪空间垃圾和外空态势感知系统的运用，并将长期聚焦“周边国家开发攻击卫星和干扰通信的武器对日本卫星防御带来的紧迫挑战”。“宇宙作战指挥所运用队”则随“外空作战群”一同组建，约30人规模，专门负责外空作战力量指挥控制和装备运用研究。①

2019年7月，时任法国国防部长弗洛朗丝·帕利表示，法国《外空防御战略》的核心内容是将采取积极的防御措施来保护卫星，包括使用纳米卫星和反卫星激光武器来回击。② 弗洛朗丝·帕利还提出名为“外空大师”的新武器计划，包括监控和主动防御两部分，来提高法国的外空防御能力。法国在《2019年至2025年军事规划法案》中列入36亿欧元用于外空防御。2021年3月，法国在位于图卢兹的外空司令部总部举行了一场近地空间军演，成为法国乃至欧洲的首次外空军演。

印度于2019年3月成功进行直升式反卫星试验，成为继美国、俄罗斯和中国之后第四个具备反卫星能力的国家。同年7月，印度又首次举行外空战模拟演习。

（四）打造外空军事同盟

美国一直致力于打造外空军事同盟，在外空领域与对手形成“多

---

① 《日本组建“太空作战群”颇具心机》，人民网，2022年3月30日，http：//military. people. com. cn/n1/2022/0330/c1011－32387824. html。

② 《法国发布太空防务战略　将考虑动用反卫星激光武器》，新华网，2019年7月26日，http：//www. xinhuanet. com/world/2019－07/26/c_1124804252. htm。

对一”的局面。特朗普时期发布的《国防外空战略》强调将盟友和伙伴集成到规划、作战、演习、交战和情报活动中，与有能力的盟友和伙伴扩展信息共享关系，共同推动有利的外空行为标准和规范等。

2019 年 4 月，美国、英国、法国、澳大利亚、加拿大、德国、新西兰七国发布《关于联盟外空作战的多国声明》，强调将共同应对外空威胁，增强空间态势感知及数据共享；促进外空作战概念、人员需求、基础设施建设等方面的合作，增强对多国外空力量的协同指挥。2022 年 2 月，美国国防部发布外空作战领域最新指导文件——《2031 联合外空作战愿景》（以下简称《作战愿景》）。《作战愿景》由美国与英国、澳大利亚、加拿大、法国、德国、新西兰七国联合发布。作为今后十年内美国联合其“外空盟国”进行外空作战的总纲领，《作战愿景》标志着美国外空作战全球盟友体系的初步建立，是美国政府及美军未来十年内外空军事总体战略、外空军事化力量部署与外空盟友体系建设的重要指向性文件，具有重大政策意义。

除顶层设计外，美国还加快扩大外空军事化“朋友圈”。美国发起的“奥林匹克外空防御者行动”，迄今已有三十多国参与，同时将原有的军事同盟向外空领域扩展。[①] 北约和“五眼联盟”已经明确将外空拓展为“集体防御”领域，日本、韩国也在积极加入美国外空军事同盟。2021 年的北约峰会还决定在法国成立一个外空军事战略人才中心，加强对外空军事人才的联合培养。美国还经常组织日本、韩国部队进行外空作战能力训练，通过军事培训，将双方打造成军事共同体。

美国外空司令部、外空军正加速融入联合与联盟作战，通过共享外空态势感知数据、共研外空颠覆性技术、共建外空军事能力、联合开展外空战推演以及外空军事行动等，持续强化外空领域军政民商以及盟友之间的合作，加紧外空军事联盟布局，实现提升自己、主导规则与慑止对手的图谋。

---

① 《郭晓兵：美太空“新战略”只会加剧冲突》，环球网，2021 年 12 月 3 日，https：//opinion. huanqiu. com/article/45pURjJjfif。

二、外空军事化、武器化的影响

随着外空军事化、武器化程度的进一步加剧，后冷战时代的外空安全形势愈发恶化，由此带来的一系列安全风险令人担忧。

（一）外空军备竞赛将更加激烈

随着冷战的结束，外空军备竞赛一度淡出全球视野。然而，美国近年来罔顾事实地抹黑他国航天成就、夸大竞争形势、贩卖焦虑恐慌，几乎重演了冷战时期的历史。当前，受美国影响，世界主要国家围绕外空领域的竞争日趋激烈，纷纷增加外空对抗装备研建投入，发展和试验外空军事能力，这些举动无疑将加剧全球军备竞赛向外空扩展的态势，威胁人类整体安全。

（二）增加外空冲突风险

美国太空探索技术公司的“星链”系统大规模介入俄乌冲突，向乌克兰提供情报和通信支持。俄罗斯代表康斯坦丁·沃龙佐夫在联合国警告称，“间接参与军事冲突”的“准民用设施”是“合理打击目标”，暗示俄军可能将“星链”卫星作为打击对象。[①] 美国以空间态势感知为名实施的外空抵近侦察对他国外空资产构成威胁，极易擦枪走火。此外，外空武器化将削弱外空军力处于弱势一方的核威慑力，改变未来战争规则，将外空冲突引向核升级，破坏全球战略稳定。

（三）威胁全球外空产业发展

外空武器化的表现之一，就是反卫星技术和能力的发展，进而对在轨运行的航天器构成直接威胁。在他方的反卫星能力面前，各国的外空资产会成为对方手中握着的“棋子”。同时，“外空军事化”的推进导致外空日趋战场化，各国开展的反卫星试验等导致外空垃圾不断增多，使外空环境逐年恶化，产生极大安全隐患，影响外空产业长期可持续发展。

---

① 《俄罗斯代表在联合国发出警告，“暗示”可能攻击“星链”卫星》，环球网，2022 年 9 月 21 日，https：//mil. huanqiu. com/article/49jny9iaPXP。

第二节　外空日益拥挤的挑战

浩瀚宇宙虽然广袤无垠，但其不同区域开发价值却存在巨大差异。由于外空频谱资源的稀缺、外空垃圾的增长，以及外空交通规则的缺失等问题的存在，近地轨道资源愈发拥挤不堪，对在轨航天器的安全运行以及人类航天活动的可持续发展构成日益严峻的威胁。

一、外空日益拥挤的趋势

在过去的几十年里，人类航天活动的规模不断扩大，卫星数量也呈指数级增长。然而，国际社会对空间碎片的管理却滞后于航天活动的发展。航天器的解体、火箭级舱段的分离等过程通常得不到有效的控制和规范，导致大量的碎片在轨道上无序堆积。与此同时，国际社会尚未就空间碎片问题形成一致的管理机制。各国在外空活动中往往以自身的利益为先，缺乏有效的协调和合作。总体而言，不断攀升的发射次数、急剧增长的外空垃圾、外空交通管理的缺失以及技术手段的限制等都使外空轨道愈发拥挤。

（一）航天发射活动逐年上升

自 1957 年苏联第一颗人造卫星发射后，全球年航天发射次数快速增加，到 1964 年发射次数首次上百。从 1964 年到 1990 年，全球年航天发射次数一直保持在百次以上。受苏联解体影响，从 1991 年到 2017 年，全球航天发射次数又长期徘徊在百次以下。2021 年全球共进行 145 次航天发射，比 2020 年的 114 次又有大幅提高。这不仅是全球年航天发射次数连续第四年破百，更打破了 1967 年创下的 139 次的史上最高发射次数纪录。2022 年，全球进行航天发射活动 186 次，远超 2020 年的 114 次和 2021 年的 145 次，其中成功 178 次，失败 8 次；涉及 21 个航天发射地点和 44 个国家及地区，共向外空送入 2505 个航天器，刷新历史记录，研制发射航天器总质量 1041.16 吨，为本世纪以来最高值。[①]

（二）在轨卫星数量急剧增加

根据美国忧思科学家联盟“在轨卫星统计数据库”显示，截至2023年5月1日，全球在轨正常运行卫星数量为7560颗。其中美国是第一大国，拥有5184颗在轨卫星；俄罗斯181颗，较鼎盛时期的苏联相差甚远；中国628颗，但增长潜力巨大。以轨道分类，近地球轨道卫星数量为6768颗，中地球轨道卫星数量为143颗，高椭圆轨道59颗，地球同步轨道卫星数量为590颗。[②] 联合国2023年发布的题为《为了全人类——外层空间治理的未来》的报告指出，全球发射入轨航天器数量剧增。从1957年到2012年，全球发射的卫星数量基本保持在每年约150颗。但从2013年开始急剧增加，当年210颗，2020年达1200颗，2022年高达2470颗。这主要受私营部门发射小卫星网络所驱动，与可重复使用的火箭、卫星制造新技术以及成本大幅下降等息息相关。[③]

目前，全球卫星互联网建设如火如荼。根据国际电信联盟官网数据，截至2022年12月31日，全球累计申报非静止轨道卫星网络计划2240个。随着“星链”的大规模应用特别是在俄乌冲突中的成功应用，各国愈发重视低轨卫星星座的战略地位及产业建设，卫星互联网竞争日趋白热化。其中，美国太空探索技术公司的“星链”项目目前已进入大规模商业化应用阶段。截至2023年8月26日，“星链”已累计发射卫星超过5000颗，在轨卫星接近全球总数的50%，并计划最终在外空部署4.2万颗卫星。[④] 面对卫星互联网市场的诱惑，全球多个国

① 《2022年全球航天发射活动分析报告》，澎湃新闻，2023年1月15日，https://m.thepaper.cn/newsDetail_forward_21529473。

② “UCS Satellite Database”, Union of Concerned Scientists, January 1, 2023, https://www.ucsusa.org/resources/satellite-database.

③ 《为了全人类——外层空间治理的未来》，联合国官网，2023年5月，https://www.un.org/sites/un2.un.org/files/our-common-agenda-policy-brief-outer-space-zh.pdf。

④ 《超330艘！马士基将为自有船队部署星链服务》，中华航运网，2023年10月16日，https://info.chineseshipping.com.cn/cninfo/News/202310/t20231016_1382169.shtml。

家都提出了低轨通信卫星星座计划。截至 2023 年 10 月 31 日，全球已申报的卫星互联网星座共 52 个。其中，近地轨道的星座数量为 46 个，占全球卫星互联网星座的 88%，远远超过其他轨道类型。[①]

（三）频轨资源争夺愈发激烈

卫星频轨是指卫星使用的频率和所处的空间轨道位置，是随着卫星技术的发明而开始被人类开发利用的自然资源，是所有卫星系统建立的前提和基础，也是卫星系统建成后能否正常工作的必要条件。频率轨道资源是一种有限的不可再生资源，卫星轨道是全人类共有的国际资源。现行卫星频轨资源分配国际机制主要以《国际电信联盟组织法》规定的“合理、有效、经济、公平”为基本原则，国际电信联盟制定了一系列专门法律文件作为具体实施细则。卫星频轨资源分配主要采取两种方法：协调法和规划法。规划法是通过规划分配的方式，将频率轨位资源平等地划分给若干国家；协调法则主要是采用“先占先得”的分配方式，以申报和协调手段为主，根据登记顺序确定非规划频段的卫星频轨资源的占有权。[②] 在这种方式下，各国首先根据自身需要，依据国际规则向国际电信联盟申报所需要的卫星频率轨道资源，先申报的国家具有优先使用权；然后，按照申报顺序确立的优先地位次序，相关国家之间要遵照国际规则开展国际频率干扰谈判，后申报国家应采取措施，保证不对先申报国家的卫星产生有害干扰。国际电信联盟还规定，卫星频率和轨道资源在申报后的七年内，必须发射卫星启用所申报的资源，否则所申报的资源自动失效。

空间频轨资源是卫星互联网建设的先决条件。根据联合国 2023 年发布的题为《为了全人类——外层空间治理的未来》的报告，各国已向国际电信联盟登记了 170 多万颗非对地静止轨道卫星的无线电频率，这些卫星可能在 2030 年之前发射入轨。地球近地轨道可容纳约 6 万颗卫星，预计到 2029 年，在地球近地轨道部署的卫星约 5.7 万颗，轨位

---

① “NewSpace Index”，December 31，2023，https：//www. newspace. im/.

② 杨宽、侯佳美：《卫星频率和轨位资源分配机制的新发展及其完善》，《中国航天》2021 年第 11 期，第 39 页。

空间十分紧缺，低轨卫星主要采用的 Ku、Ka 频段也将十分拥挤。①2019 年，国际电信联盟对此前的频轨资源“先到先得”原则进行改革，但并未改变美国等先发国家的优势地位，后发国家的企业在国际上申请频轨资源仍面临较为被动的局面。

（四）外空垃圾数量不断增加

外空垃圾又称空间垃圾、空间碎片，是指外太空中所有在轨的、废弃的人造物体。大至卫星解体造成的碎片，也包括火箭末级、弃置卫星等废弃的航天器；小到飞行器掉落的涂层、飞行器排出的液体固化形成的颗粒、固体火箭发动机未燃烧的固体颗粒等。

自 1957 年 10 月第一颗人造卫星进入外空开始，人造的外空垃圾已经同步产生。据欧洲航天局统计，截至 2023 年 8 月 11 日，人类发射火箭次数为 6410 次（不包括失败发射），进入地球轨道的卫星数量约为 15760 颗，目前仍在外空轨道中的数量约为 10550 颗，正在运行的卫星数量约为 8500 颗，空间监测网络追踪的碎片物体数量为 34730 个左右，碎片爆炸、分裂、碰撞的异常事件超过 640 次，轨道上所有物体总质量超过 10900 吨，其中物体碎片大于 10 厘米的大碎片数量为 36500 个，1 厘米到 10 厘米的小碎片数量为 100 万个，1 毫米到 1 厘米的微小碎片数量为 13 亿个。② 可以说，地球空间轨道已经被密密麻麻的外空垃圾包裹，其中轨道高度在 500 千米—1000 千米的区域是外空垃圾的“重灾区”。

二、外空日益拥挤的影响

人类正以前所未有的速度开拓着外空，外空空间和资源不断得以深度开发和利用，但外空竞争失序的安全风险问题也日益突出。外空轨道和频率日益拥挤，不仅打破了外空环境原有的生态平衡，对航天

---

① 《为了全人类——外层空间治理的未来》，联合国官网，2023 年 5 月，https：//www. un. org/sites/un2. un. org/files/our - common - agenda - policy - brief - outer - space - zh. pdf。

② “Space Debris by the Numbers”，European Space Agency，August 11，2023，https：//www. esa. int/Safety_Security/Space_Debris/Space_debris_by_the_numbers.

器的运行和人类进一步探索外空的行动构成一种直接或是潜在的威胁，还将对航天领域的后发国家造成被动，使其外空发展空间越来越小。

（一）外空交通管理迫在眉睫

随着空间物体和活动数量的不断增加，新型近地业务，如低轨巨型卫星星座、外空旅游、在轨服务和制造、外空拖船、主动清除碎片，以及避撞机动等，使得外空领域变得复杂，导致轨道环境更加拥挤和危险，外空交通管理日益成为国际社会讨论的热点焦点，也成为外空国际治理领域面临的巨大挑战。

不同于人们熟悉的路面交通，其有着成熟的交通信号灯、右转弯让直行先行等交通规则，外空中尚未建立此类外空交通规则。20 世纪六七十年代制定的国际外空法“五大公约”及其后形成的系列联合国外空法律文件，更多的是规定了自由、和平和安全利用外空的基本原则，国家监管、妥为顾及、提前磋商等基本义务，营救返还、损害赔偿、空间物体登记等基本制度，以及通知通报等基本机制，而并没有规定详细的外空交通规则，例如，当两国外空物体存在在轨碰撞风险时，哪方享有先行权，哪方应承担主动规避责任等。①

针对近地空间日益拥挤的问题，联合国和平利用外层空间委员会、美国、欧盟等都在积极着手建立外空交通管理和控制机制。2018 年 6 月，美国率先以总统令的形式发布了《国家外空交通管理政策》，首次阐述美国建立外空交通管理和控制机制的原则、地位、作用等，显示美国争夺外空交通管理制高点的意图。欧盟也在 2019 年启动了“外空安全、安保和可持续性建议”，计划建立欧洲空间态势中心和外空监视系统，力争在 2030 年之前建成欧洲外空交通管理与控制系统，保证欧洲航天发射活动的安全，避免“星链”卫星威胁欧洲卫星的情况再次发生。目前看，有关各方在外空交通管理方面采用不同的标准、定义和语言。关于外空飞行器位置、轨道和任务意图等信息还做不到普遍共享。不同参与方操控卫星的能力有高有低，在外空通行权等问题上

① 王国语、胡艺凡：《太空路权：未来太空交通国际治理体系的核心问题》，《光明日报》2022 年 12 月 8 日。

仍存分歧，统一的外空交通管理规则依然任重而道远。

（二）威胁在轨航天器安全运行

1978 年，美国国家航空航天局约翰逊航天中心科学家凯斯勒提出，当在近地轨道运转的物体的密度达到一定程度时，这些物体在碰撞后产生的碎片将造成更多的新撞击，形成级联效应，近地轨道进而将被危险的外空垃圾所覆盖。由于失去能够安全运行的轨道，在之后的数百年内外空探索和人造卫星的发射将无法实施。这一预测被称为“凯斯勒效应”或“凯斯勒症候群”。虽然凯斯勒有关外空碎片将“锁死”地球的推断仍存争议，但人类活动产生的空间碎片对低轨卫星产生的现实威胁却愈发显著。

空间碎片通常都以第一宇宙速度（7.9 千米/秒）运行，如果撞击到航天器表面，轻者会留下凹坑，重者会穿透航天器造成部分系统功能失效，甚至产生灾难性的后果。极小的外空垃圾由于数量多，也可严重改变航天器的表面性能；稍大的外空垃圾会损坏航天器表面材料，造成撞击坑，损伤表面器件；大的外空垃圾与航天器碰撞时，可使航天器的姿态改变，甚至改变航天器的轨道；高速撞击的外空垃圾会使自身及被撞击的航天器表面材料气化为等离子体云，使航天器失效；当外空垃圾的能量足够大时，将穿透航天器表面，破坏置于航天器内部的控制系统或有效载荷，使航天器发生爆炸或打散整个结构。2009 年，美国通信卫星铱星 33 与退役的俄罗斯卫星 Cosmos 2251 相撞，这是人类历史上首次近地轨道人造卫星相撞事故，事后据监控可知，产生了约 2000 块空间碎片。事实已然证明，密集庞大的碎片、火箭发射残骸以及外空生活垃圾都会对航天器的运行和人类进一步探索外空的行动构成一种直接或是潜在的威胁。

（三）影响天文观测结果

由于人造卫星和空间碎片带来的光污染影响，地球上的人们能够观察纯净黑夜的机会正在迅速减少。大量的空间碎片增加了漫射光的亮度，这会对望远镜选址产生极大的阻碍，随着时间的推移，人们将不得不把新的望远镜逐渐放置在离城市越来越远的地方。此外，人造卫星和外空垃圾还会对地面望远镜的观测产生影响。空间碎片在太阳光的照射下，会在地基望远镜的光学和红外图像中造成条纹或轨迹，这可能会带来数据失真。随着人造卫星数量的急剧增加，受其影响的天文观测结果可能无法再用于科学研究。

第三节　外空产业发展的挑战

随着新技术创新、应用场景创新以及商业模式创新，全球外空经济的帷幕徐徐拉开。外空产业是朝气蓬勃的新兴产业，迸发出巨大的经济能量，成为未来国家间竞争的新赛道。

一、外空产业发展的趋势

外空产业历来被视为是大国战略博弈的聚焦点和国家层面的专属竞技领域，外空产业的发展水平是一个国家综合实力与国防实力的体现。近年来，在全球新一轮工业革命的驱动下，全球外空产业发展迎来大发展大变革的新阶段，靠国家包揽包办的发展模式已然发生改变，商业航天成为助推外空产业快速发展的新生重要力量。

（一）主要国家加强商业航天扶持力度

商业航天是航天技术水平发展到一定阶段和航天产业发展到一定规模的产物，主要是指航天活动的私营化和商业化以及私营企业参与的航天活动。2003 年，美国国家航空航天局逐步退出近地轨道业务，将其承包给私营航天公司，自己则专注于科学研究和深空探测领域，这宣告了商业航天市场的正式开放。随着外空产业的蓬勃发展，主要大国在出台的国家安全顶层战略和综合性规划中，把商业航天摆在更加重要的战略地位。

美国以保持“领导地位”为目标，全面推进商业航天发展。美国走在世界商业航天发展的前列，1984 年颁布的《商业航天发射法案》允许私人发射火箭，并要求美国国家航空航天局尽最大可能寻找和鼓励外空商用；同年制定的《陆地遥感商业化法案》规定，将对地观测卫星的业务交给商业公司。1992 年，老布什政府签署的《陆地遥感政策法案》取代了《陆地遥感商业化法案》，赋予美国商务部向私营企业发放经营许可证的权利。1998 年颁布《商业航天法案》，不仅给予商业航天公司更多发展机会，而且要求美国国家航空航天局明确国际空间站的商业化应用方案。奥巴马政府于 2010 年颁布的《国家外空政策》和 2015 年颁布的《商业航天发射竞争力法案》，均明确鼓励商业航天发展和创新发展。2018 年，特朗普政府制定了美国历史上首份《国家外空战略》，把商业航天纳入国家战略。2021 年拜登政府上台后延续重视商业航天的一贯政策，为私营商业航天公司的发展提供了有力的政策保障。

俄罗斯以大国复兴为目标，系统全面规划、大刀阔斧改革。2016 年，俄罗斯政府通过了《2016—2025 年联邦航天计划》，提出以空间卫星集群为基础，同时研制具有前景的新型运载火箭和航天综合设备，为国家经济、科技和国际合作领域服务，并保护俄罗斯居民和土地免遭自然灾害和人为侵害。欧洲空间局 2021 年发布的《欧洲空间局 2025 议程》将推动商业化作为五大优先事项之一。2021 年 9 月，英国国防部发布了《国家外空战略》，旨在为实现英国在外空中的军民融合创造优势条件，将英国建设成世界上最具创新性和吸引力的外空经济体之一，并针对最具有影响力的机遇和关键的跨领域推动因素制订了十项计划。2018 年 3 月，日本宇宙航空研究开发机构发布《第四期中长期发展规划（2018—2025 年）》，涵盖卫星导航、遥感、通信、航天运输、外空态势感知、海洋态势感知和早期预警等领域的重点航天项目、航天领域跨机构研究方法方向、重点航空科学技术，以及航空航天领域国际合作、利用信息系统和确保信息安全等具体措施。

2023 年 4 月，印度空间组织发布《印度空间政策 2023》，其核心主旨就是通过明确公私关系、出台利好政策和加强制度保障，大力鼓励私营企业参与航天活动。新西兰等国家允许民营企业投资建设商业航天发射场，通过租借空闲发射工位给商业公司促进其商业发射活动的开展。2021 年 9 月，韩国政府计划将国有航天运载技术转让给本国的航空航天企业，帮助本国商业航天企业打入不断扩展的全球航天发射市场。

（二）商业航天市场规模持续扩大

近年来，商业航天占全球外空产业的规模持续增长，已经成为拉动全球航天经济发展的重要引擎。美国外空基金会 2023 年发布报告称，全球外空经济规模 2022 年达到 5460 亿美元，预计未来五年将再增长 41%，达到 8000 亿美元规模。其中商业航天收入规模达 4276 亿美元，占比达 78%。2022 年，全球共进行了 186 次航天发射，高于 2021 年的 145 次，其中 81 次为商业发射。而在商业发射中，有 50 次是由埃隆·马斯克的太空探索技术公司进行的。① 根据美国忧思科学家联盟“在轨卫星统计数据库”统计，截至 2023 年 1 月 1 日，美国在轨的 4529 颗卫星中，民用卫星 26 颗，政府卫星 260 颗，军用卫星 247 颗，商业卫星达到 3996 颗，占据绝大多数。②

（三）卫星互联网建设如火如荼

美国卫星产业协会发布的 2023 年《卫星产业状况报告》指出，2022 年全球外空产业的总收入为 3840 亿美元，卫星产业的总收入约为 2810 亿美元，相比 2021 年增长了 20 亿美元。2022 年全球卫星产业收入占全球航天产业收入的 73%，非卫星产业收入 1030 亿美元，包括相关国家的军用和民用航天收入，以及商业载人航天项目收入。全球范围内建造能够提供低成本、高速互联网的卫星星座的竞赛正在推动全球外空经济的高速增长。预计到 2040 年，全球外空经济的价值将达到 1 万亿美元。其中卫星互联网将占市场增长的 50%，在最乐观的情况下将达到 70%。全球外空经济有望从 2016 年的 3500 亿美元飙升至 2040 年的 1 万亿美元。③

目前无论是航空航天企业自身资金与技术能力，还是航天管理部门可以调配的资源与服务能力，美国对卫星互联网的争夺无疑占据着

---

① “Space Foundation Releases”, Space Foundation, July 25, 2023, https://www.spacefoundation.org/2023/07/25/the-space-report-2023-q2/.

② “UCS Satellite Database”, Union of Concerned Scientists, January 1, 2023, https://www.ucsusa.org/resources/satellite-database.

③ 《太空经济潜力巨大，卫星互联网与地面 5G 如何“打交道”?》，中新网，2020 年 12 月 2 日，https://www.chinanews.com.cn/cj/2020/11-02/9328502.shtml。

绝对优势。如果外空探索技术公司、亚马逊和波音公司组成的强大卫星互联网编队能够如期实现各自计划，美国将霸占卫星互联网90%以上的空间。

在美国捷足先登的倒逼之下，全球其他国家也加快了开疆拓土的步伐。2022年10月，由超过600颗卫星组成的俄罗斯“球体”低轨卫星通信星座首颗实验卫星顺利升空，计划于2024年前实现宽带卫星互联网覆盖本国全境。2022年11月，欧盟宣布欧洲议会与欧盟成员国就预算为24亿欧元的《2023—2027年欧盟安全连接计划》达成政治协议，该计划旨在部署一个欧盟卫星星座“IRIS2”。德国一家公司计划发射600颗近地轨道卫星，星座部署将于2024年开始。国际卫星组织、欧洲卫星通信组织等也在逐渐谋划将传统通信卫星替换为更先进的高通量通信卫星。

中国的卫星互联网产业正驶入“快车道”。2020年4月，国家发展改革委将卫星互联网列为新基建中的信息技术设施，意味着以低轨卫星通信系统为代表的外空基础设施建设上升到了国家意志层面。2021年4月，国务院国资委发布关于组建中国卫星网络集团有限公司的公告。中国卫星互联网建设全面提速，有望实现跨越式发展。

二、外空产业发展的影响

如果说外空时代初期的外空活动还只是以主权国家为单位，那么商业航天的勃兴则将外空时代推入另一个全新的阶段——外空经济时代。2007年，时任美国国家航空航天局局长迈克尔·格里芬在纪念该局成立五十周年发表演讲时表示：“我们不只是创造新的就业机会，我们也创建全新的市场和先前并不存在的经济增长可能性。这就是新兴的‘外空经济’，一个以我们尚未理解或赏识的方式，来改变我们在地球上的生活的经济。”外空经济的概念由此而生。[①]

此前，外空开发主要服务于军事和民用目的。由于成本和技术门

---

① 《从仰望星空到步入星空，太空时代未来已来》，澎湃新闻，2021年7月17日，https：//www. thepaper. cn/newsDetail_forward_13624818。

槛过高，商业航天发展有限。但近年来外空产业发展的步伐正在加快，可重复使用的火箭和飞船等技术发展降低了投资航天的门槛，各国政府支持外空产业发展的态势鼓舞了市场的热情。埃隆·马斯克旗下外空探索技术公司公司近年迅猛发展的核心原因在于大幅降低了发射成本。外空探索技术公司曾称，单凭猎鹰九号一级火箭的回收，就可将航天发射成本降低80%。随着航天技术的不断发展和相关应用的不断深入，新兴的“外空经济”正在改变地球上人类生活的方方面面。

外空领域的技术竞争和资源开发，具有重要的经济和战略价值，不仅是国家实力的体现，也会影响到国家间力量对比的变化。目前看，美国的商业航天发展全球领先，拥有全球最尖端的技术产品、最完备的产业链以及一大批经验丰富的人才梯队，先发优势明显。然而，秉持“主宰外空”霸权思维的美国却以零和博弈”的态度看待中国等国外空产业的迅猛发展。美国国家航空航天局局长比尔·尼尔森多次宣称中美“正处于一场外空竞赛”。可以预见，随着外空的经济价值愈发凸显，大国在外空领域的竞争将更趋激烈，国际外空秩序将进入动荡调整重塑的新阶段。

思考题

1. 国际社会防止外空军事化、武器化的努力有哪些？
2. 各国可采取哪些举措加强外空交通管理？

第四章　外空安全政策

随着外空的经济、社会、军事、科技等效益日益凸显，各国不断加大对外空领域的投入，外空竞争愈发激烈，外空威胁不断涌现，国家安全空间向外空疆域全面延伸拓展，世界主要大国竞相角逐外空安全高地，维护外空安全与外空权益成为新的提升国家建设和军事威慑能力的战略制高点。

第一节　主要国家的外空安全政策

近年来，多国相继发布外空战略和政策，明确未来一段时期自身在外空领域的发展愿景、战略意图、重点领域和重大举措。这些战略政策预示了新的外空战略定位、新的外空装备和技术发展应用态势，以及新的国际外空治理竞争格局的演变方向，标志着国际上围绕外空的竞争、博弈和对抗已进入新的阶段。

一、美国的外空安全政策

美国是当前外空领域首屈一指的霸权国家。冷战时期，美国和苏联两个超级大国把竞争的战场转向外空，展开了持续几十年的外空竞赛，人类的航天事业出现了突飞猛进的发展。冷战结束后，享受“单极时刻”的美国在相当长时间内对外空霸权的重视程度有所降低，直到特朗普政府时期才将其重新提上重要的议事日程。打出“美国优先”旗号上台的特朗普通过复活国家外空委员会、创建第六大军种外空军、发布首份《国家外空战略》、提出《阿尔忒弥斯协定》、放松私营企业参与航天限制等举措，拉开了新一轮全面外空竞赛的帷幕。

拜登政府上台后，基本延续了特朗普政府的外空政策，继续将外空视为关键战略竞争领域，不断加大对外空领域的支持力度，迅速强化外空力量。总体来看，在“主宰外空”的霸权思维指引下，贯穿美国外空安全政策的一条主线就是谋求和维持外空霸权。

（一）小布什政府时期的外空安全政策

《国家外空政策》是指导美国开展外空活动的原则和目标，也是美国实施外空管理最高优先权的指南和方针，它为美国外空事业的发展提供完整的政策框架。自艾森豪威尔 1958 年发布《美国关于外空的初步政策》以来，美国的每一任总统都会发布一份《国家外空政策》。[①]

2006 年 8 月，时任美国总统小布什签署《国家外空政策》（以下简称 2006 版政策）。2006 版政策认为，过去五十年来，美国在外空探索和利用领域一直处于世界领先地位，进入 21 世纪后，美国依旧要保证拥有稳健高效的外空能力，同时确保在外空的行动自由。2006 版政策强硬声称，“美国将把对其空间系统有目的地干涉看作对其主权的侵犯，强调美国拒绝签署任何限制美国外空发展的国际协议，拒绝任何对美国利益可能造成伤害的敌国在外空发展的权利”，强调美国为追求国家利益而进行的国防及与情报相关的活动也属于“和平目的”，声称“美国的外空能力（包括地面、外空及链接部分）对于国家利益至关重要，美国将维护其在外空的行动自由，劝阻或威慑他方妨碍美国此种权利或发展此种能力，采取必要的步骤保护美国的外空能力”。[②]

2006 版政策旨在确保美国在外空的绝对自由，一味强调美国不受阻碍地开发利用外空和在外空行动自由的权利，对应遵守他国在外空的权利并履行相应的国际义务只字未提，赤裸裸地展示了美国对外空

---

① 申育娟、陈国玖、赵巍等：《美国太空政策演进及趋势分析》，《中国航天》2022 年第 9 期，第 46 页。

② “Unclassified U. S. National Space Policy”, National Archives, August 31, 2006, https: //obamawhitehouse. archives. gov/sites/default/files/microsites/ostp/national - space - policy - 2006. pdf.

霸权的追求，充分体现了小布什政府在外空领域的单边主义和霸权主义。

（二）奥巴马政府时期的外空安全政策

2008年奥巴马政府上台后，对小布什政府的单边主义政策进行了调整。奥巴马扬弃前任小布什“外空对抗”的单边主义论调，祭出“和为贵”大旗，用相对缓和的态度重申美国的外空意愿，并公开表明愿意支持外空领域国际间的合作。

2010年6月，奥巴马政府推出《国家外空政策》（以下简称2010版政策）。2010版政策在前言部分就突出了美国在外空领域加强国际合作的决心，并在这一合作精神的指导之下制定了开展外空行动的原则：美国依旧主张各国和平利用外空、外空无主权，呼吁各国采取负责任的外空行动，并突出商业外空行业对外空发展的重要性。2010版政策列出诸多国际外空合作领域，包括空间探索、地球观测、气候变化研究及环境数据共享、减灾救灾乃至监测外空垃圾等。[①] 2010版政策对美国外空目标的表述进行了调整，由确保美国能够在外空或通过外空进行不受阻碍的行动，捍卫美国在外空的利益转变为在互利的外空活动中拓展国际合作，推动外空和平利用和加强外空信息的搜集与共享。在外空使用原则上，奥巴马政府承认所有国家都有权依据国际法为了和平目的与人类的福祉探索和使用外空，利用外空从事有关国家安全和国土安全的活动，并且在表述中弱化了美国至上的因素，认可世界各国为维护国家利益而进行的外空活动，认可外空的透明与开放性。在外空军控议题上，与小布什坚决反对外空军控的强硬态度不同，奥巴马对相关的军备控制措施建议和方案持开放态度，在表述中弱化了美国中心的观念。

2011年1月，奥巴马政府又发布《国家安全外空战略》。该战略同样明确表示支持国际空间合作。文件表示，美国承认每个国家都有权利用和探索外空，允诺支持国际社会发展外空行为规范准则，并通

① “National Space Policy”, The White House, June 28, 2010, https://obamawhitehouse.archives.gov/sites/default/files/national_space_policy_6-28-10.pdf.

过本国的示范，鼓励其他国家和行为体遵守，同时愿意与负责任的国家、国际组织、商业公司结成伙伴关系。① 该战略再次表示，美国会考虑公平、有效验证的、能促进美国及其盟国安全的外空军控措施，与《国家外空政策》的立场相呼应。

奥巴马政府时期，美国的外空安全政策出现明显转向，与小布什政府时期的强硬态度形成鲜明对比。然而，奥巴马政府提出要在外空领域与国际上的其他国家进行合作，并非开放式的国际合作，而是主要在盟友间展开，对其他国家，尤其是发展中国家仍是严加防范。奥巴马政府的外空安全政策为美国在国际社会一定程度上营造了正面形象，但美国从未放弃对外空绝对优势的追求。

（三）特朗普时期的外空安全政策

以“美国优先”著称的特朗普对外空领域极其重视，从不讳言对外空霸权的追求，并对美国的外空战略进行了一系列顶层设计，留下诸多政治遗产。特朗普不仅首开总统官宣外空为作战领域之先河，还积极推进美国国家军事外空体系重组。自 2017 年 6 月，特朗普重启了里根政府在 1989 年设立的国家外空委员会，该委员会在特朗普执政四年期间先后制定 7 个外空政策指令，内容分别涵盖重返月球计划，简化商业利用外空的监管，国家外空交通管理，建立外空军，外空系统网络安全，外空核动力与推进，天基定位、导航与授时七大领域。

2018 年 3 月，特朗普政府颁布《国家外空战略》概要文件。文件强调以“美国优先”政策维持自身外空领导地位，明确表示新战略将确保国际协议把美国人民、工人和企业的利益置于首位。文件还提出，新版《国家外空战略》建立在《国家安全战略》基础上，强调在外空领域通过实力实现和平。文件提出，美国期望能够不受干扰地进入外空，在外空自由行动，并设法慑止、应对和挫败危害美国及其盟友国家利益的外空威胁。特朗普曾公开宣称，“美国在外空中仅有‘存在

① “National Security Space Strategy”, Office of the Director of National Intelligence, January, 2011, https://www.dni.gov/files/documents/Newsroom/Reports%20and%20Pubs/2011_nationalsecurityspacestrategy.pdf.

感’是不够的，还要具有‘统治力’”。[1] 特朗普时期的《国家外空战略》体现了其鲜明的个人风格，扭转了奥巴马时期美国对于外空国际合作的整体基调，是小布什政府外空鹰派思维的回归，使得美国外空的发展呈现出更为激进的态势。

2020 年 6 月，美国国防部发布《外空防御战略》，该战略确定了美国国防部将如何提升外空力量，使国防部能够在以大国竞争为特征的复杂安全环境中“竞争、威慑和取胜”。该战略指出，确保天基能力的可用性对建立和保持美国在所有作战域的军事优势以及促进美国与全球的安全和经济繁荣至关重要，并列出了未来的四项工作目标：打造外空综合军事优势；将外空纳入国家和联盟作战；塑造战略环境；与盟友、合作伙伴、工业界和其他美国政府部门和机构合作。2020 年 12 月，特朗普在离任前 2 个月，又签署了其任内最新版的《国家外空政策》。与以往美国政府的外空政策相比，新外空政策特别强调抵消并超越中国与俄罗斯在外空领域的相关技术优势，使美国再次强大。新的外空政策延续《国家外空战略》的“美国优先”思维，强调美国将利用美国标准和最佳策略来塑造外空国际准则，要求其他国家按照美国建立起的外空交通服务管理框架进行外空行动。除了在外空军事、外空工业等方面确保美国领先外，美国政府只在有利于美国的前提下与国际伙伴进行合作，且任何国际协议首先要为美国人民、工人和企业带来利益。新的外空政策不再强调外空探索与利用的“和平目的”，而是强调要通过外空领域的力量实现和平，对美国及其盟友的外空系统所进行的任何有目的干涉或袭击，对任何损害美国外空利益的行为，美国都将以任何可能的时间、地点、方式和领域实施报复。新政策还公开承认外空战的可能性，强调外空是一个作战领域。

特朗普任内，国际外空战略竞争呈现出发展新态势。美国政府公

---

① Ellen Mitchill, “Trump Directs Pentagon to Create ‘Space Force’”, the Hill, June 18, 2018, https://thehill.com/policy/defense/392799 - trump - directs - pentagon - to - create - space - force.

布的各类外空文件均突出“美国优先”原则，强调美国外空领导地位和以实力求和平的霸权策略。为有效实施外空战略，特朗普几乎重塑了整个外空领域的管理体系和功能系统。在美国大踏步进军外空带动下，国际外空治理赤字问题愈发凸显，外空无序竞争与争夺更加混乱，外空安全充满更多不确定性。

（四）拜登时期的外空安全政策

拜登虽对特朗普任内推出的诸多政策指责颇多，但在外空政策方面，拜登更多是以继承者的身份示人，并未对特朗普时期推出的外空军等重大举措进行改变。美国时任白宫发言人普萨基表示，外空是拜登政府与特朗普政府为数不多保持一致的政策领域之一。[①] 整体而言，拜登政府将外空领域视作美国国家安全和霸权护持的关键领域。

2021 年 12 月，拜登政府召开第一次国家外空委员会会议，发布《美国外空优先事项框架》文件。该文件是拜登政府首次正式发布的外空政策。文件指出，外空领域的建设带动了美国制造、运输、物流、农业、金融和通信等产业的发展，为美国社会提供了创新动力和发展机遇。美国将继续保持在外空探索、前沿技术、商业航天等领域的领先优势，为其掌握全球领导力提供重要帮助。未来，美国仍将以外空体系建设为抓手，巩固其全球外空领先地位，在带动本国经济社会发展的同时，持续强化外空治理能力建设，牢牢掌握国际外空规则制定的主导权。

2022 年 4 月，美国副总统兼国家外空委员会主席哈里斯在访问加州范登堡外空部队基地期间宣布了美国在外空安全、外空军控规则制定领域的最新立场。白宫网站同日发布题为“拜登—哈里斯政府推进外空国家安全规范”的事实纪要，宣布美国承诺不开展破坏性的、直升式的反卫星导弹试验，并以此为基础，寻求建立一个新的“有关负责任外空行为的国际规则”，同时呼吁其他国家作出类似承诺并共同推

① Marcia Smit, “White House: Space Is One Area Where Biden And Trump Agree”, March 30, 2021, https: //spacepolicyonline. com/news/white - house - space - is - one - area - where - biden - and - trump - agree/.

进相关国际规则的制定，从而使这些努力能够惠益所有国家。[①] 随后，在联合国“负责任外空行为准则”开放式工作组和联合国大会中，美国与其盟友密切合作，推动禁止直升式反卫星的试验倡议多边化。相比于特朗普政府建立外空军的军事扩张路线，拜登政府展现了更多进步主义色彩。但拜登政府对外空行为负责任和不负责任的区分存在浓厚的政治色彩，虽然打的旗号是减轻外空碎片对人类空间设施的威胁，实则是试图通过拉帮结派，以新的规则限制中俄的反卫星能力，使美国获得单方面的优势。

虽然拜登政府尚未发布任内新版的《国家外空政策》，但 2022 年 11 月出台的美国《国家安全战略》已经明确了美国外空战略的核心任务，即：保持美国在外空探索和外空科学方面的领导地位，美国的“外空行动将继续遵守适用的国际法，并在负责任利用外空和管理外空环境方面展现领导能力”，“美国将保持在外空领域的世界领导者地位，并与国际社会一道确保外空利用的可持续性、稳定性和安全性”。[②]

拜登政府的外空安全政策呈现明显的软硬兼施的特点，在规范塑造和军事威慑两个方面同时发力。拜登政府既要利用外空规范霸权制约战略竞争对手，又要利用外空军事霸权威慑战略竞争对手，以图从整体上重振美国霸权以全面压倒战略竞争对手。

二、俄罗斯的外空安全政策

外空领域取得的辉煌成就，曾给予苏联巨大声望、荣耀与实力，也是俄罗斯国家安全的战略基石。在冷战期间，外空是美苏军事竞赛的重要领域。苏联外空战略围绕参与国际军事竞赛的需求展开，并为国家赢得了巨大声誉。如发射了世界上第一颗人造卫星，首次实现搭

---

① “FACT SHEET: Vice President Harris Advances National Security Norms in Space”, April 18, 2022, https://www.whitehouse.gov/briefing-room/statements-releases/2022/04/18/fact-sheet-vice-president-harris-advances-national-security-norms-in-space/.

② “National Security Strategy”, The White House, October 12, 2022, https://www.whitehouse.gov/wp-content/uploads/2022/10/Biden-Harris-Administrations-National-Security-Strategy-10.2022.pdf.

载动物和人的外空飞行，同时实施了“东方号”“上升号”“联盟号”“礼炮号”“和平号”等载人宇宙飞船和空间站的研发与发射任务等。民用、商用外空在国家战略中处于相对边缘化的地位。

冷战结束后，为了重新树立俄罗斯大国地位与威望、确保国家安全以及维护国际安全，俄罗斯领导人多次强调外空发展的战略重要性，并将外空技术及其运用作为国家优先发展领域。俄罗斯吸取了苏联时期的经验教训，确立并强调了军民协调发展的战略思路。但由于一系列经济困境，这一发展思路在具体实践中未能得到良好收效。

2012 年 4 月，俄罗斯联邦航天局公布了《2030 年前及未来俄罗斯航天活动发展战略》草案，对俄罗斯 2030 年前及未来外空活动的战略目标、基本原则、预期效果、优先方向以及战略实施机制等问题进行了明确阐述。这是后冷战时期俄罗斯政府首次提出外空战略，标志着俄罗斯外空事业发展由项目规划向战略规划的转型。俄罗斯的外空战略开始经历转型，重点聚焦三个方面。

一是确保俄罗斯能够独立进入外空。无论是国家航天规划，还是专项规划，目的都基于使俄罗斯能够自由进入外空。2012 年底颁布的《2013—2020 年俄罗斯外空活动》国家项目明确指出，国家外空活动旨在“保障俄罗斯进入外空通道”。此后 2014 年颁布的《2013—2020 年俄罗斯外空活动》修订版文件和 2016 年颁布的《2016—2025 外空项目基本原则》均保持这一总体目标。[①]《2016—2025 年联邦外空项目基本内容》则进一步对 2016—2025 年国家外空活动的任务目标进行了量化，提出了重点领域预计实现的指标参数，进一步通过指标量化和任务细化促进外空技术对于国家外空活动保障能力的提高。2017 年俄罗斯国家航天集团公司公布的《2025 年总体发展战略》提出要从 2021 年开始建设俄罗斯舱段，2024 年结束国际空间站合作项目。

二是突出应对与美国的外空竞争。俄罗斯外空战略把美国看作头号竞争对手。2014 年《俄罗斯联邦军事学说》列出了俄罗斯联邦遏制

---

① 孔桥雨：《俄罗斯太空战略的变化（2012—2021）》，《战略决策研究》2022 年第 5 期，第 51 页。

和防止军事冲突方面的主要任务。其中涉及外空领域的任务首先强调了反对个别国家（国家集团）试图通过部署战略导弹防御系统、在外空部署武器以及部署战略性非核高精度武器系统获得军事优势，并提出要加强在监测近地空间物体和事件方面的能力。无论是经济实力还是军事实力，俄罗斯都不如美国，更不可能在新兴外空作战领域与美国展开全面竞争，因此只能寻找对手软肋，以“非对称”方式与美国展开外空军事竞争。在俄罗斯看来，庞大的在轨卫星群固然是美军展开联合外空作战的雄厚资本，但过于依赖卫星也折射出美军外空作战体系的脆弱性，使其成为俄罗斯可以攻击的薄弱环节。在自身军费紧张的情况下，研发部署以反卫星武器为重点的外空武器装备，可以迫使美军为保护外空系统而投入更多资源，从而以较小的代价来抵消对手在外空领域的军事优势，实现相对的战略平衡。

三是努力保持外空大国地位。俄罗斯总统普京曾表态，要继续努力使俄罗斯在外空领域的成就符合先驱们开创的高度，在 21 世纪继续保持在外空领域的大国地位。在制度方面，俄罗斯在航天科技领域的开拓还得到了法律上的保证。外空活动作为“国家最高等级的优先发展项目”被写入了《俄罗斯联邦空间活动法》。俄罗斯《2030 年前及未来外空事业国家基本政策》于 2020 年 1 月获批通过。

俄乌冲突久拖不决，俄罗斯遭受了来自美西方的全方位制裁。随着俄乌局势升级、西方制裁加码、俄罗斯与西方关系恶化，俄罗斯试图通过“离站”对美西方进行施压、反击。2022 年 7 月，俄罗斯国家航天公司新任总裁鲍里索夫表示，俄罗斯将在 2024 年后退出国际空间站项目，届时将开始组建俄罗斯轨道服务站。在俄美关系被俄乌冲突推入谷底背景下，俄罗斯意识到与西方的航天合作已无更多机会，特别是未来在美国主导的国际外空项目中，俄罗斯很有可能被踢出圈外，故选择提前出击，早做打算。二十多年前，经历长期的冷战对峙后，美俄摒弃前嫌，携手探索外空。经历俄乌冲突后，俄罗斯与西方的关系彻底破裂，多年外空合作图景开始碎裂，俄罗斯已做好了与美国在外空领域一较长短、顽强竞争的充分准备。

三、法国的外空安全政策

法国是欧洲航天大国。1965 年 1 月，法国使用本国制造的火箭把自制的卫星成功送入轨道，成为继苏联、美国之后第三个走向外空的国家。经过几十年的发展，无论是从外空技术还是从外空工业来看，法国的外空实力有了长足发展。随着美国推动外空军事化不断走向深入，法国也持续强化外空威慑能力，外空安全政策“美国化”的趋势愈发明显。

2019 年 7 月，法国国防部部长弗洛朗丝・帕利在里昂北部的一个空军基地宣布了法国的《外空防御战略》（以下简称《战略》）。《战略》宣称，外空日益成为军事对抗场所，对于顺利展开军事行动至关重要，保护法国的卫星成为战略要务。《战略》提出，在保护本国卫星及其外空利益的过程中，法国将坚持三项行动原则。一是自由进入外空，同时负责任地使用外空。不蓄意侵略性地使用外空，与国际社会一道制定外空行为准则，确定最佳外空行为规范，禁止导致外空碎片长期存在的行为。二是根据国际法在外空采取行动。根据《联合国宪章》，保留对外空不友好行为采取报复措施的权利。三是与欧洲、跨大西洋伙伴进行战略与政治对话，与盟友进行深度合作。《战略》还制定了外空防务战略线路图：首先，深化外空军事理论，围绕法国自主评估威胁与决策、促进欧洲外空工业发展以及维护本国外空利益，确定外空军事行动的基本规则与类型；其次，改革外空军事管理体制；最后，确保拥有足够的外空能力与作战技能。《战略》还设计了提升外空能力的优先议程：重点发展支撑陆地、海洋与空中行动的外空支援能力，作为第一优先事项；第二优先事项是发展外空态势感知能力，包括天基与地基能力；保护与固化外空能力是第三优先事项。同时组建外空学院培养操控卫星的专门技术人员，并进行有关外空作战的演习。①

按照《战略》要求，法国政府为提升法国外空军事实力，不仅改

① 何奇松：《法国太空军事战略评析》，《欧洲研究》2020 年第 6 期，第 140 页。

组了外空军事架构，组建了外空军，还修订并颁布了新法令，让外空军接管有关军事卫星的操控，并且制定能力线路图，确立实施积极外空防御的原则。法国《战略》中的部分论调与当时美国特朗普政府发布的《国家外空战略》有关外空政策的主张一脉相承，不可避免会加剧外空军备竞赛，促使外空战场化，阻碍国际社会达成具有法律约束力的国际条约以禁止外空军备竞赛。

四、英国的外空安全政策

英国将外空能力视为推动经济发展和重获大国地位的重要手段。2021 年 3 月，英国政府正式发布《竞争时代的全球英国：安全、国防、发展与外交政策综合评估》文件，设定了“全球英国”的愿景并提出总体目标。在外空方面，文件提出要使英国成为外空领域举足轻重的行为方，采用综合的外空战略，并首次将军事与民用外空政策相结合。文件提出要支持英国商用外空领域的发展，并确保英国有能力在更为拥挤且竞争更为激烈的外空领域中保护和捍卫自身利益。[①] 在此指引下，英国政府及其军队先后出台《国家外空战略》《国防外空战略》《外空防御战略》等重要文件，为英国外空能力发展提供战略指导。

2021 年 9 月，英国商业、能源和工业战略部和国防部联合发布了首个英国《国家外空战略》报告。报告梳理了当前英国在科学技术、国防、监管和外交方面的优势，指出了英国未来重点关注的外空领域，以及通过释放英国外空领域的增长潜力、拓宽国际合作、将英国发展成为科技超级大国、发展弹性的外空能力和服务四大“关键支柱”实现英国宏大的外空愿景。报告主要划分了 2021 年底到 2030 年左右实施目标的四个阶段。其中，2021 年底前为“倒计时”阶段，主要任务为发布国家级外空战略，与行业部门合作制定交付框架，以确认未来

---

① 《安全、国防、发展和外交政策整合评估》，英国政府网，2022 年 3 月，https://assets.publishing.service.gov.uk/government/uploads/system/uploads/attachment_data/file/999098/03335 – CO – Integrated – Review – Foreword – and – Overview – FINAL – CHINESE – WEB – DISPLAYABLE – PDF.pdf。

几年的航天预算；2022—2023 年为“点火”阶段，加强英国“科学超级大国”地位，完成本土首次外空发射；2030 年前为“推进”阶段，英国经济、社会和日常生活中初步显现实施的效果；2030 年以后为“轨道”阶段，重新评估《国家外空战略》的进展，确保英国适应不断变化的空间环境。[①] 报告还提出了商业小卫星发射抢占欧洲市场、利用外空技术应对气候变化、发展世界级外空集群等 10 项具体行动计划。

2022 年 2 月，英国国防部发布《国防外空战略》，从国防层面为参与外空竞争提供指导。文件提出了英国未来发展目标，包括充分利用全球合作伙伴关系，加强国内外安全防御；通过跨政府外空计划，最大程度地利用国家资源；加快国防外空创新，保持战略优势等。根据该文件，英国计划投入 14 亿英镑用于增加英国在轨卫星数量，完善卫星情报侦察能力。同月，英国国防部又发布《外空防御战略：外空领域作战》报告，宣称“大气层外的核攻击”可能“永久性毁灭”英国的外空存在。英国国防部在该文件中称，外空已经成为继陆地、海洋、空中和网络后的第五大军事领域，希望尽快整合相关领域。

2022 年 9 月，英国国防部又发布题为《联合条令出版物 0 - 40——英国外空力量》的条令文件，这是英国首份针对外空领域的独立条令文件。该报告主要有四个方面内容：一是介绍英国外空力量，概述外空力量的特征和局限性；二是提出加强外空力量的目标，阐述英国军事外空力量的角色及关键任务；三是明晰外空指挥、控制、协调与规划，讨论英国军事外空指挥控制的实施方式；四是明确外空力量运用，阐述外空力量如何与其他作战领域相结合以及外空力量的威慑作用。该文件还多次强调英美外空军事联盟的重要性，声称“与美国的密切合作，对于确保英国获得大量外空服务至关重要”。

英国政府密集发布针对外空领域的顶层设计文件，并不断加大外空领域军事力量建设投入，标志着英军外空力量建设发展进入“提档

---

① 王洪飞、史巍：《英国首个〈国家太空战略〉报告要点及反响》，《国际太空》2021 年第 12 期，第 33—34 页。

增速期”。英国正加快外空军事力量建设，谋求以军事外空推动外空产业发展，为实现外空大国目标奠定基础。

五、日本的外空安全政策

二战后，日本政府对和平利用外空技术极为重视，同时也极为敏感，忌惮相关高新技术被应用到战争等领域。1969 年批准《外空条约》时，日本就确立了宇宙开发活动“仅限于和平目的”的基本原则，这一基本原则也被外界解读为对自卫队利用宇宙开发成果的严格限制。1985 年 2 月，时任中曾根康弘内阁防卫厅长官的加藤纮一在日本国会众议院预算委员会上就自卫队的卫星使用原则进行过解释，指出“仅限于和平目的”的意图一方面是为了禁止自卫队直接使用杀伤性或破坏性卫星，另一方面则是为了限制自卫队使用超出民用性能的卫星。

在日本政治右倾化的大背景下，日本千方百计突破《和平宪法》的约束，扩充军备的步伐急剧加快。1998 年日本决定发展信息收集卫星（实际上是军事侦察卫星），并于 2003 年发射升空入轨，日本实际上迈进了外空军事利用的大门。2008 年 5 月，日本国会通过了《宇宙基本法》，进一步打破了 1969 年“仅限于和平目的”的宇宙开发利用基本原则，并允许日本在所谓“防卫性”前提下开展外空军事活动。此举从法律上彻底卸下了日本外空“和平利用”的包袱，打开了外空军事利用之门。由此，日本外空军事化步伐加快。

2009 年 6 月，日本基于《宇宙基本法》第 24 条推出首个《宇宙基本计划》，这是日本首个外空总体战略。2013 年、2015 年、2020 年、2023 年日本政府又 4 次对其进行修订。在修订过程中，日本政府逐步蚕食“仅限于和平目的”基本原则，外空安保问题逐渐成为日本《宇宙基本计划》的主要关切。

2022 年末，日本政府内阁会议修订新版《国家安全保障战略》《国家防卫战略》《防卫力整备计划》3 份安保政策文件，明确要强化国家整体防卫体制，全政府强化外空、网络、电磁波领域能力，强化自卫队与海保厅的外空空间利用。在 3 份安保政策文件指引下，日本时任首相岸田文雄指示有关省厅牵头研究制定外空领域安全保障构想，作为修订《外空基本计划》时的新增内容。

2023 年 6 月，日本内阁外空政策委员会发布日本政府首个涉及外空安保方针的构想草案——《外空安全保障构想》（以下简称构想）。构想共包括六个章节，对日本所处的外空安全环境进行了分析，并据此提出中长期建设目标和具体实现途径。构想强调构建符合日本利益的外空安全保障体系，以保证未来更加安全地利用外空。在威胁研判上，构想认为，外空已成为各国军事能力竞争的新舞台。周边国家大幅增加侦察卫星数量，推进开发“杀手卫星”，破坏或致盲卫星，导致日本在外空领域面临的威胁不断增加。基于此，构想明确了两个基本发展思路，即具备应对他国外空威胁与风险的能力，以及利用卫星情报保护日本国土和民众安全的能力。①

构想还提出三大建设路径：一是扩大外空在安全保障方面的利用范围，即形成针对外空的广域、高频和高精度情报搜集能力，强化卫星通信安全，提升导弹威胁应对、卫星导航和外空运输能力等；二是确保外空空间得到安全稳定的利用，提升对空间目标的探测、跟踪和识别能力，推动航天器循环利用，提升应对卫星攻击的反应速度和能力，参与制定国际外空安全规则等；三是实现安全保障与外空产业发展良性循环，包括提升自主外空技术研发能力，增强日本宇宙航空研究开发机构的地位作用，释放卫星产业发展活力，加大对重点民间商业卫星公司的技术和资金支持等。

构想详细制定了 2023 年至 2034 年外空安全保障体系发展路线图，明确了未来十年卫星发射数量和计划，重点强调构建“准天顶”导航系统，提升外空目标感知追踪能力。具体看，未来十年，日本计划以每年接近 1 颗的速度研究并发射光学和雷达卫星，到 2034 年时，与此前日本在轨卫星最终形成 20 颗卫星网络体制，进一步提升综合情报搜集能力。同时在短时间内再发射 3 颗导航组网卫星，将目前“准天顶”导航网络升级为 7 颗卫星，中长期内进一步寻求与美国卫星技术联合，

① 《日本发布首份太空安保构想》，《中国国防报》2023 年 6 月 12 日。

构建包含11颗卫星的导航系统。同时，围绕外空目标感知追踪能力构建，构想还明确由日本防卫省负责重点研发和验证高精度红外传感系统，以实现对外空目标的探测和跟踪。

日本的外空政策从战后的“和平利用”逐渐走向如今的“军事利用”，未来日本在外空军事力量建设方面将投入更多资源。

六、印度的外空安全政策

印度作为新兴大国，同样拥有“外空大国梦”。印度的外空战略着眼于发展本国科技实力和经济建设，同时也包括了探索外空、保障国家安全等多方面。

印度航天事业始于20世纪60年代。受限于资金和工业基础条件，印度政府采取了“先卫星，后火箭”的发展路径，1975年由苏联火箭发射印度首颗人造卫星，1980年在本土用独立制造的火箭成功发射卫星。进入新世纪后，在满足航天应用需要的基础上，印度开始全力推进载人航天、探月、探火等“明星”航天项目。2020年，莫迪政府开始鼓励私人航天发射及卫星业务投资。2022年底，印度更是发射了该国首枚私人制造火箭。此外，印度还积极参与国际合作。2023年7月，印度与美国签署《阿耳忒弥斯协定》。雄心勃勃的阿耳忒弥斯计划的目标之一，是让人类历史上第一批宇航员登陆火星，并最终登陆其他行星。2023年8月23日，印度“月船3号”探测器成功着陆月球南极，成为继美国、苏联和中国之后第四个在月球表面软着陆的国家，也是全球第一个登陆月球南极的探测器，彰显了印度作为新兴外空玩家的雄心和实力。

2023年4月，印度正式发布《印度外空政策2023》，允许私营企业全面参与外空领域的活动。该政策创建了四个不同但相关的实体，它们将促进私营部门更多地参与通常属于印度空间研究组织传统领域的活动。新政策要求印度空间研究组织摆脱日常活动，专注于研究和创新；政府的商业部门印度新航天有限公司负责政府实体创建的技术和平台的商业化；私企可以全面参与外空开发；印度外空部提供总体政策指导；国家外空促进和授权中心负责商业外空活动的监管。①

印度政府从2020年开始启动了外空领域的改革，为私营企业进一步参与外空领域的端到端活动打开了大门。《印度外空政策2023》旨在为各利益攸关方的外空活动提供监管确定性，为他们提供公平的竞争环境，以创造一个繁荣的外空生态系统。

尽管印度对外一再强调和平利用外空，反对军事化，但自己却不断发展外空军事项目，近年来明显加强了外空军事领域的顶层设计和资源投入。2018年9月，纳伦德拉·莫迪所领导的人民党政府签署批准了成立国防外空署的行政命令。这个由印度人民党所批准成立的新机构被设置在综合国防参谋部之下，在开展具体的业务工作方面接受综合国防参谋部的指挥和领导，被赋予的职能主要包括：遂行与高边疆战略相关外空作战任务、操控情报卫星，保护印度在外空宇宙空间中的资产不受到敌国的袭击，负责制定与外空作战相关的军事战略等。国防外空署负责统一调度、指挥原本分散于政府和军队系统内的外空部门和资产。先前各自为战的国防图像处理与分析中心、国防卫星控制中心和分属陆、海、空军的外空部门和资产（包括反卫星能力）全部合并，统一接受国防外空署领导。除此之外，为了从顶层设计角度向国防外空局提供必要的外空军事技术支持，2019年6月，印度政府还专门成立了一个名为“国防空间研究局”的新设机构。“国防空间研究局”所担负的主要工作就是为国防外空局制定和实施相关的外空作战计划、提供所需的技术研发支持。2019年3月27日，印度总理在全国直播中宣布成功进行了首次反卫星试验，用导弹击落一颗在轨卫星，并称这使得印度成为继美国、俄罗斯和中国之后，第四个具备反卫星能力的国家。

整体而言，当前印度已经改变冷战时代以解决社会现实问题为主的外空发展主导思想，转而以月球、火星探索为主的深空探测进发，强调外空的军事利用，实施了民事外空、科学外空与军事外空齐头并

---

① “Indian Space Policy 2023”, April 20, 2023, https://www.isro.gov.in/media_isro/pdf/IndianSpacePolicy2023.pdf.

进的外空战略。除了解决民生等现实问题外，印度推行其外空战略还旨在获取国际威望，谋求大国地位，试图确保印度作为世界外空多极化中的一极。印度还将外空视为拉拢美国和日本应对中国外空崛起、保护本国外空资产的手段。印度在外空安全政策上愈发向美国靠拢，有可能加剧亚洲本已存在的外空竞赛，甚至导致亚洲外空军备竞赛。

第二节　中国的外空安全主张与实践

维护外空持久和平与安全，关乎各国安全、发展和繁荣，攸关全人类福祉。中国一贯主张，各国应秉持共同、综合、合作、可持续的安全理念，致力于确保外空和平利用性质，确保各国和平探索利用外空的权利得到充分保障，推动在外空领域构建人类命运共同体。[①] 为此，中国积极推动谈判达成外空军控条约，高度重视“外空透明与建立信任措施”问题，积极参与和平利用外空国际合作以及国际空间交流与合作。中国将继续与各方共同努力，在外空领域践行人类命运共同体理念，从维护全人类共同安全的高度，积极探寻应对外空安全威胁的务实、有效途径和办法，为维护外空和平、安全与可持续性作出积极贡献。

一、中国的外空安全主张

中国长期以来坚持促进航天技术的和平利用和反对外空军备竞赛的基本立场。中国多次在裁军谈判会议等国际多边场合提出防止外空军备竞赛和防止外空武器化的建议，近年来将和平利用外空主张与构建人类命运共同体结合起来，倡导在外空构建人类命运共同体，并将其写入联合国文件。这些主张让中国在外空安全问题上占据道义高地，得到了不少国家的支持。

---

① 《中国裁军大使全面阐述中方在外空安全问题上的政策主张》，中国军网，2023 年 10 月 21 日，http：//www. 81. mil. cn/ss_208539/16260612. html。

（一）主张和平利用外空

中国认为，外空武器化和外空军备竞赛是外空安全面临的最大威胁。2017 年 1 月，中国国家主席习近平在联合国日内瓦总部发表主旨演讲时提出，“要秉持和平、主权、普惠、共治原则，把深海、极地、外空、互联网等领域打造成各方合作的新疆域，而不是相互博弈的竞技场”。[①] 习近平主席的重要论述为人类和平利用外空指明了方向。《2021 中国的航天》白皮书指出，中国发展航天事业服从和服务于国家整体发展战略，坚持创新引领、协同高效、和平发展、合作共享的原则，始终坚持和平利用外空，反对外空武器化、战场化和外空军备竞赛，合理开发和利用空间资源，切实保护空间环境，维护一个和平、清洁的外空，使航天活动造福全人类。[②]

（二）坚持外空是全球公域主张

1963 年，联合国大会通过了《外空条约》。《外空条约》明确了“外层空间供一切国家自由探测和使用”，以及“不得由任何国家据为己有”等原则。1983 年 12 月 30 日，《外空条约》正式对中国生效。由此，中国在国内外多个场合发声，多次明确外空是国际公域，世界各国都享有自由探索、开发和利用外空及天体的平等权利。《2021 中国的航天》白皮书开篇指出，外层空间是人类共同的财富，探索外层空间是人类不懈的追求。2021 年 11 月，中国常驻联合国副代表耿爽指出，“外空是全球公域，事关各国民众利益”。[③]

（三）推动构建外空人类命运共同体

为持续推进人类和平利用外空，中国近年来积极倡导在外空领域推动构建人类命运共同体。2017 年 11 月，第 72 届联大一委会议通过

---

① 习近平：《共同构建人类命运共同体——在联合国日内瓦总部的演讲》，《人民日报》2017 年 1 月 20 日，第 2 版。

② 《国务院新闻办发布〈2021 中国的航天〉白皮书》，新华网，2022 年 1 月 18 日，http：//www. news. cn/politics/2022 – 01/28/c_1128309125. htm。

③ 《中国常驻联合国副代表：希望个别国家摒弃冷战零和思维和意识形态偏见》，中国政府网，2021 年 11 月 3 日，https：//www. gov. cn/xinwen/2021 – 11/03/content_5648490. htm。

"防止外空军备竞赛进一步切实措施"和"不首先在外空放置武器"两份安全决议，中方倡导的人类命运共同体理念被载入其中。这充分表明，人类命运共同体理念高度契合人类维护外空共同安全、和平利用外空的美好愿望，已成为国际社会的共识。2018 年 11 月 14 日，国家主席习近平致信亚太空间合作组织成立十周年时指出："外层空间是人类共同的财富，探索、开发、和平利用外层空间是人类共同的追求。中国倡导世界各国一起推动构建人类命运共同体，坚持在平等互利、和平利用、包容发展的基础上，深入开展外空领国际交流合作。"①2022 年 1 月发布的《2021 中国的航天》白皮书将"和平利用外层空间，维护外层空间安全，在外空领域推动构建人类命运共同体，造福全人类"作为中国航天事业的发展宗旨，进一步深化了人类和平利用外空的内涵。

（四）坚定维护外空资产安全

《国家安全法》第三十二条规定，国家坚持和平探索和利用外层空间、国际海底区域和极地，增强安全进出、科学考察、开发利用的能力，加强国际合作，维护我国在外层空间、国际海底区域和极地的活动、资产和其他利益的安全。随着近年来各国航天事业快速发展，在轨卫星和空间碎片数量迅速增长，特别是近年来低轨巨型卫星星座呈现爆炸式迅猛发展。各国卫星长期持续运行在碎片密集环境下，危险交会次数将显著增长，严重影响我国的外空资产安全。2021 年 9 月 16 日，国家主席习近平到驻陕西部队某基地视察调研中指出："太空资产是国家战略资产，要管好用好，更要保护好。要全面加强防护力量建设，提高容灾备份、抗毁生存、信息防护能力。要加强太空交通管理，确保太空系统稳定有序运行。要开展太空安全国际合作，提高太空危机管控和综合治理效能。"②

---

① 《习近平致信祝贺亚太空间合作组织成立 10 周年》，央广网，2018 年 11 月 15 日，https：//china. cnr. cn/news/20181115/t20181115_524415786. shtml。

② 《习近平在视察驻陕西部队某基地时强调　聚焦备战打仗　加快创新发展　全面提升履行使命任务能力》，人民网，2021 年 9 月 16 日，http：//politics. people. com. cn/n1/2021/0916/c1024 - 32229347. html。

二、中国的外空安全实践

中国一贯主张和平利用外空，反对外空武器化和军备竞赛，反对将武装冲突延伸至外空。中国主张，对外空的探索和利用应服务于促进世界各国的经济、科学和文化的发展，造福全人类。为此，中方做出了以下积极努力。

（一）积极参与外空国际治理

20 世纪 80 年代，由于美苏争霸及双方在外空领域的竞争，外空军备竞赛有扩大之势，防止外空军备竞赛日益成为各国普遍关心的话题。中国此时也逐步加大了对外空事务的参与程度，根据当时的国际环境和外交政策，在国际国内多个场合提出了防止外空军备竞赛、和平利用外空的主张。

进入 21 世纪以来，中国以更加积极的姿态促进外空问题取得进展，大力推动外空军控的立法进程。2007 年以来，中国在联大一委连续多年参加共提“防止外空军备竞赛”“防止外空军备竞赛进一步切实措施”“不首先在外空部署武器决议”。

2008 年，中俄向裁谈会提交了题为《禁止在外空放置武器、对外空物体使用或威胁使用武力条约》草案的工作文件。2014 年 6 月，中俄提出该条约的更新草案。该草案与 2008 年草案的宗旨和核心条款保持一致，但广泛吸收各方意见，删除一些含义不清的规定，修订和细化了条约的定义与范围、组织机构、争端解决机制等条款。

2017 年，中国向联大一委提交《防止外层空间军备竞赛的进一步切实措施》决议草案，推动联合国授权成立“防止外空军备竞赛”政府专家组。联大一委和联合国大会先后以压倒性优势通过该决议。中国还作为共提国，提出《不首先在外空放置武器》决议草案，也在联合国大会高票通过。在这两个决议草案中，均写入了“构建人类命运共同体”的理念。在中国与俄罗斯等国共同推动下，联合国成立了“防止外空军备竞赛问题”政府专家组，就外空军控国际法律文书要素进行了空前深入、实质的讨论。中国还是联合国“外空透明与建立信任措施”决议的主提国之一，积极参与了联合国“外空透明与建立信任措施”政府专家组工作。中国积极参与和平利用外空国际合作，参加联合国和平利用外层空间委员会及其小组委员会工作，为外空活动长期可持续性序言和21条准则作出了重要贡献。

《2021中国的航天》白皮书指出，中国积极支持联合国灾害管理与应急反应天基信息平台北京办公室工作，深度参与联合国全球卫星导航系统国际委员会各项活动，加入空间任务规划咨询组和国际小行星预警网等国际机制；发挥亚太空间合作组织东道国作用，支持《亚太空间合作组织2030年发展愿景》；利用中俄航天合作分委会空间碎片工作组、中美空间碎片与空间飞行安全专家研讨会等机制加强在空间碎片、外空活动长期可持续等领域的交流；支持国际电信联盟、地球观测组织、机构间空间碎片协调委员会、国际空间数据系统咨询委员会、国际空间探索协调组、机构间互操作顾问委员会等国际组织活动。①

（二）深入开展国际空间交流合作

和平探索、开发和利用外空是世界各国都享有的平等权利。中国是航天国际合作的推动者，始终秉持航天事业是人类共同事业的理念，坚持在平等互利、和平利用、包容发展的基础上，深入开展外空领域国际交流合作。据《2021中国的航天》白皮书，2016年以来，中国与19个国家和地区、4个国际组织签署了46项空间合作协定或谅解备忘录，携手开展载人航天、北斗导航、深空探测、外空技术、外空应用、空间科学、人才与学术交流等领域国际合作。2019年6月，中国载人航天工程办公室与联合国外层空间事务办公室共同发布中国空间站开展空间科学实验的第一批项目入选结果，共有来自17个国家、23个实体的9个项目入选。这意味着，“天宫”成为国际航天合作的重要载体。中国开放空间站，被联合国相关官员盛赞为“全球共享外空”的一个“伟大范例”。2021年11月，“天问一号”探测器“祝融号”火星车与欧洲空间局“火星快车”轨道器成功开展在轨中继通信试验，

① 《国务院新闻办发布〈2021中国的航天〉白皮书》，新华网，2022年1月18日，http：//www. news. cn/politics/2022 - 01/28/c_1128309125. htm。

书写了中欧并肩开展深空探测的佳话。

（三）依照国际法维护外空合法权益

1967 年缔结的《外空条约》第五条规定："各缔约国应把其在外层空间（包括月球和其他天体）所发现的能对航天员生命或健康构成威胁的任何现象，立即通知给其他缔约国或联合国秘书长。"2021 年 12 月，中国常驻维也纳联合国和其他国际组织代表团向联合国秘书长致以普通照会，通报了美国外空探索技术公司发射的"星链"卫星先后两次接近中国空间站，对中国空间站上的航天员生命安全构成威胁。鉴于该卫星处于连续轨道机动状态，机动策略未知且无法评估轨道误差，存在与空间站碰撞风险，为确保在轨航天员安全，中国空间站实施"紧急避碰"，规避了两个目标碰撞风险。在随后的外交部例行记者会上，外交部发言人赵立坚强调："探索与和平利用外空是全人类共同的事业。中方始终本着为全人类谋福利的精神和平利用外空。美方应该尊重以国际法为基础的外空国际秩序，立即采取措施防止此类事件再次发生，采取负责任的态度维护在轨航天员的生命安全和空间设施的安全稳定运行。"①

未来，中国将以更加积极开放的姿态，拓展双边、多边合作机制，秉持人类命运共同体理念，继续同各国一道，积极参与外空全球治理与交流合作，维护外空安全，促进外空活动长期可持续发展。

思考题

1. 各国外空安全政策体现出来的新特点、新趋势有哪些？
2. 为什么说中国是外空安全国际治理的坚定拥护者和实践者？

① 《2021 年 12 月 28 日外交部发言人赵立坚主持例行记者会》，外交部官网，2021 年 12 月 18 日，http：//at. china - embassy. gov. cn/wjbfyrth/202112/t20211228_10476420. htm。

第五章　深海安全概述

深海是“地球上最后的未被人类全面系统感知和利用的地理空间”[①]。它是地球上最大的生态系统，是资源的宝库，是国之利器隐身的渊薮。16 世纪，人类在平面上进入海洋，实现“地理大发现”，改变了世界历史发展轨迹。当前，随着各国走向九渊之下的能力逐步增强，人类正在纵向进入海洋，[②] 深海格局将深刻影响国际海洋形势，乃至大国力量对比。本章将简单介绍深海安全的概念与内容，以及深海在国家安全中的地位与作用。

第一节　深海安全的概念与内容

深海和深海安全的定义都不是一成不变的。深海的概念随着深潜技术的发展而不断调整变化。深海安全的内涵也随着人类对深海的探索和利用不断取得新进展而变得更加丰富。本节将基于现有的人类认识和实践水平，尝试界定深海和深海安全的概念。

一、深海的定义

深海是与浅海相对应的概念，意指水深的海域。深海包括海床、

---

① 胡波：《中国的深海战略与海洋强国建设》，《人民论坛·学术前沿》2017 年 9 月下，http：//www. rmlt. com. cn/2017/1017/500112. shtml。

② 汪品先：《深海的机遇与中国的选择》，《人民论坛·学术前沿》2017 年 9 月下，http：//www. rmlt. com. cn/2017/1017/500112. shtml。

底土及上覆水体，是一个连接世界各大陆、具有复杂法律属性的巨大空间。由于深海本身的复杂性，资源、环境、科技、军事等相关领域往往根据自身行业特点做出相应界定。从海洋学角度来看，海洋可分为上层带、中层带和无光带。上层带（也称阳光带）是海洋表层，深度可至200米；中层带（也称朦胧带）是深度200米—1000米的区域。无光带又可另外细分为半深海带、深海带及超深渊带，分别是深度1000米—4000米、4000米—6000米，以及6000米以下的海洋最深处。从深海勘探角度来看，世界石油大会依据深海勘探实践将深水具体细分为常规深水、深水和超深水三类。水深不超过400米的水域称为常规深水，400米—1500米之间的水域称为深水海域，大于1500米的水域定义为超深水。从生物学角度来看，海平面200米以下无光照，是为深海范围。按照海洋资源及海洋工程的分布情况，一般将水平面1000米以下称为深海域。从海洋法角度来看，深海主要指公海及其之下的国际海底区域。第59届联合国大会公布的《关于海洋和海洋法的报告》指出，深海包括国家管辖范围之外的“公海”及其水域之下的“国际海底区域”，分别以专属经济区和大陆架为界限。[①]《国家安全法》第三十二条未提及公海，而侧重于强调国际海底区域。[②]《中华人民共和国深海海底区域资源勘探开发法》进一步将深海海底区域明确界定为“中国及其他国家管辖范围以外的海床、洋底及其底土”。[③] 本书所说的深海，是指以传统的200米深度等高线作为上限的深海水体，以及“《联合国海洋法公约》确立的‘人类共同继承财产原则’为基础，以‘平行开发制’为保障的国际海底区域”。[④] 除去各

---

① 成志杰：《中国海洋战略的概念内涵与战略设计》，《亚太安全与海洋研究》2017年第6期，第26—41页。

② 《中华人民共和国国家安全法》第三十二条，中国政府网，https：//www.gov.cn/zhengce/2015 - 07/01/content_2893902.htm。

③ 《中华人民共和国深海海底区域资源勘探开发法》第二条、《中华人民共和国国家安全法》第三十二条，中国政府网，https：//www.gov.cn/zhengce/2015 - 07/01/content_2893902.htm。

④ 赵隆：《乌克兰危机背景下的俄罗斯北极能源开发：效能重构与中国参与》，《太平洋学报》2022年第12期，第76—88页。

沿海国的领海、专属经济区和大陆架等管辖海域，全人类共有的深海面积约为全球海洋总面积的64%、地球总表面积的45%。[①]

二、深海安全的内涵

根据《国家安全法》第三十二条的规定，维护国际海底区域的安全任务是和平探索和利用国际海底区域，增强安全进出、科学考察、开发利用的能力，加强国际合作，维护我国在国际海底区域的活动、资产和其他利益的安全。[②] 这也就界定了深海安全的基本内涵。

中国对深海安全内涵的界定符合国际海洋法的相关权利规定。《联合国海洋法公约》规定，一个国家在深海处的海洋权益主要包括两方面的内容，一是公海自由，二是海底区域人类共同继承遗产的权利。公海“不得处于任何国家主权主张之下”，各国在公海享有捕鱼、航行、飞越、科研及铺设海底电缆及海底管道等权利，但其中部分权利的行使有一定的限制条件。国际海底区域及其资源的法律地位被界定为人类共同继承财产。深海开发活动应出于和平目的或为全人类谋福利的考虑。这一前提的确立为世界各国和平利用深海资源创造了条件。当前，世界各主要海洋大国正从经济开发、军事竞争、规则塑造等方面加大对深海的关注与经营，深海领域的生态安全、军事安全、经济与资源安全问题变得更加突出。[③]

第二节　深海在国家安全体系中的地位与作用

随着深海潜航技术、探测技术、通信技术以及人工智能等技术不

---

① 胡波：《中国的深海战略与海洋强国建设》，《人民论坛·学术前沿》2017年9月下，http：//www. rmlt. com. cn/2017/1017/500112. shtml。

② 《中华人民共和国国家安全法》第三十二条，中国政府网，https：//www. gov. cn/zhengce/2015－07/01/content_2893902. htm。

③ 梁怀新：《深海安全治理：问题缘起、国际合作与中国策略》，《国际安全研究》2021年第3期，第132—155页，第160页。

断发展，深海的战略意义日益凸显，成为继陆、海、空、天、电磁之后的“第六维战略空间”①。它与国家的军事安全、资源安全、科技安全、生物安全、生态安全有密不可分的联系。

一、深海与军事安全

深海空间广阔、战略纵深巨大，且具有低温、无光、高压、底层水流缓慢等特点，为开展军事行动提供了有利条件。主要大国均重视发展深海能力，努力争夺深海军力优势。

（一）非对称制衡的关键领域

深海相对于浅海具备天然的优势，其空间范围大，活动自由度高，行动隐蔽性强。深海特殊的海洋环境对作战武器具有天然的伪装作用，从而能大大降低兵力、兵器信号暴露和遭受拦截打击的概率。特种核潜艇、深海母舰和深海预置兵力等作战力量，可在深海区域实现先期部署、快速打击和隐蔽突袭，威慑易于达成。以上这些特点也成为深海军事化的现实驱动力。

深海武器生存力强，迄今为止，还没有国家能够对水深 400 米以下的深海作战平台发起有效攻击。可以说，深海是一国军事力量“保存自己，消灭敌人”的“安全屋”。同时，与空中作战通过“居高临下”抢占高度优势如出一辙，深海作战能通过“居深临上”抢占“深度优势”，进而通过“自下向上”的打击模式对水面、空中、陆地，甚至外空构成非对称作战优势，以此打破战略平衡，赢得主动。

在战略力量方面，深海运行的战略核潜艇生存能力较强，是战略威慑和战略还击的重要支柱。冷战期间，苏联为了应对美军的战略优势，着力发展战略深海核潜艇。冷战后，虽然俄罗斯整体实力受到了极大的打击，但是继续发展深海战略潜艇，维持在深海的战略存在依然是其海军发展的重要思路。在此背景下，俄罗斯将潜艇和水下战视为与美国维系海上非对称军事平衡的重要手段，将水下力量建设作为

---

① 陈舒、冯梁：《聚焦深海，占领战略新高地——世界深海军事应用发展现状》，《世界知识》2018 年第 24 期，第 58—60 页。

重中之重，不惜重金生产和部署“北风之神”级战略核潜艇。同样，美国也极为重视深海力量的发展。美国战略核潜艇的发展水平处于世界前列，“拉菲特”级、“俄亥俄”级以及最新的“弗吉尼亚”级战略核潜艇都是世界深海武器发展历程中的代表。

（二）智能化军事革命的重要领域

科技进步可能带来水下战争的新变革。得益于深海感知、通信和工程等能力的进步，水下也同其他领域一样，正在经历智能化军事革命的洗礼。与以往主要依赖潜艇实施“点打击”或非对称制衡不同，现今水下军事竞争网络化和体系化特征愈发突出。海底战争及武器装备被主要大国看成是维持或拉开与竞争对手实力差距的最重要领域。

首先，通信技术发展带来的水下网络中心战概念。美俄等国在水声通信、光通信、射频通信等传统水下通信领域的传输速率和组网能力方面的进展，以及在新兴磁感应通信领域的传输速率和安全性方面取得的进步，为未来建设水下无人作战力量奠定了重要的技术基础。

21 世纪初，美国海军正式提出水下网络中心战的概念，它是网络中心战在水下领域的具体应用，是一个集侦察、警戒、指控、通信、导航、定位、目标攻击等综合作战能力于一体的水下网络体系，主要由传感器网、信息网和作战网组成。2015 年，美国智库战略与预算评估中心发布《水下战新纪元》报告，详细阐述了水下战的发展趋势，提出加快研发新技术、构建新型水下战装备体系和作战模式，以应对未来水下作战的复杂性和新形势。①

其次，无人技术发展掀起的水下无人设备发展。如果说水下网络中心战侧重于软件整合的话，那么近年来无人潜航器的发展则是软硬件兼具的一次重要技术变革。预计到 2030 年，无人潜航器将能执行布雷、监视、运送武器弹药等任务，并能与有人平台协作，在反潜战中提供更多的传感器、武器容量和反制手段。如果无人潜航器得到大规模运用，水下战的作战形式将发生显著改变。

---

① Bryan Clark, “The Emerging Era in Undersea Warfare”, January 22, 2015, https://csbaonline.org/research/publications/undersea-warfare.

美军水下战体系已初具规模和能力。美国现有在研、在役多型水下无人潜航器，覆盖各种排水量和动力类型，广泛进行水文调查、侦察与反水雷、水下攻击等任务，今后会大规模列装。其中，大直径无人潜航器已被看成是主战舰艇，是未来美军舰队结构中的重要组成力量。

在这场水下军事变革中，潜艇的作用和角色也在发生重大变化，它的任务除了直接攻击外，还要作为无人潜航器、无人传感器及防区外武器的指挥和控制平台，引导它们进行作战。潜艇将实现从战术平台到操作平台的转变。

此外，美国还力图推动深海秘密基地的建设。早在 1968 年，斯坦福研究所就讨论了建造海底载人基地的可行性。虽然美军从未承认自身深海基地的建设，但美军位于巴哈马的大西洋海底测试和评估中心负责美军海底武器的研发，已经具备深海基地的雏形。同时，近年来美军也在开展涉及深海领域的“颠覆性”武器研发。

英法日等国也纷纷发展新型无人潜航器，并积极探索水下探测和通信技术，以其在反潜领域的经验积累，以及在海洋装备建造方面的技术和工艺优势，它们的水下战能力也不容小觑。

这将形成新域新质作战力量，并推动战争形态朝着全域、全维、全天候、全时段拓展。深海伏击、机动破击、远程突击、跨域袭击、抵近截击等一些新的作战概念也应运而生。“以深制浅”“以深制陆”“以深制天”很可能成为未来战争的制胜模式。从这个意义上讲，深海空间将为进攻行动，尤其是战略进攻作战行动提供得天独厚的“属性加成”，成为实现战略突袭的“倍增器”。

二、深海与资源安全

深海是地球上最大的未知区域，蕴藏着人类社会未来发展所需的多种战略资源和能源，是 21 世纪人类可持续发展的战略“新疆域”。深海资源，包括生物资源（如渔业、遗传资源）和非生物资源（如矿物、石油、天然气、甲烷水合物）。深海大规模探索、开发，以及深海产业的形成，使深海的战略价值受到空前重视，围绕深海空间和资源的博弈也变得更加激烈。

（一）矿产资源的宝库

在矿物质方面，深海有大量的多金属结核。结核中含有锰、铁、铜、镍、钴、铅和锌等多种金属。单就位于东太平洋的克拉里昂－克利珀顿区（CCZ）这一矿床而言，其含有的镍、锰和钴就超过了陆地资源的总和。富钴结壳也是深海国际海底重要的矿产资源。富钴结壳在漫长的生成阶段吸收海水中的金属和其他元素，其中钴、锰、碲等稀有金属、铂等贵金属以及稀土元素的含量都特别高。西北太平洋的部分深海海底，一些富钴结壳已经形成超过7000万年，厚度超过20厘米。随着电子芯片等高科技产业的发展，作为重要原材料的稀有金属消耗量持续上升，国际海底区域蕴藏的丰富的稀有金属成为各国关注焦点。

由于海底金属矿产的开采比陆上开采成本高不少，加之海底采矿需具有相当高的技术水平，迄今为止海底矿产开发尚属于探测和试验阶段。然而，海底开发的前景和潜力巨大，深海海底大规模探索及开发业已进入主要国家的发展与科技议程，深海采矿时代渐行渐近。预计，到2030年前后，富钴结壳、热液硫化物、多金属结核等都将陆续实现商业化开采。

（二）能源开发的未来希望

在能源方面，随着近海及浅大陆架油气资源的开发利用趋于饱和，深海成为各国油气勘探重点。深海油气田的平均储量规模和平均日常量都明显高于浅水油气田。目前，世界上已发现300多处深海油气田。

深海海底还有大量天然气水合物（可燃冰）。可燃冰被誉为21世纪的新能源，分布在深海沉积物和陆域永久冻土中。根据美国地质调查局的数据，全球天然气水合物的储量至少是常规天然气储量的10倍，是世界尚未开发的已知储量最大的替代能源。

可燃冰开发受到各国重视。中国、美国、日本、加拿大、韩国和印度等国家竞相投入巨资展开相关试验，竞争异常激烈。值得注意的是，可燃冰开采难度大，对环境的影响不明朗。美国、加拿大在陆地上进行过试采，但效果不理想。日本也于2013年尝试试开采，虽成功出气，但由于泥沙堵住钻井通道，试采被迫停止。[1] 2017 年，中国首次试开采可燃冰获得成功，成为全球第一个实现了在海域可燃冰试开采中获得连续稳定产气的国家。[2]

三、深海与科技安全

深海蕴藏着地球上远未认知和开发的宝藏，但要得到这些宝藏，就必须在深海进入、深海探测、深海开发方面掌握关键技术。

目前，美英等国都已将深海科技政策纳入其整体海洋战略之中，凸显了深海科技创新的重要性。2004 年，美国出台了《美国海洋行动计划》，试图为 21 世纪美国海洋科学技术发展提供指南；英国政府在其颁布的《2010—2025 英国海洋科学战略》中指出，深海已经成为重要的全球性议题；2015 年 9 月 1 日，欧洲海洋局发布题为《钻得更深：21 世纪深海研究的关键挑战》的专题报告，详细阐述了深海研究的八大目标与相关关键行动领域。[3]

（一）深海基础设施

海底的信息和能源运输管线是重要基础设施。在通信方面，海底电缆，又称海底通信电缆，是互联网大动脉，是全球信息互联互通的重要基础设施。随着目前云计算、元宇宙、大数据、移动互联等相关产业的快速发展，各方对信息连接的容量要求不断增大，速率需求不断提高。在此过程中，海底光缆所扮演的角色越来越重要，成为国家参与国际社会运行，进行信息交互的基石。现阶段除了海底光缆，还没有其他基础设施能够满足国际通信对大容量和可靠性的要求。于是，大国在全球互联网领域的竞争出现了一条“新战线”，这条战线位于海

① Martha Henriques（玛莎）:《可燃冰：有可能成为未来的能源》，BBC 中文网，2018 年 12 月 10 日，https：//www. bbc. com/ukchina/simp/vert - fut - 46451105。

② 谢宏：《我国海域可燃冰试采成功——矿床类型占全球资源量 9 成以上开采难度最大》，《科技日报》2021 年 12 月 30 日，http：//www. stdaily. com/cehua/Dec31th/2021 - 12/30/content_1243336. shtml。

③ “Delving Deeper：Critical Challenges for 21st Century Deep - Sea Research”，European Marine Board，http：//www. iopan. gda. pl/projects/Grzbiet/DelvingDeeper_EMB_PP22_Web_v4. pdf.

底。全球数百根海底光缆承载着约95%的洲际语音和数据传输，对大多数国家的经济和国家安全发挥着至关重要的作用。

在能源基础设施方面，“北溪”天然气管道爆炸事件令各国意识到海底基础设施面临严重威胁，并开始着手采取措施，强化海底基础设施攻防能力。

（二）无人水下装备

近十年来，各大海洋国大力发展深海观测监视网络和载人/无人水下深潜器，在深海大洋的感知、开发和活动等方面的能力大大增强。近年来，美国海军战略研究小组提出了水下无人潜航集群作战等多个超常规的深海战争新理念，极大地颠覆了人们对于深海战争的现有想象。美国《2022年度国防授权法案》中不仅专门列入水下无人潜航器采购经费，还规划了水下战专项应用研究，意在进一步加强海底车辆、连续分布式传感系统水下智能装备的研发。俄罗斯近年也十分注重在深海领域的军事斗争准备，其“波塞冬”无人潜航器能快速下潜至水下1000米的深海，同时能携带百万吨级当量的核弹头，具有巨大摧毁能力。

欧洲多国希望通过加快研发、列装深海无人潜航器，保护本国海底基础设施安全，维护自身战略利益。瑞典、法国的无人潜航器能力较强。其他国家也在多方面加强海底战能力。意大利海军与本国电信公司合作，保护其位于地中海海底的互联网光缆，并做好随时行动准备。英国在现有无人潜航器基础上，探索新型水下无人作战能力，包括反介入/区域拒止能力、情报监视与侦察能力，以及其他水下设施保护能力等。德国关注其在波罗的海与北海的海底设施安全，考虑汇总民营企业、研究机构、执法部门和海军的相关数据，绘制海上作战态势图。

四、深海与生物安全

深海基因资源的商业价值是各国争抢的新赛道。同时，这一生命科学也关系着国家生物安全。

海洋作为地球上潜力最大的资源库，不仅能提供人类需要的优质蛋白，还含有丰富的生物活性物质，是未来解决人类所面临的食物、资源和环境三大危机的最佳出处，也是蓝色生物技术兴起的根本。随着海洋在沿海国家可持续发展战略中地位的日益突出，海洋生物技术已受到高度的重视，这不仅表现在欧美发达国家先后制定了国家发展计划，将海洋生物技术确定为21世纪优先发展领域，而且发展中国家如印度、巴西、墨西哥及东南亚各国等，也不失时机地将海洋生物技术的研究提到国家发展的日程上来。

深海生物由于独特的生存环境，有着自身重要的生物基因资源价值。一些奇特的微生物，它们在独特的物理、化学和生态环境中，在高压、剧变的温度梯度、极微弱的光照条件和高浓度的有毒物质包围中，形成了极为独特的生物结构、代谢机制，它们体内的各种活性物质在医药、环保等领域都将有广泛的应用前景。这些生物基因资源可能在提高人类生活质量、改善基因缺陷、根除癌症等重大疾病等方面发挥重要作用。目前，国际上深海生物基因资源的应用已经带来数十亿美元的产业价值，且将有更广泛的应用。

五、深海与生态安全

深海由于其巨大的体积和复杂的生态环境，在全球生态体系和环境中发挥着至关重要的调节器作用。随着人类大规模进军深海，深海相对封闭的环境将受到外界更大的扰动，势必导致新的生态与环境安全问题。

深海生态安全是全球生态安全的重要组成部分。首先，陆地及浅海地区的环境污染问题也会向深海区域扩散。目前，人们最为关注的是陆源性污染物对近海和浅海的污染。但近海、浅海与深海之间并无截然分明的界线，污染物会由浅入深。其中塑料垃圾对深海的污染最为严重。2019年，美国探险家维克多·维斯科沃在深度为10927米的太平洋马里亚纳海沟南端的“挑战者”深渊也发现了塑料袋和糖果包装纸。深海塑料垃圾由于其自身难以在短期内降解，甚至会被深海生物所误食，并经过食物链最终进入人体，从而危害人类身体健康。①

---

① 武立军、胡鉴航、王旭等：《深海安全问题的认识思考》，《现代防御技术》2021年第1期，第27—31页。

其次，深海放射性污染问题不容小觑。核潜艇失事也导致深海核污染问题。深海核潜艇作为重要的军事装备，其一旦因事故而沉没，打捞救援难度极大。若其长期沉没于深海海底，则存在较大的核泄漏风险。深海的核污染会给深海的生态环境带来毁灭性危害，严重威胁深海生态环境安全。

最后，深海矿产开发可能带来新的污染风险。国际深海海底丰富的矿产资源储备成为各国进行矿产开发的重要对象。国际通行的深海采矿技术主要是通过对深海海底进行外力搅动，将包含多金属结核在内的深海海底底土通过设备吸采到海面上的采矿船上。但一些科学家发现，这一采矿模式将产生深海海底和海洋洋面的两股羽流，并对深海海底生物的正常生存与迁徙、深海海底自然构造等产生严重影响，破坏深海海底环境。

思考题

1. 简述深海安全的内涵。
2. 从经济、政治、生态等角度阐述深海安全的战略意义。

第六章　深海安全法律

完善的深海法律体系是确保国际海底区域勘探和开发稳步推进的前提，也是提升海洋治理能力的保证。《联合国海洋法公约》对公海与海底区域的人类活动作出了必要的规范，是深海安全治理的重要国际法依据。各国履行《联合国海洋法公约》义务，推进本国深海立法，反映了其深海治理水平。

第一节　各国深海法立法现状

深海国别立法是主权国家通过国内立法，以此调整受其管辖的自然人、法人或其他组织所从事的国家管辖范围内海域的深海海床及其底土、国际海底区域的资源勘探和开发活动，及其相关环境保护、科学研究、资源调查等制度的法律规范的总称。应当指出，此处深海国别立法的概念，既包括了国际海底区域的矿产资源勘探和开发活动，也包括了国家管辖范围内海域的深海海床及其底土的矿产资源勘探和开发活动，二者可合称为“海底矿物活动”。

深海国别立法经历了由少数发达国家主导，向发达国家与发展中国家共同推动的变化过程。1982 年《联合国海洋法公约》通过之前，美国、德国、日本、法国、意大利等发达国家率先通过其本国有关海底资源勘探和开发的法律，以抢先开发区域部分的资源，引起发展中国家的强烈反对[①]。不过，自《联合国海洋法公约》及其执行协定生效之后，随着国际海底管理局的建立和勘探规章的接连出台，以中国、南太平洋国家为代表的发展中国家也在积极制定法律法规，推动深海国别立法走向完备。截至2020年8月，共有35个国家和地区向国际海底管理局提交或更新了立法的信息与文本，基本涵盖所有海洋大国。

一、欧美国家的深海立法

欧美国家由美国、西欧集团和东欧集团组成。早在国际海底管理局成立之前，美国、英国、德国、法国等海洋科技实力领先的欧美国家已基于国家互惠体制率先制定国内深海法。美国建立了以《深海海底硬矿物资源法》《关于勘探许可证的深海海底采矿条例》《关于商业采收执照的深海海底采矿条例》为主体的法律体系。英国制定了以《深海采矿法》《深海采矿（勘探许可证）（申请）规章》《深海采矿（勘探许可证）规章》为核心的法律制度，为申请从事国际海底区域勘探和开发的主体提供法律保障。德国2010年出台《海底开采法》。东欧国家曾与俄罗斯组建国际海洋金属联合组织，以其名义成功申请位于东太平洋海盆的海底矿区，成为第六个在联合国登记注册的国际海底开发先驱投资者[②]。美国至今未批准《联合国海洋法公约》及其执行协定，仅以观察员的身份参与海底管理局的活动[③]，但由于其强大的深海技术实力，其发布的技术指南和管理规范亦产生示范效应。与西欧国家和美国不同的是，东欧集团的话语权近年来稍显式微，尚未形成统一的诉求和立场。

---

① 张梓太、沈灏、张闻昭：《深海海底资源勘探开发法研究》，复旦大学出版社2015年版，第85页。

② 金建才：《走向大洋与建设海洋强国》，《中国机构改革与管理》2014年第4期，第17—19页。

③ "Report to Congress on the U. N. Law of the Sea Convention", October 6, 2023, https://news.usni.org/2023/10/06/report-to-congress-on-the-u-n-law-of-the-sea-convention.

二、亚洲国家的深海立法

以中国、日本、韩国、新加坡为代表，亚洲国家的深海开发技术与美国和西欧国家相比尚存差距，但提升迅速。此外，亚洲国家还拥有数量不亚于欧美国家的海底矿区，是主张进行深海开发的另一派重要力量。目前，日本已于1982年颁布《深海海底采矿临时措施法》，新加坡于2015年颁布《深海采矿法》，韩国于2017年颁布《深海开发与管理法》。亚洲国家普遍依赖铜、钴、镍、锰等深海矿物资源的进口，拥有促进海洋开发以缓解人地矛盾并实现经济发展的强烈诉求，而政府与矿业密切的指导和合作关系也为海底矿物活动的开展、深海产业的升级和法律制度的构建提供坚实基础。[①] 因此，从整体而言，亚洲国家希望深海开发的进度应与人类认知水平和技术发展阶段相适应，既要维护承包者的利益进行商业开发，又希望深海开发能恰好在本国科技水平达到开发要求的前提下进行，避免欧美国家率先抢占深海开发的制高点。

中国的深海资源勘探活动自20世纪80年代初起步，历经近四十年发展，目前已在国际海底区域拥有3种资源共5块勘探合同区。作为拥有勘探合同区数量最多的国家，中国承包者在履行勘探合同义务的同时，也在以专项调查和科学计划等多种形式积极推动深海环境保护工作。[②] 2016年，《中华人民共和国深海海底区域资源勘探开发法》的出台，是我国履行国际义务及促进国际法发展的重要表现，使中国深海事业有法可依、有章可循，有利于规范深海资源勘探开发活动，提升中国深海活动竞争力，有利于进一步统筹国内力量，共同推动海洋强国建设进程。

三、非洲和拉美国家的深海立法

与欧美、亚太国家相比，非洲、拉美国家的深海实践相对有限。

---

① Moritaka, H.,"Japan and Deep Seabed Mining", Ocean Development and International Law, Vol. 17, 1986, pp. 351 - 366.

② 高岩、孙栋、黄浩等：《国际海底区域矿产资源相关环境问题与管理进展》，《中国有色金属学报》2021年第10期，第2722—2737页。

目前，仅有个别非洲国家和拉美国家向国际海底管理局提交了深海立法的相关文本。非洲国家受海洋实力的限制，主张深海开发的效益应由全人类所共享，并在深海开发的同时兼顾环境保护。非洲国家从事海底矿物活动的主要障碍包括资金和技术的缺乏。另外，部分非洲国家更倾向于将资源、资金和技术投入到卫星发射等外层空间活动的开发中，以实现对国家领土地质信息的监测，着手解决环境污染、荒漠化、土壤侵蚀以及生物多样性丧失带来的挑战[①]。因此，非洲国家在深海立法实践方面的滞后也部分源于对海底矿物活动的关注程度有限。拉美国家的以智利、巴西和秘鲁为代表，主要代表陆地矿产大国的利益，对深海采矿整体上持较为保守的立场。

四、南太平洋国家的深海立法

南太平洋国家人口稀少却位于太平洋的中心，享有大面积的深海作为专属经济区和大陆架，已将深海开发作为优先推动的国家战略。[②]近年来，汤加、瑙鲁、库克群岛和基里巴斯已成功申请海底矿区，并积极修改和完善本国的深海法律制度。其中，尤以库克群岛频繁出台相关法律、政策和规章最为典型，如 2009 年的《海底矿产资源法》，将深海开发作为国家驱动的优先战略。虽然南太平洋国家经济体量小、深海实力不足，但凭借其天然的地理优势和与欧盟等发达经济体的合作，在深海事务中亦有相当可观的表现。[③]

美拉尼西亚先锋集团[④]在 2023 年 8 月 24 日签署的一份声明中暂停

① Egede E.，“Africa and the Deep Seabed Regime：Politics and International Law of the Common Heritage of Mankind”，Berlin Heidelberg：Springer－Verlag，2011，p. 240.

② Tina Hunter and Madeline Taylor，“Deep Sea Bed Mining in the South Pacific：A Background Paper”，https：//www. international－arbitration－attorney. com/wp－content/uploads/arbitrationDeep－Sea－Bed－Mining－in－the－South－Pacific. pdf.

③ 王虎华、翟仲：《深海国别立法的制度经验及其启示》，《上海对外经贸大学学报》2022 年第 2 期，第 107—124 页。

④ 美拉尼西亚先锋集团是由美拉尼西亚国家（斐济、巴布新几内亚、所罗门群岛、瓦努阿图）组成的拥有较强实力的组织，主要目的是推动地区经济发展，建立政治框架处理地区事务，协调在地区事务上的立场。

了其成员国领海内的深海采矿活动。斐济、巴布亚新几内亚、所罗门群岛、瓦努阿图等国领导人表示，需要进行更多研究来确认在不损害生态系统和渔业的情况下在200米以下的深海采矿是否是可能的。该禁令阻碍了加拿大公司鹦鹉螺矿业公司重返巴布亚新几内亚及其位于俾斯麦海的索尔瓦拉1号项目。该公司原本希望从海底硫化物矿床中开采金和铜。[1]

第二节 《联合国海洋法公约》与《公海协定》

《联合国海洋法公约》作为海洋宪法，规定公海向所有国家平等自由开放，国际海底区域属于人类共同继承财产。它还对公海与海底区域的人类活动做出了必要的限制，要求进入深海开采资源的国家必须承担相应责任，同时在资金和技术支持方面对国际海底管理局负有一定义务。这确立了全球深海治理制度的基本原则。

一、1982年《联合国海洋法公约》及其相关执行协定

《联合国海洋法公约》1982年4月30日由第三次联合国海洋法会议通过。该公约的最大制度创新是将国际海底区域矿产资源界定为人类共同继承财产并创设详细的开发制度。

《联合国海洋法公约》有关国际海底区域的规定主要是正文第十一部分，附件三、附件四等也是国际海底区域制度的重要组成部分。《联合国海洋法公约》第十一部分专门规范国际海底治理，由五节组成，共58条。其内容涉及海底区域的法律地位、支配海底区域的国际法原

---

① John Cannon, "Pacific Alliance Adopts Moratorium on Deep - Sea Mining, Halting Resurgent PNG Project", September 6, 2023, https://news.mongabay.com/2023/09/pacific - alliance - adopts - moratorium - on - deep - sea - mining - halting - resurgent - png - project/.

则、国际海底区域内资源的开发制度、管理局的组织结构及功能、争端的解决机制等各方面的问题。附件三是有关探矿、勘探和开发的基本条件，这也构成了可以在国际海底区域从事哪些活动的法律依据。附件四是有关企业部章程的规定，包括企业部的目的、企业部和管理局之间的关系，以及企业部的资金安排及其运作。

《关于执行 1982 年 12 月 10 日〈联合国海洋法公约〉第十一部分的协定》虽然名称上是《联合国海洋法公约》的执行协定，但其立法目的是通过修正国际海底区域制度换取发达国家签署公约，故《关于执行 1982 年 12 月 10 日〈联合国海洋法公约〉第十一部分的协定》对管理局的决策、技术转让、生产政策等进行了实质性修改，但其继承了公约矿产资源开发环境保护规则，并做了进一步发展。该《协定》要求管理局将保护国际海底区域环境作为履行职责的核心内容，并加强这方面的海洋科学研究。同时，协定还将环境影响评估制度引入国际海底区域矿产资源的勘探，以期尽可能减少资源开发的环境损害。

根据《联合国海洋法公约》，国际海底区域矿产资源的开发包括三个阶段：探矿、勘探和开采。探矿主要指探寻矿床的过程，分析具体矿物资源的分布、大小及其经济价值，因其泛指在广阔海底进行的搜寻活动，并不会产生专属权利。勘探则是在探矿的基础上，分析探知的具体矿藏并进行测试采集与加工等，并对开采可能涉及的环境、技术、商业等因素进行研究，故勘探可产生专属权利。开采则是指基于商业目的对矿产资源进行采集、运输、加工的过程。因开采技术与装备的限制、成本的考量及海洋环境损害的不确定性，当前各国对国际海底区域矿产资源的开发主要集中在探矿与勘探阶段。

二、《公海协定》概况

（一）背景

1992 年在里约热内卢举行的联合国环境与发展大会通过《生物多样性公约》。该公约是一项保护地球生物资源的国际性公约，是规范国际海底区域生物资源开发与保护的重要法律框架。[1] 2003 年，《生物多样性公约》秘书处与联合国海洋事务和海洋法司指出，国际海底生物基因资源的商业开发存在重大法律空白，并建议各级国际机构紧急审议，以更好地处理国家管辖外海域生物多样性受到的威胁。此后，联合国大会开始推动“国家管辖外海域生物多样性养护和可持续利用”谈判。

（二）谈判历程

《公海协定》（全称《〈联合国海洋法公约〉下国家管辖范围以外区域海洋生物多样性的养护和可持续利用协定》）谈判始于 2004 年，持续了将近二十年才达成最终协定。2023 年 3 月 4 日，根据《联合国海洋法公约》的规定就国家管辖范围以外区域海洋生物多样性的养护和可持续利用问题拟订一份具有法律约束力的国际文书政府间会议正式落下帷幕，各国就《公海协定》内容基本达成一致。2023 年 6 月 19 日，《公海协定》在纽约联合国总部正式通过。[2]《公海协定》的达成标志着全球海洋遗传资源管理和保护的重要进展，为保护和可持续利用海洋遗传资源奠定了全球法律框架。

（三）《公海协定》主要内容

《公海协定》包括一般规定、海洋遗传资源获取及惠益分享、划区管理工具、环境影响评价、能力建设和海洋技术转让、体制安排、财政资源和财务机制、执行和遵约机制、争端解决和咨询意见 12 个部分、76 条以及 2 个附件。2022 年 12 月，《生物多样性公约》第十五次缔约方大会确立“到 2030 年保护 30% 的陆地和海洋”的政治目标，下一步将进入保护区布局阶段，极可能在国家管辖外海域将该政治目标落地。

---

① 《生物多样性公约》于 1993 年 12 月 29 日生效，168 个国家签署。中国于 1992 年 6 月 11 日签署公约，公约适用于香港、澳门特区。

② 施余兵：《一步之遥：国家管辖外区域海洋生物多样性谈判分歧与前景展望》，《亚太安全与海洋研究》2023 年第 1 期，第 36—50 页。

第三节　国际海底区域采矿管理机制及规章

国际海底管理局是《联合国海洋法公约》缔约国组织和控制各国管辖范围以外的国际海底区域内的活动，特别是管理有关海域内资源的组织。它根据《联合国海洋法公约》第十一部分（国际海底部分）与附件三（探矿、勘探和开发的基本条件），审议通过了规范国际海底区域内活动的两部“采矿法典”，是各国在海底从事相关活动的具体准则。[①]

一、国际海底管理局及其职能

国际海底管理局成立于1994年，是联合国共同制度内的自治组织，总部设在牙买加首都金斯敦。1982年《联合国海洋法公约》（《海洋法公约》）的所有缔约国均为国际海底管理局的成员国，迄今共计168个，其中包括欧盟。国际海底管理局是根据《联合国海洋法公约》设立的三个国际机构之一，另外两个机构是大陆架界限委员会和国际海洋法法庭。国际海底管理局的主要职能是规范国际海底区域内的海底矿物勘探和开发。

国际海底管理局是管理深海资源开发活动的唯一全球性机构，权力的合法性来自于《联合国海洋法公约》和《执行协定》，属于自治性国际组织。其成立标志着全球海底区域治理体系初步成型。该机构共有六个主要的职能部门：管理局大会、理事会、经济财政委员会、法律及技术委员会、秘书处和企业部。国际海底管理局的具体职责包括制定深海采矿的标准和规范、保护海底的生态环境、促进海底的科学研究，以及推动国际合作以促进深海科学技术知识与经验交流。

---

① 高之国、贾宇主编：《海洋法动向》，中国民主法制出版社2015年版，第50页。

二、国际海底区域资源探矿和勘探规章

随着人类科学技术的发展和生产力水平的提高，国际海底区域活动及其产生的环境影响更加严峻，对国际环境立法提出了新的要求。[①]《联合国海洋法公约》与《关于执行1982年12月10日〈联合国海洋法公约〉第十一部分的协定》虽赋予国际海底管理局广泛的环境授权，但缺乏具体的环境措施和标准。为落实《联合国海洋法公约》的要求，为国际海底区域矿产资源开发提供规范性指引，国际海底管理局2000年通过《"区域"内多金属结核探矿和勘探规章》，即《采矿法典》。它使得执行勘探和开发多金属结核的合同的执行成为可能。之后，国际海底管理局又于2010年和2012年相继通过《"区域"内多金属结核探矿与勘探规章》和《"区域"内富钴结壳探矿和勘探规章》。[②] 至此，所有《联合国海洋法公约》缔约国都可对上述3种资源勘探矿区提出申请，国际海底矿区申请的竞争进一步加剧。

截至目前，国际海底管理局已与22个承包者签订了共计31份为期十五年的国际海底区域资源开发合同[③]，开发范围由最初确定的多金属结核开采扩展至钴铁锰结壳和多金属块状硫化物，开发技术也已从大多数仅适用于浅水区表层矿床开采逐步向纵深发展，在深海钻探能力、管道铺设技术和深海油田生产等方面均取得了明显的进展。国际海底区域活动逐步向商业化和产业化方向发展，当前，在国际海底管理局主导下开展的国际海底区域活动每年可产生约1万亿美元的经济效益。

三、国际海底区域《采矿法典》草案

随着人类社会对矿产资源需求的日益增加和相关技术与装备的逐

---

① 林灿铃、张玉沛：《国际海底区域活动之国际环境法规制》，《太平洋学报》2022年第12期，第1—14页。

② 张善宝：《论国际海底区域矿产资源开发的环境保护》，《黑龙江省政法管理干部学院学报》2023年第1期，第97—102页。

③ "Exploration Contracts", International Seabed Authority, https://isa.org.jm/index.php/exploration-contracts.

渐成熟，深海采矿成为全球产业界和科研界共同关注的热点。为履行《国际海洋法公约》规定的义务，国际海底管理局采取了战略、区域和合同区三个层面的环境管理措施。作为区域层面的主要管理措施，推进国际海底区域环境管理计划是当前国际海底管理局的首要任务，其目标在于借助划区管理工具的手段对深海生态系统进行有效管理，实现资源开发和环境保护的平衡，并提高生态系统弹性以抵抗全球变化对海洋的不利影响。

国际海底管理局理事会于 2012 年发布了《有关克拉里昂 - 克利伯顿区环境管理计划的决定》并予以实施。随着近年来《“区域”内矿物资源开发规章草案》制定进程的推进，国际海底管理局于 2019 年适时出台了《区域环境管理计划指南》。2020 年召开的国际海底管理局第 26 届理事会第一次会议中，秘书长强调环境保护已成为“过去两年国际海底管理局最重要的工作之一”。①

（一）国际海底区域环境管理进程

为履行《联合国海洋法公约》第一百四十五条“切实保护‘区域’的海洋环境不受‘区域’内活动可能产生的有害影响”要求，控制深海采矿活动的环境风险、开展环境影响评估，国际海底管理局在《“区域”内富钴铁锰结壳探矿和勘探规章》中明确了承包者须履行海洋环境保护的义务，包括开展环境基线调查、监测并评估自然时空变化的环境影响等。近年来，伴随着德国、比利时等国家纷纷尝试开展更接近商业化技术水平、为进入开发阶段做准备的深海采矿试验，国际社会对深海采矿相关环境问题的关注达到了前所未有的程度。2018 年，国际海底管理局在其《2019—2023 战略计划》中明确将保护海洋环境作为战略目标，并制订了高级别行动计划，确定以“对环境负责的方式管理‘区域’内活动”。针对国际海底区域内的采矿试验及未来采矿活动可能带来的环境影响，国际海底管理局着手制定实质性的

---

① 高岩、孙栋、黄浩等：《国际海底区域矿产资源相关环境问题与管理进展》，《中国有色金属学报》2021 年第 10 期，第 2722—2737 页。

区域环境管理政策，以期作为区域环境管理的最佳实践。东太平洋的克拉里昂-克利珀顿区是第一个实行区域环境管理政策的区域。国际海底管理局通过对物理海洋、地球化学、生态和种群数据集进行空间分析，选划了9块环境特殊利益区，以覆盖整个管理区域内的所有栖息地、生物多样性和生态系统功能。[①] 目前，保护和可持续利用海洋已成为国际社会的共同使命。国际海底管理局的区域环境管理进程是当前国际社会维护资源开发与环境保护平衡、促进自然与人类社会可持续发展的一个典型缩影。

（二）关于《“区域”矿产资源开采规章》的争议

为应对国际海底区域环境保护的新挑战，国际海底管理局应稳妥推进《“区域”矿产资源开采规章》的拟定工作，建立与《公海协定》国际协定缔约方大会的合作机制，重视对海底环境及物种分布的科学研究。

2019年版《“区域”矿产资源开采规章》草案确立了海底环境保护的预防性原则、最佳环保做法，详细规定了开采阶段承包者、管理局、缔约国的环境保护义务，并在第四部分以专章的形式对环境标准和环境管理系统的制定、环境影响评估机制、污染控制和废物管理、环境监测计划的编制与执行、环境补偿基金等具体内容进行规定。从内容上讲，上述环境管理标准及其实施方式和程序规定非常严苛和复杂。从各方针对草案的评论意见可知，虽然所有国家均认为应采取有效措施防止海底采矿的环境损害，但基于各自利益最大化的体现，在具体规则制定上仍存在明显的意见分歧。

“环保派”认为海底采矿必然导致生物多样性的丧失和生态系统功能的破坏，强调应设立严苛的环境监管要求。他们担心，大规模采矿会破坏生态系统，噪音、振动和光污染，以及采矿过程中使用

---

① L. M. Wedding, A. M. Friedlander, J. N. Kittinger, et al., “From Principles to Practice: A Spatial Approach to Systematic Conservation Planning in the Deep Sea”, Proceedings of the Royal Society B: Biological Sciences, 2013, https://royalsocietypublishing.org/doi/full/10.1098/rspb.2013.1684.

的燃料和其他化学品，都可能造成海床的破坏。许多科学家警告目前人类对海底生物圈并不清楚，盲目开采很可能会破坏脆弱的海底生物圈。包括法国、德国和几个太平洋岛国在内的十多个国家已正式呼吁，在环境保护措施落实到位之前，禁止、暂停或暂停深海采矿。谷歌、三星、宝马等一些公司承诺避免使用从地球海洋开采的矿物。

与之相反，“开发派”则主张不应因环保要求阻碍对人类共同继承财产的利用，目前有能力将海底采矿环境损害控制在可接受的范围内。2021 年，太平洋岛国瑙鲁向海底管理局正式请求获得开始深海采矿的商业许可证，以支持加拿大金属公司的申请。瑙鲁要求在两年内达成审查采矿许可证的协议。挪威等其他国家正在提议开放其水域进行采矿。①

（三）中国参与及展望

国际海底管理局理事会 36 个成员国分为 A、B、C、D、E 五组，中国是该理事会的 A 组成员国，A 组代表海底矿物所含金属主要消费国。中国的深海资源勘探活动自 20 世纪 80 年代初起步，历经近四十年发展，目前已在国际海底区域拥有三种资源共五块勘探合同区。作为拥有勘探合同区数量最多的国家，中国承包者在履行勘探合同义务的同时，也在以专项调查和科学计划等多种形式积极推动深海环境保护工作。

根据《中华人民共和国深海海底区域资源勘探开发法》的要求，中国大洋协会在积极履行承包者相关环境保护义务之外，也努力促进区域海洋科学研究和海洋环境保护。其中的核心举措就是以深海环境监测与保护为目标，发起了西北太平洋海山区生态系统监测与保护、洋中脊热液区域生态系统监测与保护、东太平洋的克拉里昂 - 克利珀顿区生态系统监测与保护等科学研究计划，为区域环境管理计划的制

① “Deep Sea Mining Permits May be Coming Soon. What Are They and What Might Happen?”, July 3, 2023, https://apnews.com/article/mining-critical-materials-sea-ocean-7d883d7e9238006a0faaab837d3d1240.

定提供了科学支撑。同时，中国大洋协会还将通过组织研讨会、发起联合航次、建立合作研究等方式，积极推动区域内相关承包者之间的双边和多边合作。

近年来，以保护海洋环境为主旨的全球海洋治理进入规则重塑期，《公海协定》谈判、区域环境管理、南极保护区建设等进程从立法、政策、实践等多重层面协同推进，呈现出连锁态势。海洋命运共同体理念、生态文明指导思想等均为中国积极参与区域环境管理和全球海洋治理指明了发展方向。

思考题

1. 国际深海安全治理的主要法律依据是什么，还有什么有待完善的地方？

2. 中国应该如何以法律手段维护深海安全利益？

第七章　深海安全突出问题

深海安全是未来国际竞争及全球治理的新焦点。本章主要从深海科技竞赛、海底基础设施安全、深海军事博弈和深海生态治理四个方面展开。

第一节　深海科技竞赛

建设海洋强国，必须挺进深海大洋。深海竞争的核心是科技竞争。如果说，五百年前“地理大发现”引发的国际海面之争，靠的是坚船利炮；那么当今深海大发现带来的国际海底之争，首先依靠的是高新科技。革命性、颠覆性的深海探测和开发能力正孕育着改变全球力量对比的巨大潜力。

一、深海进入能力

目前世界上只有中国、美国、俄罗斯、法国和日本掌握了 2000 米以下深潜技术，具备了深海进入能力，但真正具备大吨位、多载荷、长时间驻留和作业能力的只有美俄两国。俄罗斯更是唯一拥有“深海舰队”的国家，其海军装备了 4 型 9 艘核动力深海工作站。俄罗斯甚至参照航天员培养模式来培训深海艇员，以执行茫茫深海中的特殊任务。随着深海资源开发热度持续高涨，多国加大深海装备与技术研发力度，并取得重要突破。美国研发出最大潜深为 6000 米的无人潜水器，可执行深海探测任务。英国国家海洋学中心研发出一款新型传感器，可对各种海洋生物的地球化学参数进行实时高质量分析。德国基尔亥姆霍兹海洋研究中心牵头研发出新型深海燃料电池，可大幅提升深海装备的续航能力。法国公司研发出专用于深海自主潜水器的合成孔径声纳，可提升法国海底测绘能力。此外，法国发布深海新战略，聚焦深海装备技术发展，以维护其深海资源利益。

二、深海态势感知能力

兵马未动，情报先行。近年来，海域态势感知日益成为大国博弈的焦点。为了加强对印太海域的感知，美国推出“印太海洋领域意识伙伴关系”倡议，并考虑通过四个现有的区域信息融合中心进行信息共享：印度的信息融合中心—印度洋区域、新加坡的信息融合中心、所罗门群岛的太平洋岛屿论坛渔业机构和瓦努阿图的太平洋融合中心。美国海军的“海洋视觉”平台或为中心之间提供了连接。①

鉴于海军在深海环境下的作战能力极其有限，其应发展在深海的态势感知和采取行动的能力，形成深海防御和深海攻击的能力，如发展水下无人系统。法国重点研发深海无人潜航器和水下机器人，以及超低频声波传输、深海搜索监视和干扰等技术，希望借此重点提升在大西洋和地中海深海区域的态势感知能力。

三、深海无人化

早期的无人潜航器主要用于民用领域，可以代替潜水员执行打捞、水下勘探和水下电缆铺设等任务，而随着科技发展，无人潜航器的相关技术日趋成熟。由于无人潜航器可以不受海底水文环境影响，并能在水下长时间侦察搜集各种情报，各国海军逐渐注意到其

① Ariel Stenek, “A Principled Approach to Maritime Domain Awareness in the Indo - Pacific”, April 3, 2023, https://pacforum.org/publication/pacnet - 28 - a - principled - approach - to - maritime - domain - awareness - in - the - indo - pacific.

在军事领域的潜在价值。近年来，随着人工智能、巨量数据集合、网络云等新兴技术在海洋领域的应用，智慧海洋成为了实施海洋强国战略的又一角逐“高地”①。

据相关统计，1999年，美国、俄罗斯等15个国家率先开始研究水下无人潜航器。2019年前后，伊朗、土耳其等国也着手研发该项技术。美国作为最早开始研究水下无人潜航器的国家，拥有许多非对称技术优势。进入21世纪以来，为了能够迅速对行进路线和目标作战区域敌方布设的水雷、无人潜航器和海底作战等设施进行识别和清除，美国海军有针对性地提出了深海对抗战作战概念，力求通过集群化部署使用无人潜航器来查找、标记和清除目标区域内存在的威胁。美国海军于2019年启动的“垂钓者”深海无人潜航器，可在无外部通信条件下实现导航、定位、规避障碍物、搜索、捕捉和攻击水下目标。同期启动的“魔鬼鱼”超长航时大型无人潜航器，能够不依托港口和有人平台进行维修保障，在恶劣的海洋环境中长期自主搜集情报，跟踪、诱杀敌方潜艇，并使用搭载的导弹和炸弹自主攻击目标。特别是重达80吨的超大型无人潜航器“虎鲸”，最大潜深超过3300米、最大水下航速达8节，可搭载多源声呐阵列、反水雷、通信和指挥控制等任务模块，还可携带小型无人潜航器、鱼雷、水雷和反舰导弹等，潜入对方近海或港口附近实施作战行动。

近年来，为缓解非对称武器装备带来的压力，俄罗斯不断加大对无人系统的研发力度。此外，英国、法国、德国在内的部分欧洲国家也在研究无人潜航器，其锂电池、导航等技术已经达到世界一流水平，在研发自主型和超大型无人潜航器方面也取得不错进展。2022年，英国皇家海军和普利茅斯科技公司签署合同，委托后者研发尖端超大型无人潜航器。这艘以海怪“塞特斯”命名的无人潜航器将是欧洲海军的最大、最先进的无人驾驶潜艇。英国第一海务大臣、海军上将本·

---

① 李佳佳、刘峰、马维良：《国内外海洋无人系统智能装备产业发展现状》，《船舶工程》2020年第2期，第25—31页。

基伊称，这艘潜航器将帮助英国“主宰水下作战空间”。日本将启动可承受7000米深海水压的日本国产“水下无人机”，力争2025年度投入使用。该机将可以潜至深度在全球数一数二的日本海沟底部，从国家安全保障的观点出发，将用于稀土和地震的勘探。①

四、深海空间站

深海空间站，又称深海工作站，可搭载无缆潜水器、水下吊车、有缆遥控作业潜器等作业工具，能够适应不同对象的具体作业要求，是从事科学研究、资源勘探、检修维修等作业的海底移动工作平台。

深海空间站的首要目的是协助人类在水下长期驻留。与太空中的空间站类似，深海空间站显著延长了潜水员在水下工作的时间。与在外空建设空间站相比，深海空间站建设有独特的难点。首先是海水压强问题。由于要在超过1000米的水下深度运行，空间站作为较大尺寸的容器，其外壳要有足够的抗压能力，以克服巨大的海水压力。还要做好材料防腐工作，克服海水对空间站和相关设备的巨大腐蚀作用性。②

迄今为止，美法俄日中五国已先后掌握大深度载人深潜技术。美俄两国从20世纪60年代相继开展了深海空间站的研制，但是进程较为缓慢，有较大的技术难度和挑战性。1959年，美国着手研制建立北大西洋“反潜武器环境预报系统”，但需要解决水下作业装备；1963年，美国“长尾鲨”核潜艇失事，美国海军需加强深海搜索、救援及海洋工程能力。在此背景下，1965年美国开始建造NR-1深海核动力作业平台，最大工作潜深为914米（约3000英尺）。1969年，NR-1在通用动力电船公司下水。它搭载了多种探测作业装备，参与过“挑

① 《日本要开发可潜至7千米深海的国产水下无人机》，日经中文网，2024年1月2日，https://cn.nikkei.com/industry/manufacturing/54453-2024-01-02-09-15-29.html。

② 《中国迈向深海空间站时代》，《人民日报海外版》2017年06月28日，http://paper.people.com.cn/rmrbhwb/html/2017-06/28/content_1786405.htm。

战者”号航天飞机残骸的海底打捞、坠入海底的 F－14 战机打捞等重要任务，2008 年 11 月退役。NR－1 退役后，2008 年，美国宣布将新研制千吨级的 NR－2 深海空间站。与NR－1 相比，NR－2 除了履行军用使命，还承担了海洋工程安装、维护和维修等九类民用使命任务。据报道，美国将在加勒比海南部建立一座全新的水下空间站，深度 18.3 米，内部空间达到三百余平方米。

20 世纪 70—90 年代，苏联开始了“一级核动力深海工作站”的研制工作，分别研制了 3 艘 1910 型核动力深海工作站，北约代号为 U 级（UNIFORM），3 艘 1851 型核动力深海工作站，北约代号为 X－Ray。2003 年，俄罗斯新研发了一艘（10831 型）核动力深海工作站，因其耐压壳体由数个球壳串联组成，型式酷似俄罗斯动画片“小马驹”中的主角而获得“小马驹”的昵称。2012 年，“小马驹”参加了俄罗斯“北极－2012”研究考察，在北冰洋门捷列夫大陆架上开展了大量水下作业，在 2500 米—3000 米深度获得了大量地质资料。

我国已将建设深海空间站写入国家重大科技战略。中国深海空间站发展计划，未来将按照三步走战略：第一步是建造出深海空间站试验艇，第二步是进行小型深海移动工作站的研制，第三步是建造一座可以在水下逗留 60 天时间的未来深海空间站。目前中国实验性深海移动工作站已经安装完成，并且进行了相关的水下试验工作。

第二节　海底基础设施安全

海底关键基础设施安全是国际安全中一个未被充分研究的因素，治理赤字凸显。受 2022 年俄乌冲突引发的地缘政治冲击波影响，海底关键基础设施的脆弱性正受到越来越多关注。本节将主要讨论海底光缆等海底关键基础设施的安全问题。

一、海底光缆布局竞逐

海底光缆是全球信息互联互通的“主动脉”。全球海底数据电缆网络是至关重要的关键基础设施。全球目前正在运营或计划运营的海底光缆约550条，总长度超过140万千米，多达99%的数字通信通过网络传输，全球经济和数字服务完全依赖于网络。① 因此，海底光缆堪称全球“海底信息生命线”和国际互联网“中枢神经”。相比卫星，海底光缆具备容量大、抗干扰能力强、使用寿命长等优势，性价比更高。②

海底光缆承载着国家安全的重任，也承载着国际贸易、金融交易等重要经济活动，一旦遭到攻击或损坏，将损害国家战略利益。以美国为例，每天通过海底光缆所传输的金融交易数据，超过10万亿美元。除了民用用途外，各国还依赖海底光缆来保障国家安全。一旦爆发战争，大国可通过破坏海底光缆影响他国的对外通信，全面提升本国的战场空间态势感知和协同作战能力。回顾历史，在战争中利用海底光缆打击对方的实例屡见不鲜。如二战爆发不久，英军切断了两条德国海底光缆，从而影响了德军总司令部、各军种及情报机构间的信息共享。③ 冷战期间，美军“常春藤之铃”行动利用海底光缆对苏联进行监听长达十年，获取了大量军事情报。④ 展望未来，海底光缆是信息战、水下战的先手环节。当我们进入数字时代，海底光缆已经从单纯的通信工具，转变为全球信息流动的核心节点和数字权力的关键基础，成为了国家战略和公司商业竞争的一部分。现在，政治和军事对海底光缆的影响愈演愈烈，各国政府和大型科技公司正在争夺海底光

---

① “Big Tech and Geopolitics are Reshaping the Internet's Plumbing”, The Economist, December 20, 2023, https://www.economist.com/business/2023/12/20/big-tech-and-geopolitics-are-reshaping-the-internets-plumbing.

② “Security Threats to Undersea Communications Cables and Infrastructure – Consequences for the EU”, June 1, 2022, https://www.europarl.europa.eu/thinktank/en/document/EXPO_IDA（2022）702557.

③ Nicholas Rankin, “A Genius for Deception: How Cunning Helped the British Win Two World Wars”, Oxford University Press, 2009, p. 211.

④ Robert G. Williscroft, “Operation Ivy Bells: A Novel of the Cold War”, Carson: Starman Press, 2014.

缆的控制权，以影响全球的信息流动。[①]

全球海底光缆竞争格局处于变革期。随着数字经济发展，国际带宽需求持续增长，推动全球海底光缆建设热潮。TeleGeography 数据显示，近年来国际流量呈爆发式增长趋势，几乎每两年翻一番，未来五年全球国际带宽需求年均增长可达 34%。与此同时，国际海底光缆投资逐年上升，海底光缆供给维持高增长。据统计，2017—2021 年新建海底光缆总投资约 92 亿美元，而在 2022—2024 年公开进行的新海底光缆项目总投资已超 100 亿美元。

主要国家纷纷布局海底光缆产业。中国海底光缆产业发展特点。一是国家战略和政策激励，海底光缆建设需求潜力巨大。近年来，我国先后发布共建“一带一路”倡议与“网络强国”“国内外经济双循环”等国家战略，将国际海底光缆定位为重要发展方向。中国自 2015 年以来已将开发纳入其“新丝绸之路”战略。[②] 二是海底光缆产业链逐渐完整，全球拓展能力不断提升。我国已具备从海洋设备生产、海底光缆制造、系统集成到后期维护的全产业链自主能力。三是“走出去”初具成效，国际话语权在逐步增强。国内三大运营商从购买资源、到参与建设、再到逐步主导亚洲区域海底光缆建设，在国际海底光缆建设中的话语权逐步提高。同时，国内海底光缆系统集成商和设备商也积极“走出去”，主导及参与全球重要海底光缆路由建设。

欧盟海底光缆产业发展特点。大约 250 个海底光缆系统将欧盟与全球互联网连接起来。三分之二的海底光缆铺设在周边海域，即大西洋、地中海、北海和波罗的海。三分之一的国际光缆是陆基光缆，连

① 张泽飞：《跨越海洋的纽带：海底光缆的非中性化与全球信息流动》，澎湃新闻，2023 年 6 月 25 日，https：//m. thepaper. cn/newsDetail_forward_23582699。

② Nicole Robinson，“The Emerging ‘Cold Tech War’ Between the U. S. and China”，August 14，2023，https：//heritage. org/technology/commentary/the - emerging - cold - tech - war - between - the - US - and - China.

接欧盟成员国与共享陆地边界的非欧盟成员国。[①]

印度正在成为“数据领域的沙特阿拉伯”。印度智库观察家研究基金会认为，印度在人口、经济和地理方面拥有无与伦比的优势，可以成为海底光缆网络的枢纽，这将促进印度洋数据的传输。印度的公共和私营部门应该利用这些优势将国家推向区域乃至全球互联互通的中心舞台。[②]

北极在海底光缆争夺战中位置凸显。北极地区互联互通是北极地区实现可持续发展、促进商业发展、解决社会关切、推进交通基础设施建设的基石。然而，北极大部分地区较为偏远，人口密度低，气候条件恶劣，是世界上最后一批获得宽带连接的地区之一。2022 年 1 月，北极斯瓦尔巴群岛的海底光缆中断，需要修复，但问题的根本原因尚不清楚，一些媒体迅速暗示，破坏光缆是军事行动的一部分。在地缘政治上，从俄罗斯项目合作转向由美国或加拿大利益主导的项目，这对北欧国家来说是一个巨大的转变。海底光缆正在成为北极地区关键基础设施的一部分。[③]

二、海底关键设施安全问题凸显

海底光缆是海洋安全领域的核心组成部分，也是全世界数字经济和社会的支柱。2022 年，汤加海底光缆“断联”“北溪”天然气管道爆炸等事件，凸显海底关键基础设施安全的重要性，深海基础设施安全问题随之成为国际关注焦点。

海底光缆已成为大国战略竞争关键领域，近年美国加大对中国海

---

① “Interactive Transmission Map”, International Telecommunication Union (ITU), 2020, https://itu.int/en/ITU - D/Technology/Documents/interactive TransmissionMaps/Misc/Flyer_MAPS_FINAL.pdf.

② Kaush Arha, “India at the Centre of the Indian Ocean Submarine Cable Network: Trusted Connectivity in Practice”, April 6, 2023, https://www.orfonline.org/wp - content/uploads/2023/04/ORF_IssueBrief_630_India - Data - Hub.pdf.

③ Alexandra Middleton, Bjørn Rønning, “Geopolitics of Subsea Cables in the Arctic”, August 2, 2022, https://www.thearcticinstitute.org/geopolitics - subsea - cables - arctic/.

底光缆产业的打压力度。其一，加强对华海底光缆出口管制。美国自2020年开始推行“清洁网络”计划。2023年3月，美国众议院通过了《海底光缆控制法案》，如果参议院通过，该法案将禁止向中国出口光缆技术和设备，试图阻止外国对手获得建造和运营海底光缆的手段。①近年来，中国光缆行业进入蓬勃发展期，产销量占到了全球50%以上份额。华为在海底光缆传输领域的光通信技术方面具有全球领先的技术水平。② 中国已经掌握了海底光缆的生产制造、铺设设备、运营和维护设备等全产业链优势。正因如此，美国政府从2020年5月至2021年12月，以所谓“违反美国外交政策和国际安全利益”为由，将四家中国海底光缆企业中天科技、亨通海洋、烽火通信、华海通信列入“实体清单”并实施制裁。③ 其二，大力鼓吹中国海底设施威胁论。2022年美国众议长佩洛西窜访台湾地区后，中国进行3天环台实弹演习。美国智库“新美国安全中心”发布推演报告指出，若台海冲突爆发，国际海底缆线与登陆站很可能将是中国首要攻击的目标设施。兵推报告炒作，中国可能瞄准印太地区海底缆线攻击，导致台湾地区、日本、关岛和夏威夷等海岛对外断联，并大幅降低关岛传输信息的能力。④ 其三，阻挠中企参与海底光缆建设。美国海底光缆公司（SubCom）2023年2月开始铺设一条价值6亿美元的光缆。这条名叫“东南亚—中东—西欧六号”（SeaMeWe－6）的电缆预计2025年完工。消息人士指出，中国“华海通信”报价比SubCom提交的最初方案便宜三成，差点拿到了SeaMeWe－6的建设合约。然而，美国政府顾虑中

---

① “H. R. 1189 Undersea Cable Control Act”, Passed House（03/27/2023）, https://www.congress.gov/bill/118th－congress/house－bill/1189.

② 拉希德·阿利莫夫：《数字丝绸之路潜力无限》，人民网，2020年10月20日，http://world.people.com.cn/n1/2020/1020/c1002－31899166.html。

③ 武琼、蒲婧新：《中美在海底光缆领域的战略竞争及影响》，《和平与发展》2022年第4期，第81—102页。

④ Stacie Pettyjohn, Becca Wasser and Chris Dougherty, “Dangerous Straits: Wargaming a Future Conflict over Taiwan”, June 15, 2022, https://www.cnas.org/publications/reports/dangerous－straits－wargaming－a－future－conflict－over－taiwans.

国监测敏感光缆的可能性，成功运作将合约转给 SubCom。[①] 作为美国唯一的大型海底光缆公司，SubCom 正在成为其全球竞争的重要支撑，为全球电信公司和美国科技巨头提供海底光缆服务。

此外，其他西方国家也纷纷采取措施，加强对海底能源和电信基础设施的保护。法国 2022 年 2 月发布《海底控制战略》，以提高国家研究、监测和应对能力。2022 年 10 月，法国海军对挪威制造的水下无人机进行了首次测试。意大利表示，海军的新型潜艇将与水下航行器协同作战，以便使海军能够更好地监海底光缆。意大利海军正在考虑对传感器概念开展研究。英国高度关注无人水下技术，部分原因在于北海的海上石油及天然气开采。除了“鲸鱼”潜航器和海洋监视船外，英国正在投资发展可支持基础设施保护项目的能力。德国提出应密切关注德国在北海及波罗的海领海的基础设施。其想法是将运营商、海洋研究机构、警察和海军生成的传感器数据整合到一张涵盖水上和水下活动的作战图中。

北约也强化深海基础设施安全合作。2023 年 2 月 15 日，北约成立海底基础设施协调小组，旨在通过共享最佳实践、信息和使用技术来确保链接安全，从而提高盟国系统的安全性。北约情报与安全部门助理秘书长卡特勒称，俄罗斯正在测绘关键海底系统，并警告俄罗斯可能会以大西洋、波罗的海和北海的海底基础设施，如海底光缆和其他关键基础设施为目标，这是一项“重大而持续的风险”。北约强调，问题的关键在于要保护海底光缆等系统。2023 年 4 月，丹麦、芬兰、瑞典和挪威的广播公司发布一项联合调查，称俄罗斯军用和民用船只正在绘制波罗的海和北海的海底基础设施。[②] 有效威慑或应对威胁的关键

---

① Joe Brock, “U. S. and China Wage War Beneath the Waves – Over Internet Cables”, March 24, 2023, https: //www. reuters. com/investigates/special – report/us – china – tech – cables/.

② 《北约：俄或将以海底电缆和其他关键基础设施为目标》，《联合早报》2023 年 5 月 4 日，https: //www. zaobao. com. sg/realtime/world/story20230504 – 1390524。

是改进监测和监视，以发现和归因于敌对行动。①

第三节　深海军事博弈

深海具有独特的战场空间攻防作战优势，是军事力量对抗最具潜力的战略空间之一。

一、深海军事力量的发展

美国海军高度重视并积极开展水下战概念和水下作战手段创新，提出“海底战”等新型作战理念，以应对未来复杂的水下作战样式。美国海军近年来探索构建新型装备体系，其中比较有代表性的潜艇无人协同、广域探测反潜、海底预置和水下保障等，同时开展作战理念和技术成果创新，极大地影响着未来水下战装备组成和作战样式。

作为一种新型的水下作战概念，“海底战”的主要理念是试图通过利用低成本的水下预置武器和水下传感器，并通过无人潜航器提供必要支援，达到预先部署或即时部署的目的，用于执行情报监视侦察、水面战、反潜战、打击、欺骗、水雷战和电磁战等任务。美国海军2011 年发布的《水下战纲要》和 2016 年发布的《水下战科学和技术战略目标》都明确指出了科技创新对未来水下战的重要作用。随着无人潜航器和新型核潜艇对未来水下战争形态影响的日益加重，未来的水下战将产生质的飞跃，作战理论和海战模式也将产生颠覆性变化，美国海军未来的水下战正朝着“智能化、深海化、体系化、多样化、规模化、分布式”的方向发展。②

---

① “Seabed Security After Nord Stream: in Search of a Clear Vision”, October 14, 2022, https://www.iiss.org/online-analysis/military-balance/2022/10/seabed-security-after-nord-stream-in-search-of-a-clear-vision/.

② 王天忠、张东俊、江莲：《美国海军水下战概念的发展分析及思考》，《舰船科学技术》2021 年第 6 期，第 186—189 页。

美国海军关注深海作战与海底基础设施防御等问题，如发展一系列无人潜航器、水下传感器和水下攻击性武器等，并且以一种全新的方式，构思美国在未来能够持续保持海上力量和海底的主导权，包括建立一个类似防空识别区的海底防御识别区，能在所有深海行动者进入美国海底防御识别区之前，对其进行探测和分类。美国计划建造新型间谍潜艇，强化海底作战能力。美国国防部高级研究计划局宣布“海底磁流体动力泵原理”计划，致力于研发海底静音推进技术①。

除美国外，其他主要海军强国也发展了专门的海底战能力。俄罗斯国防部深海研究总局拥有一支深海潜艇部队，用于开展深海研究和执行秘密任务，并且直接向俄罗斯总参谋部情报总局汇报工作。俄罗斯还研发潜深达千米的“波塞冬”无人潜航器，能够突破现有最先进导弹防御体系。② 法国率先公布全球首份国防领域的“海底战”战略，强调拓展海底控制能力至6000 米以深，并在全球绝大多数海域形成竞争力，维护国家战略利益拓展。③ 英国海军签订“鲸鱼”超大型无人潜航器项目合同，用于增强保护深海关键基础设施和态势感知能力，助力英国海军取得深海作战优势。2023 年 3 月，朝鲜首度公开“海啸”核无人潜水攻击艇。韩国也着手研制超大型无人潜航器。

二、深海与新型海战模式

随着深海态势感知、通信导航、远程唤醒、无人集群自主控制等技术群的发展，军事活动将向更深海域延伸，广泛的深海军事威慑与对抗一旦成为现实，“以深制海”的典型作战样式将成为军事竞争的优选项。这将有力挑战当前的海上力量体系，传统的海战游戏规则或将

---

① “Taking a New Look at Fundamental Tech for Quiet Undersea Propulsion”, May 18, 2023, https: //www. darpa. mil/news - events/ - 2023 - 05 - 18.

② Gabriel Honrada, “New US Spy Sub Built for Seabed War with China”, Asia Times, April 24, 2023, https: //asiatimes. com/2023/04/new - us - spy - sub - built - for - seabed - war - with - china/.

③ 法国国会：《法国政府〈2024 年至 2030 年军事规划法案〉》, https: //www. wells. org. cn/home/Literature/detail/id/3516. html。

被打破。

其一，深海可能成为打破战略平衡的关键变量。潜得越深意味着越具有“居深临上”的战略打击优势。得益于深海无人智能技术、新型材料等不断发展，更大范围预置深海侦察监视、攻防作战、战略投送、海底基地保障等力量平台，将真正实现深海、水面、岸基、空中和外空的一体化融合，并实现与其他有形、无形空间的跨域协同。

其二，深海能力发展将改变海战保障模式。深海基地和深海空间站将是未来深海战场重要的能源补给、数据保障和指挥通信中心。潜航器不用上浮不用返港，就可以得到能源补给和维修保养。这极大提高潜航器的隐蔽性和生存概率，将彻底颠覆未来深海战场保障模式。

其三，深海能力的发展将催生更多的海战新理念。大国围绕深海制权争夺，加快作战概念开发，发展作战平台，不断提升深海作战能力，积极进行深海战略布局。例如，美国海军已经提出深海对抗战、深海基地作战、深海设施防御战等概念。其中深海战略预置已经成为海洋强国抢占新的战略制高点，夺控深海制权的重要抓手。借助深海的隐蔽性，战略预置力量能够实现前沿部署、长期潜伏，更易达成战略进攻突然性。如美国“深海浮沉有效载荷”“海德拉”等深海无人预置平台，能够在海底潜伏待命几个月甚至更长时间，战时通过远程指令进行激活，可对敌方陆上、水面、空中等战略目标发起突然袭击。随着无人智能技术的迅猛发展及在深海领域的广泛运用，深海作战平台无人化、智能化趋势日益显现，海上作战空间加速向深海延伸，深海预置武器愈发显示出巨大战略威慑力。

未来，深海独特的空间战场攻防优势和战略价值将进一步凸显，必将成为大国博弈的重要战场，赢得未来战争的关键领域。

第四节　深海生态治理

近年，受人类活动的频繁影响，海洋出现生态环境恶化、生物多样性衰退、生态系统退化的现象。深海海洋环境问题可以分为投入性损害和开发性损害两大类。投入性损害或污染损害即海洋环境污染，如陆源污染、船舶污染、海上石油污染等。开发性损害即海洋生态破坏或海洋环境破坏，是由于人类不适当地从海洋环境中获取某种物质或能源所造成的对海洋环境的不利影响和危害，如滥捕海洋鱼类或滥采海洋矿产等。

一、深海污染问题

深海塑料污染问题正在凸显。每年人类生产超过 3 亿吨塑料，其中 1000 万吨进入海洋。日本全球海洋数据中心的信息报告显示：深海沉积中超过 33% 的碎片是大片塑料，其中 89% 是一次性产品，在深度超过 6000 米的地区，该比例更是分别增加到 52% 和 92%。人类活动的影响已经到达距离大陆 1000 多千米的海域最深处。①

与近海、浅海相比，深海具有的独特性易于扩大塑料污染带来的损害。第一，深海海底是海洋塑料的最终沉积处。与其他海域相比，深海因其独特地理、法律地位而面临更为严峻的污染状况却不得善治。由于塑料表面生物附着及结构作用，漂浮于海面的塑料在数周至数月的时间内会因重量加大而下沉，这也解释了深海中为何出现大量的塑料碎片，故而由于洋流运动、重力作用等因素影响，深海海底将是大部分塑料最终的归宿。第二，塑料垃圾更易进入深海生物链。深海不仅是从地表下降的任何物质的最终汇聚点，而且其物理特性还使其适合于适应低食物环境的生物体，此类生物体通常会吃任何东西——包括塑料或微塑料。由此，塑料进入海洋食物链并最终到达人类餐桌。第三，深海塑料的累积极易破坏深海脆弱的生态系统。塑料在海洋中降解需要数百年之久，而深海的光线、温度、盐度、水流等因素加大了塑料降解的难度，使其长久地堆积在海底。数据显示，在深海，塑

① 钭晓东、赵文萍：《深海塑料污染国际治理机制研究——人类命运共同体的深海落实》，《中国地质大学学报》2019 年第 1 期，第 59—70 页。

料可以存在几千年的时间。与此同时，深海的生态系统是高度地方性的，且其中的海洋生物的增长率很低，海洋塑料污染对相对脆弱的深海环境而言是极具破坏性的。①

二、深海过度捕捞问题

19 世纪，对深海鱼类的手工捕捞量有限，渔业保持可持续。深度大于 400 米的商业深海捕鱼始于 20 世纪 50 年代后期，在 20 世纪 60 年代有所增加，并一直持续到今天。20 世纪 80 年代，深海渔业在目标鱼种和捕捞区域方面都有所增加，1985 年至 2010 年期间有大量未报告的渔获量，20 世纪 70 年代中期、20 世纪 80 年代末和 21 世纪初估计有 60 万吨鱼被捕获。深海渔业资源的加速枯竭和深海保护联盟等团体的大力宣传导致联合国大会通过了更强有力的决议（例如联合国大会关于海洋和可持续渔业的第 66/68 号决议）。欧盟从 2016 年开始禁止 800 米以下的拖网捕捞，以帮助恢复具有丰富生物多样性的脆弱海底生态系统。2023 年 2 月，欧盟提出“绿色渔业”计划：逐步禁止拖网捕捞，扩大海洋保护区，更严厉地打击过度捕捞②。

日本不顾禁令重启所谓“科研捕鲸”。国际捕鲸委员会 1986 年通过的《全球禁止捕鲸公约》，禁止商业捕鲸，允许以科研为目的猎捕。日本同年签署这一条约，但援引《国际捕鲸管制公约》，次年开始“科研捕鲸”。反捕鲸团体指认日本捕鲸实际是为了国内消费，是商业捕鲸。2010 年，澳大利亚一纸诉状将日本告上荷兰海牙的国际法庭，指认日本违反《全球禁止捕鲸公约》。2014 年 3 月 31 号，国际法院作出判决，勒令日本停止在南极海域的科研捕鲸。此后，日方根据判决内容制定了大幅削减捕获数等新计划，重启了科研捕鲸。有专家认为，

① “Plastics in the Ocean”, National Oceanography Centre, https: //noc. ac. uk/science/under – the – surface/ocean – plastics.

② “Communication from the Commission: EU Action Plan: Protecting and Restoring Marine Ecosystems for Sustainable and Resilient Fisheries”, February 21, 2023, https: //oceans – and – fisheries. ec. europa. eu/publications/communication – commission – eu – action – plan – protecting – and – restoring – marine – ecosystems – sustainable – and_en.

日本政府支持全球范围内捕鲸还有着更为深层的战略目的，例如其可以通过科研名义进行捕鲸，从而对整个海洋地质、海洋气候、水文地理等进行多方面勘测，而这种勘测对日本来说是至关重要的。

深海鱼类碳汇在控制全球变暖问题上扮演着重要角色。英国南安普顿大学以及海产研究所的研究人员发现，生活在海床附近的深海鱼类能起到自然积碳作用，而过度捕捞不仅会引起海产类渔业物种灭绝，也会对全球变暖产生不利影响。研究发现，仅英国和爱尔兰所属海域的深海鱼类就能储存数百万吨的二氧化碳。如果放任渔业过度捕捞，其危害将超乎想象。此外，海底油气开发也会威胁深海鱼类，迫使它们迁徙，扰乱生态平衡。

三、深海采矿对可持续发展的影响

深海采矿是从距离海平面800米—6000米深的海床开采矿物，地点通常选在海底热泉附近，或蕴藏大片丰富多金属结核的地区。从中可以开采得铜、铅、锌及少量金、银等贵金属，或是从海底岩石凝固物中，提炼出钴、铜、镍、锰等制造电池的关键材料。

1965年约翰·梅若《海洋矿产资源》一书的出版引发了深海采矿的兴趣。20世纪70年代初，从深海平原，特别是在太平洋开采锰结核的前景得到了提高。然而，技术挑战很大。进入21世纪之后，世界战略矿产需求强劲，各国对从深海开采多金属结核、块状硫化物和钴结壳的兴趣迅速上升。英国宣称要保持在海底采矿领域的领先地位，在未来三十年实现400亿英镑的创收。2014年，德国工业联合会在题为《德国原材料战略中的深海矿业机遇》的立场文件中，呼吁德国争取在深海和海底区域矿产开发上提升话语权。① 近年来，各国显著加快了圈占国际海底区域的行动。截至2016年10月底，国际海底管理局共核准矿区多金属锰结核、富钴结壳和多金属硫化物申请26项，多数申请

① "The Opportunities of Deep - Sea Mining for Germany's Raw Material Strategy", October 20, 2014, https://english.bdi.eu/publication/news/the - opportunities - of - deep - sea - mining - for - germany - s - raw - material - strategy.

及核准时间发生在 2015 年至 2016 年。深海采矿本身是否破坏海洋环境至今依然存在争议。2023 年 7 月，国际海底管理局在牙买加金斯顿召开一系列会议，讨论制定深海采矿规则，但各方对于是否开放深海商业采矿尚未达成一致意见。①

思考题

1. 国际社会对深海商业开采存在哪些分歧？
2. 如何完善海底基础设施的国际治理规则？

① “Deep - Sea Miners are Ready to Get Down to Work”, November 13, 2023, https: //www. economist. com/the - world - ahead/2023/11/13/deep - sea - miners - are - ready - to - get - down - to - work.

第八章　深海安全政策

随着人类加快走向深海，深海战略形势将对未来国际海洋政治格局产生深远影响。鉴于此，欧美国家率先出台深海安全政策，明确深海安全目标，规划深海能力建设，抢占深海主导权。中国倡导建设海洋命运共同体，始终做全球海洋治理的建设者、海洋可持续发展的推动者、国际海洋秩序的维护者。

第一节　主要国家的海洋安全战略与深海安全政策

深海安全政策是各国海洋安全战略的重要组成部分。尽管人类进入深海尚处于起步阶段，但深海的战略价值已受到主要国家高度关注。近年来，各方纷纷更新或出台深海安全政策。

一、美国海洋安全战略及深海安全政策

（一）美国海洋安全战略

“海洋安全战略”是指主权国家运用外交、军事、经济等综合资源及各种可能的手段，以海洋安全为导向、为实现预定的国家安全利益诉求而做出的全局性、长期性、系统性制度设计，包括外交手段的运用、军事力量的使用及经济发展战略的支撑与保障。“海洋安全战略”与军事、经济、地理位置、技术进步共同构成了主要大国赖以获取海

上权力优势及实施对外扩张不可或缺的要素。

美国信奉马汉的“海权论”和保罗·肯尼迪口中的“海上主导权”理论，即以绝对的海上力量优势维护海洋安全利益。要谋求海上主导权的海洋安全战略，至少要包含三个要素。第一，海军力量的绝对优势。第二，由大陆岛和海外基地组成的中心和外围结构。第三，塑造并获取国际制度性权力。①

1. 冷战期间美国海洋安全战略

二战后，美国的海洋战略产生于美苏冷战背景之下，带有明显的大国争霸、控制海洋、积极备战的特征。马汉的主张构成了冷战时期美国对西太平洋地缘政治想象的主要内涵，主要依靠对海域和岛链的控制来巩固其在西太平洋的海权，进而实现区域霸权。而此类主张构成了美国地区政策尤其是军事战略制定、实施的精神基础。从 20 世纪 60 年代起，美国不断加强海洋政策与战略工作，强化海洋管理体制建设。1970 年，美国成立了主管海洋事务的政府机构——国家海洋与大气管理局。此后，美国历届政府都把海洋事务列入国家的重要议事日程。

2. 冷战后美国海洋安全战略

冷战结束后，美国出于自身安全和称霸全球的需要，奉行海洋强国的霸权战略，以控制全球海洋为核心目标，积极探索开发利用海洋的新途径，凭借自身的地缘优势和强大的军事实力，加大对海洋战略资源的实际控制，谋求全球海洋利益。美国政府陆续出台了《2000 年海洋法案》《21 世纪海洋蓝图》《海洋行动计划》等海洋政策法规，修订了《海岸带管理法》《渔业养护和管理法》等。美国更加积极地参与国际海洋事务和海洋政策的制定，譬如，支持建立全球海洋观测系统，确立美国对综合大洋钻探计划的领导权，加快开展国际海洋科学研究，以此维护和巩固其在全球海洋领域的领导地位。

美国坚持传统的地缘战略思维，加强在西太平洋的海权力量存在。

---

① 吴士存:《海洋大国安全战略的历史演进与现实思考》，《中国社会科学报》2023 年 9 月 14 日。

随着国际形势与世界力量格局的演变，美国的地缘政治重心呈东移趋势，不断加强其在西太平洋海域的存在。20 世纪 90 年代中后期以来，《美日安保条约》的修订凸显了美国联手日本控制西太平洋的战略企图。控制海洋交通要道、提出新的海上安全战略、调整亚太军事部署、不断深化军事同盟体系、插手地区热点，对美国掌握西太平洋的制海权、防止有潜力的大国挑战其现实利益具有关键作用。①

3. 重回大国竞争阶段的美国海洋安全战略

近些年，美国政府发布多份高级别规划文件，在新的全球和“印太战略”框架下对地区海洋安全战略进行了再设计。这些报告构成延续性，一再强调同盟和伙伴力量在美国“印太海洋安全战略”中的不可替代作用，此后的实践使得美国“印太海洋安全战略”的“阵营化”趋势逐渐清晰。

奥巴马执政时期，美国的“亚太海洋安全战略”主要以和盟友、伙伴的双边合作为主，美越、美印之间的海洋安全合作提升最为明显。美国 2015 年还出台了“亚太海上安全战略”，涉及太平洋、印度洋、东海、南海等海域。美国在这一地区的三个目标是“安全与自由航行、避免冲突和压制、促成各方遵循国际法和国际准则”。为此，美国将从“增派军力、强化盟友关系、力图减少误判以及建构地区安全框架”等四方面着力。2017 年以后，特朗普治下的美国在设计出台“印太战略”的同时，也加快推动其地区海洋安全战略从“双边”向“多边”升级。拜登上台后，在总体继承前两任思路的基础上，以提升联盟和伙伴关系为基本路径，出台新的“印太海洋安全战略”，修复美菲海洋领域合作，延续美越涉南海安全合作，推动美国—东盟海洋安全关系再升级，并提出涵盖整个“印太”的海域态势感知合作计划。从 2017 年底重启美日印澳“四边机制”，并把海洋安全作为主要议题，到 2021 年 9 月建立冷战结束后全球首个条约军事同盟，也即联合英国、

① 刘佳、李双建：《新世纪以来美国海洋战略调整及其对中国的影响述评》，《国际展望》2012 年第 4 期，第 61—68 页。

澳大利亚成立“三方安全伙伴关系”，再到 2022 年 5 月美日印澳“四边机制”峰会推出“印太海域态势感知伙伴关系计划”，美国拼凑的“准海洋安全联盟”网络覆盖了从东北亚、台海、东南亚延伸至印度洋及南太平洋的全部“印太”区域。

美国的“印太海洋安全”“阵营”设计以中国为“假想敌”。美国把中国定义为“目前世界上唯一有足够军事、经济和外交能力来削弱或挑战当前世界秩序的国家”。印太地区是美国与中国展开“战略竞争”的主要地带，海洋则被美国视为两国影响力竞争的主要领域，覆盖了从东海、台海到南海及南太平洋地区的整个西太平洋和印度洋地区。

2020 年 12 月，美国海军、海军陆战队海岸警卫队共同发布新版海洋战略《海上优势：以一体化全域海军力量取胜》，指明了美国海洋战略在大国竞争时代新的发展方向。新版海洋战略更加强调大国竞争，将中国视为“最紧迫、最长期的战略威胁”。新版海洋战略不仅关注传统“高阶战争”，还强调灰色地带的“低烈度竞争”。美国国会研究服务处自 2018 年以来不定期更新并发布《美中在南海和东海的战略竞争》报告，2022 年 1 月 12 日美国国务院下属的海洋及国际环境与科学事务局发表关于中国南海权利主张的《海洋界限》第 150 号报告，都反映出美国南海和东海政策的显著调整，表明其以压制新兴海洋力量为主要目标的海洋政策设计日渐成形。①

（二）美国深海安全政策

1945 年 9 月，美国杜鲁门政府发布两项公告，宣布了美国的大陆架政策和近海渔业管辖区政策，引发第三轮全球范围内的“蓝色圈地运动”，反过来损害了美国界定的海洋自由权利。② 其中，《关于大陆架的底土和海床自然资源的政策的总统公告》宣称“处于公海下但毗连美国海岸的大陆架的底土和海底的自然资源属于美国，受美国的管

① 吴士存：《美国“印太”海洋安全战略的“阵营化”趋势》，《世界知识》2022 年第 21 期，第 26—29 页。

② 曲升：《战后“蓝色圈地运动”的滥觞：“杜鲁门公告”的单方面宣布及其影响》，《中国社会科学院研究生院学报》2020 年第 4 期，第 117—132 页。

辖和控制”，此举将世界注意力吸引到包括大陆架延伸部分和海底在内的深海区域来。①

美国设专门的国家海洋委员会，承担深海资源管理、深海科学研究等方面的政策研究、沟通协调等职能。早在《联合国海洋法公约》出台之前，美国就颁布了本国的深海资源开发法，即《深海海底固体矿产资源法》。

1982 年，第三次联合国海洋法会议以 130 票赞成、4 票反对、17 票弃权，通过了被誉为当今世界“海洋宪章”的《联合国海洋法公约》。美国是四个反对国之一。《联合国海洋法公约》于 1994 年 11 月 16 日生效，迄今已有包括中国在内的 167 个缔约方，而美国仍未加入。

反对《联合国海洋法公约》确立的国际海底区域制度是美国拒绝加入该公约的直接理由。从根本上说，美国不加入《联合国海洋法公约》，是基于维护其海洋霸权利益的考虑。从国际海洋制度建立的历史脉络看，显然是发展中国家首先抢占了为《联合国海洋法公约》提供“蓝本”的先机，而最终《联合国海洋法公约》也体现了发展中国家利益需求。这让美国不满于自身海洋霸权地位遭到的挑战和国际海底开发制度霸权优势的丧失。

在《联合国海洋法公约》确立的国际海底制度基本定型后，美国转而寻求在《联合国海洋法公约》之外构建独立的国际海底资源开发管控体系，意图为美国提供能够规避《联合国海洋法公约》约束的政策选择。一方面，美国于 1980 年制定了《深海海底固体矿物资源法》，为在不批准《联合国海洋法公约》的情况下保护美国的海底利益做准备；另一方面，美国在 1982 年、1984 年与一些西方发达工业国家先后签订《关于深海海底多金属集合矿暂时安排的协定》《关于深海海底问题的临时谅解》，试图构建一套以若干发达国家结盟的国际海底区

---

① 苏勇：《大国经略深海及其对中国的启示》，《社会科学家》2018 年第 10 期，第 55—62 页。

域国际法律制度，[1] 确保在发达国家内部形成有效的海底资源开发机制从而能与《联合国海洋法公约》相抗衡。同时美国认为，它可以依据习惯去享受《联合国海洋法公约》所确立的权利，而不必承担《联合国海洋法公约》所确立的义务，因此加入《联合国海洋法公约》基本上没有必要。

美国为维持其海上霸主地位，争取最大限度的深海活动自由，将建设深海军事力量、保持深海绝对优势、争夺深海控制权列为国家安全战略的要素。美国海军依据《美国海洋行动计划》《21 世纪海洋蓝图》等政府海洋法规重新修订了关于深海军事行动和作战的相关条令，进一步明确了“由海向陆”的海军战略中深海控制作战的地位和作用。除了要确保“俄亥俄”级战略导弹核潜艇和改装过的巡航导弹核潜艇部署在深海作为美国的战略、战术威慑打击力量外，还要把最先进的“海狼”级、“弗吉尼亚”级核潜艇以及在研的无人深潜器用于深海情报侦查、反潜作战、追踪并驱赶外国的核潜艇等深海作战平台，确保美国海基战略核力量的绝对安全，夺取主动权。2011 年，美国海军发布《水下战纲要》，明确指出用其他无人系统部分替代潜艇执行水下战任务。2014 年，美国国防部启动“第三次抵消战略”后，即将水下战确定为可能产生颠覆性技术和能力的五大领域之一。2015 年 3 月，美国又发布了第二版《21 世纪海上力量合作战略》。这是一份全球性的海上安全战略报告，第一次提出了“全域进入”概念，并明确指出深海海底战争关乎海权得失，提出为了实现海洋控制和力量投送，美国将会进一步探索水下技术，提升水下传感器性能，提高反潜作战能力，发展水下潜航器。

为了强化水下态势感知能力，2022 年秋，美国海军研究办公室进行了北极移动观测系统的试验。作为应对中国海军崛起努力的一部分，美国正以中国近海为重点，在印太海域重建、升级冷战式的综合水下

---

① 张梓太、程飞鸿：《论美国国际海底区域政策的演进逻辑、走向及启示》，《太平洋学报》2020 年第 11 期，第 61—72 页。

监视系统。同时，一些旨在更有效支持美军全域作战的先进技术和情报流程也在被开发和应用于其中，以强化作战环境的联合情报准备。①

二、欧洲海洋安全战略及深海安全政策

（一）欧盟海洋安全战略

欧洲被两洋四海所环绕，这一地理位置使得欧洲的利益与海洋息息相关。欧盟28个成员国中有23个国家临海，沿海地区人口在欧盟总人口中占到一半左右，沿海地区经济总量也占到欧盟的近一半，欧盟对外贸易的75%及内部贸易的40%均依靠海运完成。此外，约3%—5%的欧洲国内生产总值来自海洋相关产业，主要涉及航运、渔业、造船和港口4个领域。高度发达的蓝色产业已成为欧盟经济的重要支撑，并助推欧盟成为世界上领先的海洋力量。而作为全球治理的重要参与方，欧盟在全球海洋治理中扮演着积极角色。

欧盟参与国际海洋事务始于20世纪70年代，当时的欧洲经济共同体及其成员国共同参加了第三次联合国海洋法会议。迄今为止，欧盟仍然是《联合国海洋法公约》唯一的国际组织缔约方。但是，由于欧盟并非主权国家，只能在成员国让渡的有限领域享有海洋事务的专属权能和共享权能，用来维护和拓展自身海洋权益的手段和工具仍然很有限。加之当时欧盟还没有自身的海洋战略，参与《联合国海洋法公约》谈判的现实目的，是为了解决因成员国让渡部分涉海权能在谈判中给第三国造成的混乱。因此，加入《联合国海洋法公约》后，欧盟初步确定了海洋战略，即在一定时期内致力于在联盟内部遵守和实施《联合国海洋法公约》。②

经过十多年的内部建设后，欧盟在2007年10月正式出台了首份“海洋蓝皮书”——《欧盟综合性海洋政策》。这份蓝皮书全面阐述了

---

① 陈永：《美国在印太建设冷战式水下态势感知能力》，南海战略态势感知计划，2023年11月11日，http：//www. scspi. org/zh/dtfx/1699701623。

② 程保志：《从欧盟海洋战略的演进看中欧蓝色伙伴关系之构建》，《江南社会学院学报》2019年第4期，第34—38页。

欧盟关于海洋利用和保护的未来设想与规划，标志着欧盟海洋战略开始转型：从早期聚焦区域海洋治理迈向积极投身全球海洋事务。在此基础上，2009 年 10 月，欧盟出台第二份“海洋蓝皮书”——《欧盟综合海洋政策的国际拓展》。该蓝皮书秉承欧盟在 2007 年“海洋蓝皮书”中宣示的基本海洋治理观，即“促进欧盟在国际海洋事务中发挥领导作用”。

2014 年欧盟发布的第一版《海洋安全战略》，标志着海洋安全正式成为欧盟层面的战略事项，初步奠定了欧盟相关集体行动的框架。此后，欧盟一直将自身视作海洋安全公共产品的供给者，强调促进基于规则的全球海洋治理实践，在应对海上非传统安全挑战和创新海洋合作概念等方面取得了若干成就。欧盟鼓励成员国海军在维护欧盟利益时发挥重要战略作用，展示全球到达、灵活性及穿透性，并强调这一原则适用于包括维护航行自由在内的“所有军事活动”。

2023 年 4 月，欧盟以“应对日益增长的海上安全威胁”为名发布新版《海洋安全战略》。这是欧盟在 2014 年推出第一版《海洋安全战略》后的首次更新，新版《海洋安全战略》重要内容之一是协调各成员国及合作伙伴，共同保卫欧洲周边海域的安全与稳定。为实现这一目标，新版《海洋安全战略》明确了 2024 年组织举办年度欧盟海军演习、扩大欧盟海上利益区域以及加强成员国和伙伴国之间合作等措施。其中，促进各国海上情报融合中心之间的情报共享被视为重中之重。

新版《海洋安全战略》多次提及印太地区的重要性，欧盟及其成员国应增强在该地区的影响力，推动与东盟等地区组织之间的合作，并争取在印度洋沿岸协会中获得“对话伙伴”地位。新版《海洋安全战略》指出，跨区域合作和海上多边主义是维护海洋安全的主要手段。未来，欧盟可能会与东亚及印太地区伙伴国家在经济、科技、教育和环保等非军事领域加强合作，以提升在相关地区的影响力。[①]

---

① 唐彪、吴浩：《欧盟更新〈海上安全战略〉》，中国军网，2023 年 3 月 24 日，http：//www.81.cn/gfbmap/content/2023－03/24/content_336178.htm。

欧盟积极引领全球海洋治理规范的制定，通过扩大海洋治理伙伴关系实施欧盟海洋战略。欧盟塑造了全球海洋治理的三个重要领域：完善全球海洋治理框架、减少人为压力对海洋的影响以为可持续的蓝色经济创造条件、强化全球海洋治理的研究和数据信息。建立伙伴关系是欧盟参与海洋治理的显著特点。欧盟在致力于自身改革和解决本地区海洋问题的基础上，积极推进全球海洋治理规范的改革，试图在全球海洋治理中扮演“领头羊”的角色，其中，扩大多边和双边海洋治理伙伴关系是重要内容。在欧盟看来，伙伴关系正是其构建国际、区域、国家、地方多层级联动的，政府、非政府主体积极互动的一体化海洋治理的关键途径。[①]

（二）欧盟主要国家深海安全政策

法国发布深海新战略，聚焦深海装备技术发展。2022 年 2 月，法国国防部发布了一项新的海底战略，旨在使法国海军获得潜入海底 6000 米的能力。法国国防部在战略框架下，与法国国防部装备总局及其他工业伙伴合作开发新型遥控潜水器与自主潜水器，并计划于 2023 年前完成产品原型以供相关测试。此外，法国目前现有的未来反水雷战项目与未来水文和海洋学能力项目（CHOF）也将服务于新的深海战略，法国国防部还计划于 2025 年开启更大的深海项目。法国明确表示将增购深海无人潜航器与水下机器人，以抵御未来可能出现的混合威胁。

意大利认为天然气管道、海底光缆等深海安全对意大利和欧洲具有战略意义。意大利计划建立“国家水下集群”，在意大利海军和国防部的监督下，汇集工业、大学、研究机构和科研中心，协调水下领域的活动。[②] 意大利情报委员会主席、参议员阿道夫・乌尔索还提议成立

---

① 程保志：《从欧盟海洋战略的演进看中欧蓝色伙伴关系之构建》，《江南社会学院学报》2019 年第 4 期，第 34—38 页。

② “Pipes and Cables. Italy's ‘Unitary’ Approach to Sea Security”, October 5, 2022, https: //decode39. com/4488/pipes - and - cables - italys - unitary - approach - to - sea - security/.

海洋部，加强了对涉及国家利益的水下基础设施的勘测。

德国关注水下基础设施安全。2023 年 3 月，德国国防部发布文件，概述到 2035 年及以后德国海军的新部队态势。其组织和舰队的发展是基于德国武装部队预计将面临的地缘战略安全形势和威胁。主要因素包括俄乌冲突、北约扩员等事态发展。该文件指出，由于最近波罗的海天然气管道遭到破坏，重要的水下基础设施变得十分脆弱。

三、俄罗斯海洋安全战略

俄罗斯独特的历史和独特的海洋环境，孕育了俄罗斯（苏联）独特的海洋安全战略。二战结束后，苏联的海洋安全战略以“近海防御”为主，使命任务是配合陆军进行国土防御。冷战时期，苏联与美国争夺全球海洋霸权，强调全球扩张和远洋进攻的进攻型海洋安全战略，海洋安全战略提升到“争霸海洋”的高度。冷战后期，苏联海洋安全战略被迫收缩为“近海防御”，几乎停止了远洋活动，海上力量也整体大滑坡。苏联解体后，十年的经济衰退导致海军实力骤减，不得不以“近海防御”为主。

1997 年 1 月，叶利钦总统正式批准通过《“世界大洋”联邦专项规划构想》，宣告了俄罗斯“重返世界大洋”。其中明确指出，要进一步发展六大海洋大国（俄罗斯、美国、日本、德国、法国和英国）之间的紧密合作。

在普京执政期间，“海洋强国”是俄罗斯追求世界大国地位的体现，海洋安全观与国家安全战略、对外政策构想相互影响、螺旋推进，深刻影响了海洋地缘格局博弈并改变了全球海洋治理格局。俄罗斯相继出台了一系列关于海洋的官方战略性指导文件。[①]

2000 年 4 月，俄罗斯公布了《俄罗斯联邦海军战略》草案，该草案第一次正式承认并使用了“海军战略”这一概念，提出了海军要面

① 张建、郭晓婷：《俄罗斯海洋安全观的嬗变及其启示》，《太平洋学报》2023 年第 7 期，第 48—98 页。

向世界大洋的宏伟战略构想。2000 年，俄罗斯颁布了《2010 年前俄联邦海上军事活动的政策原则》。2001 年，俄罗斯公布海洋政策纲领性文件——《2020 年前俄罗斯联邦海洋学说》，把“开发和合理利用海洋自然资源”列为国家战略，并成立以总理（后改为副总理）为首的海洋委员会，作为海洋行政管理的高层决策协调机构。该委员会位居政府各部门之上，主要成员来自各部门、地方政府以及与海洋相关的企业、协会，下设“矿产和能源资源开发委员会”专门负责深海开发。[①]

此后，俄罗斯海洋战略进入了积极拓展海洋权益的新阶段。普京高度重视海洋战略的谋划，相继出台了多份战略性文件。这些文件构建起俄罗斯海洋战略的基本框架，其中最值得关注的是 2015 年普京批准的《2030 年前俄罗斯联邦海洋学说》。为进一步明确和落实《2030 年前俄罗斯联邦海洋学说》确定的各项任务，2019 年 8 月，俄罗斯政府批准新修订《2030 年前俄联邦海洋活动发展战略》。如果说前一个文件是对俄罗斯海洋战略进行的整体性谋篇布局和全面部署的话，后一个文件则是具体化的行动计划和实施方案。两个文件前后相继、互为表里，构成俄罗斯海洋战略的核心主体和实施总纲。[②]

2022 年，俄罗斯发布最新海洋学说官方文件，倾向使用强力手段捍卫国家利益[③]。这是继 2001 年和 2015 年之后，俄罗斯再次对国家海洋安全环境进行全面评估。新版海洋学说阐述了未来一段时期内俄开展海洋活动重点关注的 5 个领域。其中，海上军事活动居于首位。新版海洋学说强调，拥有现代化、不受国外制约的船舶制造业，是保障国家安全和海洋经济利益的重要前提。俄罗斯将加强在军舰制造领域的技术独立性，通过研发先进技术，提升建造航母等大型舰艇的能力，

① 苏勇：《大国经略深海及其对中国的启示》，《社会科学家》2018 年第 10 期，第 55—62 页。

② 刘洋：《普京时期俄罗斯海洋战略的内涵、实践及特征》，《俄罗斯东欧中亚研究》2021 年第 2 期，第 111—131 页。

③ 张建、郭晓婷：《俄罗斯海洋安全观的嬗变及其启示》，《太平洋学报》2023 年第 7 期，第 84—98 页。

同时开发采用人工智能技术的海洋机器人等各类武器系统和特种装备。在此基础上，俄罗斯将保障海上运输能力，尤其是确保北极航道、刻赤海峡及印太地区的海上通道安全作为另一个关注重点。新版海洋学说提出，俄罗斯海军将通过提升各舰队实力，确保海上交通线的“绝对安全”。海洋资源开发保护和海洋科考也是重中之重。前者涉及俄罗斯主权海域的水产、矿产和能源、渔业，后者关系到北极、南极等未来战略疆域的海洋数据“财富”。新版海洋学说认为，上述资源将对俄罗斯经济发展产生巨大影响。最后，俄罗斯将进一步加强海底管道建设，为石油开采、天然气传输提供基础设施保障。

四、日本海洋安全战略

日本作为四面环海且偏居西太平洋一隅的岛屿国家，从 20 世纪 60 年代开始，在追求政治大国和军事大国双重目标的驱使下，逐步提出并确立“海洋国家”的身份定位，试图构建“圈层”海洋安全结构，即以日本本岛及附近海域为中心，东海和日本海为战略优先区，南太平洋及印度洋等其他周边海域为外围区域，在亚太地区建立属于日本的海上势力范围，以确保足够的海洋发展空间，维护资源进口和对外贸易的海上通道绝对安全。①

近代日本明治维新以后实行帝国主义、军国主义扩张政策，无论是南进还是北进，无论是大陆政策还是海上推进，实际上都是把海洋当作扩张的跳板，侵略领土、掠夺资源、控制战略通道，妄图建立所谓“大东亚共荣圈”，主宰东亚甚至整个亚洲，最终走向失败。二战后，在新的国际格局下，日本依靠美国的安全庇佑，以海洋贸易立国，成为世界第二经济大国，这一时期日本海洋战略以经济贸易为中心。

冷战结束至今，日本把“正常国家”和“政治大国”作为 21 世纪日本国家的战略目标，在海洋国家论的基础上提出了“新的海洋立国

---

① 吴士存：《海洋大国安全战略的历史演进与现实思考》，《中国社会科学报》2023 年 9 月 14 日。

战略”，并积极推进海洋法制建设，制定详细的海洋发展规划和推进措施。2000 年日本出台《日本海洋开发推进计划》，2001 年出台新的海洋政策与海洋战略，建立起综合型海洋管理体制。2004 年日本颁布第一部《海洋白皮书》，2006 年发表《海洋政策大纲》，2007 年日本海洋法规中的“宪法”——《海洋基本法》正式实施。2008 年日本正式颁布了《海洋基本计划》，每五年进行一次修改。2013 年，日本经济产业省围绕《海洋基本计划》，重新修订《海洋能源·矿产资源开发计划》，对日本海洋“可燃冰”勘探开发进行重新规划和部署。

日本海上自卫队按照其政府“海洋立国”的战略，制定了重在夺取并控制利用海洋资源的深海军事行动和作战的具体措施。具体措施主要是加紧新型“亲潮”级潜艇深海作战的转型训练，提高与美国海军“洛杉矶”级核潜艇在日本以东、以南方向的深海联合作战的能力；再就是加紧建造新一代大型的 AIP 潜艇，这种 2093 型远洋潜艇排水量达 4000 吨，下潜深度超过 800 米，具备了更优良的深海作战能力。

近年来，日本海洋战略的以下动向更加突出：通过构建新型日美同盟关系来强化与美国全球战略的一致性和互补性、扩大海洋控制范围来巩固海洋大国地位、调整防范对象并构建与其大国战略相适应的海上武装力量、通过强化海洋综合开发利用来为日本经济发展提供资源支撑。同时，面对中国的快速崛起，日本的海洋战略防范和遏制中国的成分增大。日本一方面将中国视为和“海洋国家”相对的“大陆国家”的代表，认为作为“海洋国家”的日本必然要与中国发生战略对抗，另一方面极力渲染中国的海洋力量，特别是海军发展、海洋能源开发、海洋调查活动等，并积极串通美国和其他亚太沿海国家联手应对中国的“海洋威胁”，企图遏制中国的海洋发展。[①] 2023 年 4 月 28 日，日本政府在内阁会议上敲定第四个五年海洋政策的新指导方针——2023 年版《海洋基本计划（2023—2028）》。[②] 这一指导方针渲

① 修斌：《日本海洋战略研究》，中国社会科学出版社 2016 年版，第 45 页。

② 《日本敲定新〈海洋基本计划〉》，NHK 日本广播协会，2024 年 4 月 30 日，https：//www3. nhk. or. jp/nhkworld/zh/news/423476/。

染中俄威胁论，为日本强化海上力量发展张目。

五、印度海洋安全战略

印度三面环海，有 9 个沿海邦和 1382 个岛屿，海岸线长度超过 7500 公里。印度洋沿岸国家中，印度是地区最大的海洋国家和陆地国家，专属经济区面积超过 200 万平方千米，海洋对印度具有经济发展、大国命运等方面的价值，印度非常重视实施海洋战略和海洋安全战略。

长期以来，印度把印度洋视为“命运之洋”“未来之洋”，并谋求控制印度洋，变其为“印度的海洋”。资深外交家潘尼迦在其著作《印度和印度洋》一书中也曾明确指出：“谁控制印度洋，谁就能控制次大陆。”为此，控制印度洋，成为海权大国，是印度长期追求的战略目标。

印度的海洋安全战略经历了近海防御、海洋控制和远洋扩张三个阶段。20 世纪 70 年代初，印度提出了“印度洋控制战略”。20 世纪 80 年代后期，印度又制定了“大国海洋战略”，不仅扩大了海域范围，而且增强了远洋攻防能力。20 世纪 90 年代初印度推出的“东向政策”，其海洋安全战略的视野开始超越印度洋区域本身。21 世纪初，印度已不满足于南亚霸主的地位，而是青睐起“全球扩展战略”，实施海洋“西挺东进战略”，东扩进入南海，涉足西太平洋，南扩绕过好望角，驰骋大西洋。由此可见，印度争霸海洋的雄心正在从印度洋不断向全球延伸。

2014 年莫迪执政以来，引领印度经济持续快速发展，印度对外贸易、国内民生与国家安全对海洋的依赖日益增强。莫迪政府清醒认识到海洋特别是印度洋对印度的安全与发展的关键意义，并于 2015 年起适时调整海洋安全战略，将 2007 年确立的以“自由使用海洋”为主题的海上军事战略调整为以“确保安全的海洋”为主题的海洋安全战略。[①] 2015 年 1 月，印度海军发布了以“保障海洋安全”为题的最新

---

① 刘磊：《莫迪执政以来印度海洋安全战略的观念与实践》，《国际安全研究》2018 年第 5 期，第 98—119 页。

一版海洋安全战略。2016 年初，印度新版海洋安全战略《保障海洋安全：印度海洋安全战略》，赋予印度海军维护海洋传统与非传统安全的“核心地位”。

2021 年 6 月，印度内阁经济事务委员会批准了约 5.5 亿美元、为期五年的深海项目。该项目将使印度成为少数几个有专门的海洋研究和项目的强国之一，此前只有美国、中国、俄罗斯、法国、日本有这种类型的项目。印度深海项目的五个重点分别是深海采矿技术研发、载人潜水器、发展海洋气候变化咨询服务、开发深海生物多样性勘探和保护技术以及建立深海调查和海洋生物学海洋站。据估计，计划于 2021 年至 2024 年实施的深海项目第一阶段将耗资 3.8 亿美元。鉴于印度洋地区对印度的战略重要性，深海项目将帮助印度加强对南亚地区的控制。

2023 年 9 月，印度计划利用正在开发的载人潜水器“马特西亚 6000”将 3 人送入水下 6000 米深处，进行深海资源研究和生物多样性评估。该任务预计要到 2026 年才能实现。

第二节　中国的深海安全主张与实践

对于中国而言，近代百年屈辱史的开端便是源于西方海洋强国对中国海洋安全的冲击，而构筑“海上长城”和捍卫海洋权益则是新中国领导人矢志不渝的战略追求。在这个层面上，“建设海洋强国”意味着中国必须要将海洋安全作为进程性海洋“强国”的基底，而“加快建设海洋强国”则彰显出中国要统筹协调安全与发展两件大事来推动海洋“强国”的实现。

在某种程度上，中国十分清醒地认识到了海洋的未来价值，也清楚地把握到战略领导能力成为维护与拓展海洋利益的关键。事实上，伴随着 21 世纪以来中国陆地边界整体争端的整体缓和，中国的外部安全压力逐渐呈现出向海洋倾斜的态势：一方面，美国依靠其传统联盟关系形成了拒止中国“走向深蓝”的战略压缩网络；另一方面，中国与部分周边国家的领海与岛屿主权争端仍有暗流涌动。此外，海洋灾害、海水污染、海盗隐患等非传统安全问题的多边治理压力日益增加。应当说，“百年未有之大变局”的历史背景强化了大国博弈的复杂性和深刻性，“蓝色伙伴关系”和“海洋命运共同体”的战略构想也为中国加快建设海洋强国提供了抓手与指向，新时代的中国海洋安全迎来了全新的战略机遇与挑战。①

一、中国深海战略的演变

在海洋强国战略和海洋命运共同体的理念指导下，中国的深海治理实践取得了重要进展，从政策创新到法律制定再到科研投入，中国正在不断提升参与全球深海治理的能力与影响力。

在中国“十三五”规划中，深海被列为科技发展重点之一。② 该文件指出，中国旨在引领“重大关键技术”的发展，使它们能够保护自己的“海洋主权权益”。该文件进一步详细介绍了中国计划发展的深海技术的具体情况：深海货运业务、深海石油和天然气勘探以及海底采矿和勘探。《“十三五”国家科技创新规划》为我们提供了中国实现科技目标的重大项目建议。该规划提出了十六个项目，被称为“科技创新 2030—重大项目”，③ 提出“发展深海、深地、深空、深蓝等领域的战略高技术”，部署启动“深海空间站项目”，开展深海探测与作业前沿共性技术及通用与专用型、移动与固定式深海空间站核心关键技术研究。围绕实施深海安全战略的科技需求，突破全海深（最大深度 11000 米）潜水器研制，形成 1000 米—7000 米级潜水器作业应用能力。研制深远海油气勘探开发装备，加快大洋海底矿产资源勘探及试

① 刘笑阳：《新时代中国海洋安全的战略评估与展望》，《太平洋学报》2023 年第 1 期，第 92—104 页。

② 《中华人民共和国国民经济和社会发展第十三个五年规划纲要》，中国政府网，2016 年 3 月 17 日，https：//www. gov. cn/xinwen/2016 – 03/17/content_5054992. htm。

③ 《“十三五”国家科技创新规划》，中国政府网，2016 年 8 月 8 日，https：//www. gov. cn/zhengce/content/2016 – 08/08/content_5098072. htm。

开采进程，初步形成“透明海洋”技术体系，为我国深海资源开发利用提供科技支撑。

中国“十四五”规划文件中提到了深海，具体包括：瞄准深地深海等前沿领域，实施一批具有前瞻性、战略性的国家重大科技项目；构建现代能源体系，有序放开油气勘探开发市场准入，加快深海、深层和非常规油气资源利用，推动油气增储上产；深度参与全球海洋治理，加强深海战略性资源和生物多样性调查评价。①

在资源开发方面，中国秉持“棋盘”战略，初步形成了“三洋三多”深海开发战略格局。中国《深海法》第一次对私人部门、社会组织及国内公民在国家管辖外海域的深海活动作出正式规定。其既体现了中国作为担保国主动依法承担《联合国海洋法公约》规定的法律义务，而且也是有效解决深海纠纷，免除中国政府承担赔偿责任的重要法律依据。

中国依据不同的海洋类型形成了“近海维权、深海开发、远洋护卫”多层次的深海发展战略定位，同时在不断建立健全国家深海战略体系，发展强调制深海权的海权战略、强调开发深海经济的海洋发展战略和海洋强国战略。

中国未来的深海战略要注意把握深海控制、深海发展与深海治理之间的平衡，进一步明确深海战略目标和战略诉求，并制定出深海发展的“一揽子政策”。

二、“海洋命运共同体”理念

2019 年 4 月，习近平主席出席中国人民解放军海军成立七十周年庆典时，提出“我们人类居住的这个蓝色星球，不是被海洋分割成了各个孤岛，而是被海洋连结成了命运共同体，各国人民安危与共”，

① 《中华人民共和国国民经济和社会发展第十四个五年规划和 2035 年远景目标纲要》，中国政府网，2021 年 3 月 13 日，https：//www. gov. cn/xinwen/2021 - 03/13/content_5592681. htm。

“集思广益、增进共识，努力为推动构建海洋命运共同体贡献智慧”。[①]海洋命运共同体是人类命运共同体理念的重要组成部分，是人类命运共同体理念在海洋领域的延伸和适用。构建海洋命运共同体是中国针对全球海洋治理提出的中国理念、中国方案，受到国际社会的高度评价和关注，是世界百年未有之大变局下人类有效应对海洋治理挑战的必然选择，具有重大的政治意义。

海洋命运共同体理念内涵丰富，是对全球海洋治理体系的创新和发展，创造性提出了全球海洋安全治理构想。海洋命运共同体理念主张，海洋的和平安宁关乎世界各国安危和利益，需要共同维护、倍加珍惜；秉持共同、综合、合作、可持续的新安全观，营造平等互信、公平正义、共建共享的安全格局；相互尊重、平等相待、增进互信，加强海上对话交流，深化海军务实合作，走互利共赢的海上安全之路，携手应对各类海上共同威胁和挑战，合力维护海洋和平安宁。[②]

三、中国维护深海安全的措施

经济方面，深海资源的开发利用关系到中国经济社会的可持续发展。中国开发深海行动较早，业已形成一定的基础，属于世界上深海大洋开发的第一梯队，已经在深海拥有包括渔业、基因资源和海底矿产等重大经济利益。中国管辖海域面积，与国土面积和人口规模严重不相称，只有积极开拓深海空间，才可能成为海洋强国。

军事方面，深海具有天然的隐蔽性，可使作战力量根据海底地形地貌隐蔽部署，容易达成行动的突然性，是中国对美国等海洋强国进行非对称制衡或作战的战略空间。其中，南海兼具近海和远海的特征，南海及其周边地区是美国与其同盟体系相对薄弱的一环，是中国近海大型水面舰艇和战略核潜艇活动的最佳场所，是中国打破第一岛链闭

---

① 《跟着习主席看世界丨向海图强》，新华网，2023 年 6 月 8 日，http：//www.news.cn/politics/leaders/2023－06/08/c_1129679904.htm。

② 王军敏：《坚持海洋命运共同体理念推进全球海洋治理》，《学习时报》2023 年 2 月 15 日，http：//theory.people.com.cn/n1/2023/0215/c40531－32623974.html。

锁、走向远洋的关键区域；西太平洋和北部印度洋是中国在远洋建立战略存在、从外线打破美日等国围堵的关键区域，是中国维护海上通道安全和重大海外利益的支点海区。

科技方面，中国从一个“跟跑者”，一跃而成为“领跑者”。中国的深海探索虽然起步较晚，但发展较快，后来居上。1986 年，中国第一艘深潜救生艇完成试验，下潜深度 300 米，掀开了中国载人深潜新篇章。2002 年，中国 7000 米载人潜水器重大专项立项，此前中国研制的载人潜水器最大下潜深度只有 600 米。2012 年，中国第一台自主设计和集成研制的 7000 米载人潜水器“蛟龙”号问世，创造了当时同类作业型载人潜水器下潜深度 7062 米的世界纪录。2017 年，4500 米载人潜水器“深海勇士”号研制成功，实现了“核心技术自主化，关键设备国产化”。2020 年，中国全海深载人潜水器“奋斗者”号在马里亚纳海沟成功下潜到 10909 米，成为中国历史上第一台下潜到“挑战者深渊”的载人潜水器，也是全球首次同时将 3 人带到海洋最深处。[①] 这标志着中国正式进入了全海深探索的时代。目前，全世界可潜入 6000 米以上深度的深海载人潜水器仅有 8 台，分别属于中国、美国、法国、日本和俄罗斯。在不断刷新世界同类作业型潜水器最大下潜深度的同时，我国深海科学研究快速进入了国际前沿，首创了覆盖全海深环境的载人深潜技术体系，攻克了多目标、多功能、多需求的总体设计技术，形成了全系统技术解决方案以及设计、材料、制造、测试考核技术标准。作为国之重器，中国的深海载人潜水器对中国建立深海国际科技竞争优势、促进海洋新兴产业发展具有重大战略意义。全海深载人潜水器的研制成功，使得人类探索地球海洋最深处成为一种常规的科考活动。中国科技工作者先后突破了多项核心深潜技术，研制成功“海星”系列、“海龙”系列、“潜龙”系列和“探索”系列等深海潜水器，在过去十年中，我国这些深海潜水器多次在

---

① 《“奋斗者”号载人潜水器在马里亚纳海沟成功坐底》，《人民日报》2020 年 11 月 12 日，http：//paper people. com. cn/rmrbhwb/html/2020 - 11/12/content_2017950. htm。

深渊、极地开展试验应用，在人类难以到达的区域进行调查及作业，帮助科学家探索海洋深处地球生命的起源、北极海冰变化及其影响等重大科学问题。

法律方面，中国于2016年2月完成了《中华人民共和国深海海底区域资源勘探开发法》的立法工作，并于5月1日起开始实施。与此同时，中国还深入参与《公海协定》谈判。《公海协定》深刻影响全球海洋秩序，牵涉各国在国家管辖外海域的航运、通信、渔业、采矿、科研等长远利益。中国高度重视全球海洋治理，支持在联合国框架下开展实际行动，为推动实现2030年可持续发展议程作出贡献。中国代表团全程参加《公海协定》进程中的所有重要磋商，并多次提交评论意见和案文建议，贡献中国智慧和方案。

中国是维护《联合国海洋法公约》原则和精神的中坚力量，一直坚持《公海协定》不能与现行国际法以及现有的全球性、区域性和专门性的海洋机制相抵触，不能损害现有相关法律文书或框架以及相关全球性、区域性和专门性机构。《公海协定》协定应促进与其他相关国际机构的协调与合作，避免与联合国粮农组织、区域性渔业组织、国际海事组织、国际海底管理局等机构的职权重复或冲突。2023年9月20日，中国在纽约联合国总部签署《公海协定》。[①]

思考题

1. 中国未来如何进一步拓展深海国际合作？
2. 中国“走向深蓝”战略如何更好服务国家安全？

---

① 《中国签署海洋生物多样性协定》，中国共产党新闻网，2023年9月22日，http://cpc.people.com.cn/n1/2023/0922/c64387-40082920.html。

第九章 极地安全概述

极地资源丰富，具有特殊的地理连通性和战略威慑价值①，对于国家安全有着重要意义。本章将简单介绍极地安全的概念及其在国家安全体系中的地位和作用。

第一节 极地安全的概念与内容

极地是对北极地区和南极地区的统称。根据地理、行政、法律等不同维度，极地的范围界定存在差异。作为国家安全的新疆域，极地安全突破政治、军事等传统安全界限，涉及经济、生态、科技等非传统安全领域。同时，作为重要的全球公域②，极地安全超越国家主权边界，涵盖极地自身安全、极地地区安全、极地人类安全、极地共同安全。

一、极地的定义

本书所涉及的极地指包含北极点与南极点在内的、以北冰洋和南

---

① 邓贝西：《“全球公域”视角下的极地安全问题与中国的应对》，《江南社会学院学报》2018 年第 3 期，第 31—38 页。

② 极地并非全部属于国家主权边界之外的全球公域，北冰洋沿岸国家对于在北冰洋的领海拥有主权，对专属经济区、大陆架以及大陆架延伸享有管辖权和主权权利。参见邓贝西：《“全球公域”视角下的极地安全问题与中国的应对》，《江南社会学院学报》2018 年第 3 期，第 31—38 页。

极洲为中心区域并包括其广大周边地区在内的区域。对于极地的地理范围，不同学科采取了不同的研究角度和界定方法，使极地的具体范围至今仍存在争议。

（一）北极地区

1. 北极地区的地理界定

北极地区是地球的最北部地区，其中心为北极点，包括北极点外围的广大区域，主要由北冰洋、周边陆地及岛屿组成。[①] 北极地区的中心是明确的，但对于其外部边界点则存在多种不同的认识。科学家采用不同的指标划定北极地区，其划分方案和结果不尽相同。目前被广泛采用的主要是以下三类划分方法。

第一，纬度划分法。在北寒带和北温带之间设置分界线——北极圈，北极圈的纬度数值为66°34′，北极圈以北为北极地区。

第二，等温线划分法。北极地区的陆海最热月为每年的7月，根据7月地球表面平均温度，分别以陆地上10℃等温线和海洋上5℃等温线为界，将等温线以北的区域划定为北极地区。

第三，树线划分法。根据树木生长的极限——树线，确定北极地区的南部边缘。树线以北是苔原地带，以南是适合寒冷地区生长的泰加林分布区。泰加林亦称寒温带针叶林或北方针叶林，是体现北极寒区生态环境特征的独特森林类型，植物学家将泰加林带作为北极的陆地边界。

2. 北极地区的行政界定

历史上，北极地区就有原住民居住，后来来自欧洲与北美的移民迁徙并定居至此。因而，北极地区的陆地较早地确定了主权归属，以国家为单元的版图边界十分清晰。北极地区的陆地、岛屿及其近岸海域分别属于美国、俄罗斯、加拿大、丹麦、挪威、冰岛、瑞典和芬兰。这八个国家被称为“北极国家”“环北极国家”“北极八国”。其中，美国、俄罗斯、加拿大、丹麦（格陵兰）和挪威拥有直接面向北冰洋

① 陆俊元：《北极地缘政治与中国应对》，时事出版社2010年版，第1页。

主体区域的海岸线，因此这五国又被视为是北极国家群体中的核心，被称为“北极五国”。北极国家以北极点为重要参照标，加入国家的疆域属性，成为北极地区的代名词。

（二）南极地区

1. 南极地区的地理界定

南极地区是地球的最南部分，其中心为南极点，包括南极点外围的广大区域。南极地区与南极洲不同，前者包括大陆、岛屿和海洋，即南大洋；后者由南极大陆及周围岛屿组成。科学家根据学科关注侧重点不同，从纬度、植被、气候、海洋特征等多角度划定南极地区。目前被广泛采用的主要是以下两类。

第一，纬度划分法。在南寒带和南温带之间设置分界线——南极圈，南极圈的纬度数值为66°34′，南极圈以南为南极地区。

第二，海洋特征划分法。与北极相比，南大洋并非如北冰洋一样是一个半封闭海域，其地理边界难以确定。近年来多数意见认为，南大洋的北部边界应为南极辐合带。① 该辐合带是南极冷水和北部温水交汇之处，位于45°至62°间，南极辐合带以南为南极地区。

2. 南极地区的法律界定

1961 年生效的《南极条约》，从法律上将南极地区限定于60°S 以南这一特定区域。② 根据条约第六条规定，法律上的南极指 60°S 以南的所有地区，包括一切冰架在内，涵盖南极洲和南大洋，总面积约为 5200 万平方千米。截至 2023 年 11 月 22 日，共有包括中国在内的 54 个国家签署该条约。③

随着《南极条约》协商会议不断推出新的法律文件，南极范围不断扩展。1980 年出台的《南极海洋生物资源养护公约》将适用范围扩

① 邹克渊：《南极矿物资源与国际法》，现代出版社 1997 年版，第 2 页。

② 吴慧、张欣波：《论“南极条约地区”的地域范围》，《国际法研究》2021 年第 4 期，第 3—19 页。

③ 《南极条约》，外交部官网，2023 年 11 月 22 日，http：//www3. fmprc. gov. cn/web/ziliao_674904/tytj_674911/tyfg_674913/202311/t20231122_11185073. shtml。

大至60°S以南地区至南极辐合带之间的水域，将部分60°S以北的地区涵盖进南极范围。1994年，国际捕鲸委员会为实施《国际捕鲸公约》，设立南大洋鲸鱼保护区，将40°以北接近南美大陆的地理区域纳入。但根据联合国A/RES/41/11决议成立的“南大西洋和平与合作区”仍以60°作为管辖的南部界限。[①] 总之，在现行的南极国际法下，60°仍是南极地区最重要的法律界限。

3. 南极的行政界定

南极地区的领土归属始终是影响国际政治的焦点。1900年至1943年，英国、新西兰、澳大利亚、法国、挪威、智利和阿根廷七个国家先后对南极洲的部分地区提出领土主权要求。在这些领土要求中，智利、阿根廷和英国等国家的领土要求相互冲突。除了以上国家以外，日本、比利时、南非、巴西、乌拉圭、秘鲁等国家也曾经对南极提出过权利主张。《南极条约》暂时冻结了南极的主权领土要求，但领土主权问题依旧悬而未决。

二、极地安全的概念

极地安全是一个动态概念，随着历史时期不同而变化。早期的极地安全主要涉及军事安全与政治安全等传统安全。随着全球变暖和海冰消融加快，在新一轮技术革命浪潮的推动下，极地开发逐步由愿景变成现实，极地安全开始突破传统安全的界限，涵盖经济、科技、生态、社会等诸多非传统安全领域。极地作为未来的战略极点，与政治、经济、军事等国家利益紧密相连，直接关乎各国利益和人类未来，日益成为大国竞争的最前沿，引发国际社会的广泛关注。

三、极地安全的内容

作为重要的全球公域，极地安全的范围非常广泛。根据安全指涉

---

① 陈玉刚、秦倩等编著：《南极：地缘政治与国家利益》，时事出版社2017年版，第5页。

对象的不同，极地安全涵盖极地自身安全、极地地区安全、极地人类安全、极地共同安全。①

（一）极地自身安全

极地自身安全主要是指极地作为一种稳定状态而自然存在的安全，包括极地冰川、气候、环境、物种等基本安全。极地自身安全是极地得以自然存在的客观基础，也是人类在极地进行活动的先决条件。

素有“全球变化指示器”之称的北极，在过去的三十年里温度持续上升，导致夏季海冰不断减少。2020 年，俄罗斯西伯利亚小镇维尔霍扬斯克更是开创了北极圈内历史最高气温 38℃。② 近年来，南极海冰面积呈现下降趋势。2023 年 2 月，美国国家冰雪数据研究中心报告指出，南极海冰面积缩减至 191 万平方千米，为 1979 年记录以来最低水平。③ 全球变暖导致冰川加速融化，海平面不断上升，多年冻土融化，极端天气和海洋灾害频发，严重危害极地自身安全。此外，油气开发、采矿、渔业、船舶工业、基建项目均可能破坏极地生态系统，对环境产生负面影响，危害极地生物多样性。

（二）极地地区安全

极地地区安全集中体现为主权国家极地活动的不同利益诉求，以及主权国家在其他地区的竞争、争端乃至冲突关系投射至极地地区，各国在领土主权、海洋划界、地缘政治等方面激烈竞争。

极地领土主权纷争不断。北极的大陆和岛屿领土主权分属于北极八国。尽管北极地区的领土主权较为明晰，但北极八国围绕领土的争端依然存在，其中以加拿大和丹麦的汉斯岛主权争端最为激烈。较早对南极进行探险考察的七国先后提出对南极大陆的领土主权要求，由

---

① 云宇龙：《北极安全治理及其中国参与研究——基于复杂性的理论视角》，博士学位论文，武汉大学，2019 年，第 28—29 页。

② 《38℃！世界气象组织确认北极温度新纪录》，联合国官网，2021 年 12 月 14 日，https：//news. un. org/zh/story/2021/12/1096072。

③ 《南极海冰面积缩减至 191 万平方公里，创历史新低》，央广网，2023 年 2 月 17 日，http：//news. cnr. cn/native/gd/20230217/t20230217_526156968. shtml。

于存在重叠，埋下领土主权纷争的隐患。南极领土主权争端还直接引发了军事冲突。为争夺南极的霍普湾基地，英国和阿根廷在 1952 年发生了激烈的军事冲突。二战后，美国和苏联两个超级大国虽然没有提出领土主权要求，但不承认任何国家对南极的领土主权要求，保留将来对南极提出领土主权要求的权利。随着《南极条约》的签订，南极大陆的领土主权声索被搁置。

极地海洋划界隐忧浮现。北冰洋海域的面积超过 1200 万平方千米，相关海洋权益根据国际法由沿岸国和各国分享。北冰洋沿岸国拥有内水、领海、毗邻区、专属经济区和大陆架等管辖海域，北冰洋中还有公海和国际海底区域。北极域外国家在北极不享有领土主权，但根据《联合国海洋法公约》等国际条约和一般国际法，在北冰洋公海等海域享有科研、航行、飞越、捕捞、铺设海底光缆和管道等权利，在国际海底区域享有资源勘探和开发等权利。但《联合国海洋法公约》生效后，北极国家的海上争端不断激化，最为著名的是俄罗斯、加拿大与挪威等国的罗蒙诺索夫海岭归属权之争。此外，南极大陆领土主权的声索国及邻近南极的国家依据各自的陆地权利提出了向南大洋延伸的大陆架的权利要求。

极地地缘政治博弈愈演愈烈。随着北极开发逐渐成为现实，受资源、航道控制权、军事安全等现实利益驱动，北极地缘政治格局愈发复杂。[①] 一方面，参与北极地缘政治的国家以北极地区为中心向外围扩展。中国、韩国、日本等国先后提出以观察员身份加入北极理事会的申请，试图赶上全球化开发北极的热潮。另一方面，北极国家内部围绕海洋权益的斗争不断。美国和俄罗斯就北冰洋自然资源的使用权、北极战略海空交通的控制权等展开激烈争夺。美国将"基于规则的国际秩序"作为口头禅，将在北极地区"立规矩"的矛头直接指向俄罗斯，有意以此打压俄罗斯近年来在北极的快速发展势头。

---

① Charles K. Ebinger and Evie Zambetakis, "The Geopolitics of Arctic Melt", International Affairs, Vol. 85, No. 6, 2009, pp. 1215 – 1232.

（三）极地人类安全

极地人类安全主要指在极地活动的人类安全，包括进出极地的所有人员与组织安全、极地经济与社会安全等。

随着环境变化、技术发展、交通改善，越来越多的人进入极地，进行科考、旅游、经商等活动。虽然在极地已经出台相关制度对人类活动进行管理，但由于极地的公域性质及不同国家对制度的使用范围存在争议，现行制度无法满足人类活动不断增多的需要。同时，难民、恐怖主义等非传统安全问题呈现向极地扩散的趋势。[①] 叙利亚内战爆发后，大量难民利用俄罗斯、挪威北极边境允许免签而进行短期互访的管理措施，从俄罗斯偷渡至挪威，继续前往其他申根国。而鉴于北极通达性的提升，地处北极海域的油气平台和基础设施可能受到激进环保组织、跨国犯罪集团乃至恐怖组织的攻击。

经济良好的运行与稳定的社会环境是极地人类安全的基石。极地经济安全着重关注极地经济发展的可持续性，聚焦资源的有序利用，包括油气资源的适度开发、航道的合理使用和渔业的适量捕捞。极地社会安全主要指原住民群体在北极环境变化下，少数群体权利的维护和民族身份的认同。随着北极开发的不断推进，国家政府制定的开发政策，可能导致与地区原住民群体在土地征用、利益分配、基础设施、社会保障等方面产生央地冲突。而在全球变暖的大背景下，北极冰冻圈不断缩小，积雪、湖泊、河冰及多年冻土的多维度变化已对极地粮食、水资源、健康、就业、交通、土著文化等领域安全产生显著的消极影响，威胁原住民群体的切身利益。

（四）极地共同安全

极地共同安全指极地作为公域[②]，向全球辐射的安全影响，突出表现为上述三种安全对不同国家、地区、种族等生存发展的关联性或扩散性安全威胁。

---

① 邓贝西：《北极安全研究》，海洋出版社 2020 年版，第 41 页。

② Buck S. J.，"The Global Commons：An Introduction"，Washington，D. C.：Island Press，1998，p. 1.

由于人类征服极地步伐不断加快，极地自然环境正经历着快速恶化的趋势。极地气温加速上升不仅对原住民产生多重影响，其带来的冰川消融、海平面上升、全球极端天气激增、生物多样性受损、环境污染加剧等全球性安全问题将会持续蔓延。传统安全问题和非传统安全问题联动，必将对全球安全问题产生深远影响，任何一国都无法置身事外、独善其身，极地共同安全关乎全人类的发展与安全。

当前，极地治理已经步入深水期，资源过度开发、地缘政治竞争、规则体制革新等诸多问题亟待解决。由于极地的公域属性，极地治理需要各国的共同努力，但各方利益协调极其困难。数百年来，以美国为首的发达国家凭借技术、综合国力等优势，大肆在极地拓展势力范围。毋庸置疑，极地共同安全必然会受到极地周边国家、特别是大国的国家安全政策和战略的影响。近年来，北极理事会的话语权被牢牢把握在北极大国手中，一直试图推动北极治理的区域化，防范和排斥域外国家的实质性介入，特别是在北极安全议题方面更加敏感。这显然与北极作为全球公域、影响全球性安全的属性不相符。正是在这种主观认识下，北极国家的国家安全政策和战略均十分强调本国在北极的核心利益，从本国安全和发展的角度，推动北极治理进程。极地国家不愿放弃极地治理主导权，但提供国际公共产品的意愿不高，极易造成极地的公地悲剧，加剧极地安全环境的恶化。

第二节　极地在国家安全体系中的地位与作用

随着全球变暖和技术进步，极地因其特殊的地理位置、丰富的资源禀赋、独特的科研价值，日益受到国际社会的广泛关注。极地安全与资源安全、经济安全、科技安全、军事安全密切相关，成为大国博弈的又一前沿阵地。

一、极地安全与资源安全

自然资源是人类生存和发展的必要条件和物质基础。资源禀赋的多寡，日益成为一个地区是否具有潜在价值的重要筹码。根据目前的科考发现，极地拥有丰富的生物资源、矿产资源、能源资源、淡水资源等自然资源，是未来人类发展的重要资源宝库，在资源安全中占据举足轻重的地位。

极地拥有丰富的海洋生物资源和特种微生物资源，是维护地球生物多样性的重要一环。据统计，南极海豹总量达3200万头，企鹅总数达2亿多只，鲸总量为100余万头，磷虾总藏量达10亿吨，被誉为人类未来的动物蛋白质“资源宝库”，苔藓、地衣、冰藻等低等生物广泛分布。[①] 而北冰洋及其邻近海域渔业资源丰厚，极具商业价值，在世界渔业格局中占据重要地位。巴伦支海、挪威海、格陵兰海都是世界著名渔场，捕鱼量约占全世界10%。[②] 此外，由于独特的地理环境和气候条件，极地生物具有独特的生物学适应机制和生理生化机制，如耐冷、耐盐、抗辐射等特性，在现代生命科学研究和生物工程试验中具有不可替代的研究和应用价值。例如，从磷虾中提取的酶和提取物可用于治疗和预防感染、糖尿病和肿瘤。

极地蕴藏丰富的矿产资源，被称为“地球尽头的中东”，拥有极高的战略价值。随着各国科学考察的不断推进，极地巨大的资源潜力逐渐明朗化，是世界主要国家争夺的对象。进入21世纪以来，北极地区蕴藏的巨大油气资源储量及勘探潜力一度成为国际社会关注的焦点之一。根据美国地质调查局公布的北极油气潜力评估报告，北极圈内已探明并可用现有技术开发的石油储量高达900亿桶，占世界未探明石油储量的13%；天然气储量约为1669万亿立方米，占世界未探明储量

---

① 丁煌等：《极地治理与中国参与》，科学出版社2018年版，第224页。

② 陆俊元：《北极地缘政治与中国应对》，时事出版社2010年版，第305页。

的 30%；液化天然气约为 441 亿桶，占世界未探明储量的 20%。[①] 作为世界上最浅的海洋，北冰洋半数以上大陆架区水域深度不超过 50 米。随着北极冰川融化速度的加快和能源开采技术的提升，北极大陆架油气资源的开发条件得到改善，北冰洋沿岸国家纷纷加快油气开发。阿拉斯加成为美国的主要产油州之一，在美国的石油生产结构中占据重要地位；俄罗斯北极地区的石油和凝析油约占俄罗斯总储量的四分之一，天然气占总储量的 70% 以上。[②] 南极地区的石油储量为 500 亿桶至 1000 亿桶，天然气储量为 3 万亿立方米到 5 万亿立方米。此外，极地拥有铁、锰、铜、铅、锌、铂、金、银、铬、镍、钴等各种矿产资源。南极拥有世界最大的、可供开发两百年的“世界铁山”查尔斯王子铁矿山。在美国的阿拉斯加，库兹布北部的红狗矿山是世界级的贵金属产区，锌、铅、银含量丰富。北极地区还储有铀、钚等核原料，如加拿大的威尔士王子岛蕴藏 28.5 万吨钚矿石。

南极以冰雪形式储存着全球 70% 的淡水。虽然全球拥有巨大的水域面积，但 97% 的水域为海水，淡水仅有 3%。[③] 在这有限的淡水中，75% 以冰雪形式保存，其中 90% 在南极。南极洲是人类最大的淡水资源库，且水质极好，几乎没有受到污染。据美国智库评估，南极冰盖每年产生 1 万亿立方米，如果能够经济地将其 10% 运走并控制其融化，将能够满足 5 亿城市居民一年的饮水需求，其潜在直接经济效益将达到 100 亿美元。[④]

极地资源与未来世界能源格局、人类永续发展息息相关。随着全

---

① USGS, “Circum - Arctic Resource Appraisal: Estimates of Undiscovered Oil and Gas North of the Arctic Circle”, July 24, 2008, https://www.usgs.gov/publications/circum - arctic - resource - appraisal - estimates - undiscovered - oil - and - gas - north - arctic.

② 胡丽玲：《冰上丝绸之路视域下中俄北极油气资源开发合作》，《西伯利亚研究》2018 年第 4 期，第 28—32 页。

③ 郭培清：《南极的资源与资源政治》，《海洋世界》2007 年第 3 期，第 68—73 页。

④ Hult J. L. and Ostrander N. C., “Antarctic Icebergs as A Global Fresh Water Resource - Prepared for the National Science”, Rand Corporation, October 1973, https://www.rand.org/pubs/reports/R1255.html.

球资源特别是非可再生资源日趋枯竭，资源的稀缺属性令各国对极地资源争相关注。当前，北极油气等资源的开发利用已经较为成熟，一旦南极资源的开采技术成熟，南极资源开发也必将提上日程。中国作为近北极国家与海洋大国，极地资源开发与中国利益攸关。随着国民经济的快速发展、城市化的加速演进、居民饮食结构不断优化，中国对生物、矿产、水等资源的需求不断增加，极地将成为中国资源获取的新方向。

二、极地安全与经济安全

世界90%的贸易通过商船运输完成。[①] 欧洲、北美、东亚是全球范围内三大经济中心地区，三个地区间的贸易是全球贸易的主体。长期以来，东亚到达西欧和北美东海岸的航线需要绕道印度洋或横跨太平洋，路途遥远，经济成本与时间成本高昂。北极航道是穿过北冰洋，连接大西洋和太平洋的海上航道。任何始发港口在30°以北的远洋航行，与通过苏伊士运河或巴拿马运河的传统航线相比，通过北极航道将至少缩短40%的航程。[②] 北极共有3条航道，即东北航道、西北航道和中央航道。中央航道横穿北冰洋中心，目前仅有科考和工作船通行记录，短期来看对商业航行意义较小。西北航道东起加拿大巴芬岛，向西直抵美国阿拉斯加以北的波弗特海。其间，船舶需在加拿大北极群岛、丹麦格陵兰岛之间多个海峡和冰山中穿行，航行条件差，通行难度大。东北航道西起冰岛，经巴伦支海，沿欧亚大陆北方海域向东至白令海峡，夏季已具备商船阶段性通航条件，可使远东至欧洲航程缩短近3000海里。东北航道在俄罗斯专属经济区内的部分航段也被称为北方海航道。

几百年来北冰洋复杂的自然环境和恶劣的气候条件严重制约北极

---

① 王洛、赵越、刘建民等：《中国船舶首航东北航道及其展望》，《极地研究》2014年第2期，第281页。

② 总体国家安全观研究中心、中国现代国际关系研究院：《新疆域与国家安全》，时事出版社2022年版，第16页。

航道的利用。但随着全球气候变暖导致海冰融化，北极航道的通航障碍正在逐步消除。北极航道的开通将提高北冰洋沿岸国的地缘政治影响力，使它们获得对海上交通要道的支配权。为强化其海权地位，对航路开启新一轮争夺，北极航道沿岸国提出了不同程度的主权主张。[①]加拿大政府宣称西北航道为内水，其拥有主权；美国等国则坚持，西北航道是国际水道，它们拥有航行自由权。东北航道绝大部分位于俄罗斯附近，俄罗斯认为其经过的一些海峡属于俄罗斯内水，要求使用航道的外国船只需要事先取得许可才能通行，并由俄罗斯强制实施破冰和导航服务，外国船只必须为此付出高昂费用；而美国、挪威等主张航道所经过的水域是国际海峡，适用于过境通行。为争夺北极航道的控制权，美国将北极纳入“印太战略”总体框架，进一步强调北极作为连接印太地区和欧洲两大板块海上通道的战略价值。

中国作为贸易大国，国际海洋运输通道的任何变化都会影响中国的经济发展。北极航道的开通，将大大缩短中国前往欧洲和北美的航行距离，降低运输成本。同时，虽然中国形成了东西南北四个方向的国际海洋运输线，但对海上咽喉要道——马六甲海峡过度依赖，中国所需80%左右的石油需要经过马六甲海峡运输。[②]北极航道将为中国国际海洋运输提供新通道，减少对传统运输航线的依赖，实现运输航线多样化，打破美国遏制马六甲海峡对中国海上运输线的威胁。

三、极地安全与科技安全

极地是地球上一块特殊的区域，其严酷的自然环境和无际的冰雪世界与人类生存的环境大相径庭。独特的地理位置、独有的地表特征和特殊的自然环境决定了极地在全球科学研究中的重要地位。极地科学研究不仅关系全球变化、人类生存、未来发展，也是一个国

---

① J. Ashley and Robert W. Smith, “United States Response to Excessive National Maritime Claims”, Ocean Development, Vol. 27, No. 112, 1992, pp. 281 – 282.

② 丁煌等：《极地治理与中国参与》，科学出版社2018年版，第33页。

家科技水平和综合国力的重要体现。极地成为各国科学考察的重点区域。

极地为科学研究提供重要支撑。极地特有的低温环境成为保存远古生物尸体的绝佳场所。2016 年，加拿大育空地区的冻土层中发现一具保存完整的幼狼尸体，距今约 5.7 万年。[①] 此后，更多的远古生物尸体被陆续发现，对于人类探究生命起源具有十分重要的科研价值。同时，气候变暖已经成为全球范围内最紧迫和需要优先解决的大环境问题，严重威胁人类生存。一些分析家指出，气候变暖可能造成大规模人口被迫迁移，引发食物和水资源短缺，导致传染病蔓延，构成重大的世界安全问题。而极地作为天然的实验室，是帮助科学家理解气变过程并预测结果的重要途经。目前，北极已成为全球升温最快的地区之一，速度是全球平均水平的 2 倍以上，其产生的“蝴蝶效应”也将系统性地影响全球气候和生态环境。[②]

极地安全需要科学研究保驾护航。在全球变暖的大背景下，冻土融化可能暴露封存数万年的远古病毒和细菌。2014 年，法国研究人员将已在永久冻土中“封存”3 万年的病毒样本带回实验室，病毒在加热后迅速恢复活力。2016 年，一场炭疽疫情重创俄罗斯北西伯利亚地区的亚马尔 - 涅涅茨自治区，导致 1 人死亡，20 多人确认感染炭疽杆菌。当地政府认为正是由于连日高温导致北西伯利亚冻土融化，一具曾受炭疽杆菌感染的驯鹿尸体暴露引发疫情。[③] 为避免人类遭受“灭顶之灾”，必须加强永久冻土中的潜在病原体研究，以备不时之需。2021 年，俄罗斯作为北极理事会轮值主席国，提出永久冻土带融化的抗病毒计划倡议，呼吁北极国家加强科学研究，共同抵御冻土带衰退引发

---

① 《加拿大发现距今 5.7 万年前狼崽完整遗骸》，腾讯网，2020 年 12 月 26 日，https：//new. qq. com/rain/a/20201226A04EG300。

② 韩笑笑、孟宪红、赵林等：《“北极放大”现象驱动因素及其影响的研究进展综述》，《高原气象》2023 年第 1 期，第 1—12 页。

③ 《俄北西伯利亚暴发炭疽疫情一男童死亡数十人感染》，新华网，2016 年 8 月 4 日，http：//www. xinhuanet. com//world/2016 - 08/04/c_129202004. htm。

的传染病等风险。①

科技是全面建设社会主义现代化国家的基础性、战略性支撑。极地作为新疆域，是未来科技发展的重要方向，极地安全与科技安全息息相关。中国作为陆海兼备的大国，深受全球变暖影响。加强对极地的气候变化研究，对于更好应对东南沿海等地区洪涝灾害频发、农业生产的不稳定性增加、森林等生态系统遭到破坏意义深远。中国作为负责任的大国，在人类命运共同体理念的引导下，必须与北极国家合作，加强极地科学研究，保证全人类的生命和财产安全。

四、极地安全与军事安全

极地地理位置特殊，关乎域内外各国军事安全。北极作为连接欧亚、北美的顶点，使得北极到北半球任何一个地区的距离最短，从北冰洋发射导弹几乎可以覆盖整个北半球国家。而且北冰洋的表面常年被较厚的冰层覆盖，是战略核潜艇等军事武器天然的隐蔽保护场地，具有极强的军事威慑力。② 从冷战至今，美俄（苏联）都将北极视为战略安全的前沿阵地，频频进行军事行动。2014 年，俄罗斯专门组建北极战略司令部和北极作战旅；2018 年成立负责北极考察的集团军；2021 年，北方舰队根据总统令正式被提升至“军区”级别，其主要任务是捍卫俄罗斯北方海域安全，对在北极活动的舰队加强巡逻。美国自冷战起建立的从阿拉斯加经格陵兰岛至冰岛的导弹防御系统，以及与加拿大联合建立的早期预警网络运作至今；2015 年，美国重启在冰岛等北极国家的军事基地，加强对北极的监视；2018 年决定重建第二舰队，辖区覆盖整个北极圈；2021 年，美国陆军宣布组建一支以北极地区为重点的旅级部队。

南极北部的德雷克海峡是连接大西洋和太平洋的交通咽喉，是除

---

① 《俄外交部：俄罗斯提出永久冻土带融化的抗病毒计划》，俄罗斯卫星通讯社，2021 年 12 月 13 日，http：//sputniknews. cn/20211213/1034957915. html。

② 董永在：《极地安全：国家安全的新疆域》，《光明日报》2021 年 4 月 25 日，第 7 版。

巴拿马运河外唯一连接太平洋和大西洋的海上要道，具有重要军事价值。南极是进行多国电磁、气象、卫星武器研究的重要试验场，关系到未来信息化战争条件下夺取信息优势、进而掌握战争主动权。[①] 美国在南极点建立考察站，作为全球卫星导航系统的全球网络地面站，此项技术与 GPS 相关联，可以为美国的军事武器提供控制和导航服务。此外，南极还是训练军事人员和检验军事装备在极端条件下作战能力的极佳试验场所，是各大国部署“全球到达、全球打击”战略的重要一环。美国、智利、阿根廷、日本等国多以保障南极考察的名义开展军事活动。美国早在 1946 年就在南极开展了规模空前的“跃进行动”，2006 年美国 C－17“环球霸王”战略运输机完成了飞往南极的“深冻－2007”飞行任务。尽管美国对外宣称此举为科学考察提供后勤保障，但实际目的是在极寒条件下训练军事人员的作战能力，检验飞机的工作情况。同时，美俄在南极大陆兴建大规模机场，为军事运输机在南极长期飞行提供了可能。[②] 美国的“大力神”运输机和俄罗斯的“伊尔－76”运输机频繁飞往南极，意图垄断南极空运，抢占军事先机。

当前，极地的军事化倾向加剧。在俄乌冲突爆发后，北极已成为美西方与俄罗斯对抗的前沿阵地，出现军事对峙乃至“擦枪走火“的可能性不断抬升。极地的和平稳定与热爱和平的中国国家安全息息相关。中国在极地建设有多个科考站，同时与极地国家保持密切的贸易往来，一旦爆发军事冲突，将极大危害中国的国家利益。

---

① 陈玉刚、秦倩：《南极：地缘政治与国家利益》，时事出版社 2017 年版，第 165 页。

② Jinyuan Su, “The Peaceful Purposes’ Principle in Antarctica and the Stability of Its Peaceful Status”, Australian and New Zealand Maritime Law Journal, Vol. 27, No. 3, 2010, pp. 152－165.

思考题

1. 极地安全内涵极为丰富，中国作为近北极国家，当前最为迫切的极地安全需求是什么？请详细阐述，并说明原因。

2. 请结合当前中国参与北极油气开发利用的情况，对未来中国如何参与北极油气资源开发利用提出建议。

3. 请从经济、政治等多个角度，简要阐述北极航道对于中国的战略意义。

第十章　极地安全法律

极地安全法律体系主要由全球性规则、区域性条约和相关国家制定的国内法构成。当前，在联合国、北极理事会、《南极条约》协商会议、国际海事组织等国际组织或机构的共同努力下，极地安全法律已经形成了基本的法律框架。

第一节　关于南极的国际法规定

南极国际法主要由《联合国宪章》、一般部门法的基础性条约和南极条约体系三大部分构成，其中南极条约体系在南极国际法体系中居于主导地位。南极条约体系以《南极条约》为核心，涵盖《南极海豹保护公约》《南极海洋生物资源养护公约》《关于环境保护的南极条约议定书》等。南极条约体系冻结了南极领土主权要求，在确保和平利用南极、推动科学研究与合作、保护南极环境等方面发挥了重要作用。

一、南极国际法总论

国际社会对南极归属的判断存在分歧。以美国、英国、法国等为代表的发达资本主义国家认为，南极是国家主权管辖之下的国内领土；另一种观点则认为，南极为国际公有地，全人类共同拥有。

（一）南极主权说

美国、英国、法国、澳大利亚等认为南极由它们最先占领并实际控制，因而南极是其国内主权管辖之下的领土。该观点既具有深厚的时代背景，又能在国际法中找到部分依据，因此在历史上一度甚嚣尘上，至今仍然威胁着南极地区的和平与稳定。

南极主权说的产生与人类探索南极的历史密切相关。1772 年，英国海军中校詹姆斯·库克进行南极远航，开启人类历史上首次对南极的探索，在南乔治亚岛与桑威奇群岛留下英国人的足迹；1819 年，英国海豹捕猎者威廉·史密斯第一次到达南设得兰岛；1821 年，英国人鲍威尔首次发现南奥克尼群岛。1908 年，基于英国早期在南极的活动，英国根据国际法的先占原则，率先提出对南极的领土主张。

先占原则的含义为一国有意识地占有无主地并取得对它的主权的行为。按照传统国际法，先占原则必须具备两个条件：一是先占的客体是无主地；二是实行有效的占领，即国家必须将无主地至于其占有之下，并实行某种行政管理。[①] 对英国等南极主权要求国而言，南极是无主地早已无可辩驳，想要占有南极土地，必须实行有效占领。因此，英国、美国、法国等国不断加强在南极的实质性存在，通过开展商业活动、建立军事基地、从事科学研究等形式，实际控制南极，为提出南极主权声索奠定基础。

（二）全球公域说

部分学者把南极地区与国际海底、外层空间等归为一类，认为南极是国家管辖范围以外的领域或非国家领土。[②] 而联合国明确赋予南极全球公域的地位。根据联合国定义，全球公域是指国家管辖权之外的自然资产，如公海、外层空间和南极地区。[③]

学界对南极的法律地位曾进行系统深入研究，具有代表性的研究成果是美国学者克里斯托弗在 1998 年总结出全球公域应具备的六大特点：第一，该地区实际上和法律上均处于国家管辖外；第二，关于该

---

① 甘露：《南极主权问题及其国际法依据探析》，《复旦学报》（社会科学版）2011 年第 4 期，第 119—125 页。

② 邵津主编：《国际法》，北京大学出版社 2014 年版，第 123 页。

③ 丁煌等：《极地治理与中国参与》，科学出版社 2018 年版，第 231 页。

地区不存在被认可或有效的主权要求；第三，该地区被假定为无法进入或政治上不可接近；第四，该地区进入自由；第五，该地区滥用管理或管理不善的影响具有普遍性；第六，当某个国家或是其公民在该地区进行活动时，该公有地风险上升。① 因此，有学者认为，在当前的国际政治经济环境中，南极可以被判定为全球公域。②

二、南极条约体系

南极条约体系以《南极条约》为主干，另外还有《保护南极动植物议定措施》《南极海豹保护公约》《南极海洋生物资源养护公约》《南极矿物资源活动管理公约》《关于环境保护的南极条约议定书》等国际协议。

（一）《南极条约》的签订

二战结束后，长期在南极活动的国家重返南极，由于主张有所重叠，各方围绕领土主权的争夺导致南极陷入安全困境。从 1948 年开始，南极几乎每年都会出现英国与阿根廷军舰对峙事件。在美苏冷战的大环境下，参与南极事务的各国担心美苏染指南极，因此谋求南极和平稳定被提上了议事日程。而国际南极科学合作为《南极条约》的签订创造了契机。1957 年到 1958 年，国际科学联合理事会举办了为期 18 个月的国际地球物理年活动，为与会国的广泛合作提供了契机。

在美国倡议下，1959 年 12 月 1 日，阿根廷、澳大利亚、比利时、智利、法国、日本、新西兰、挪威、南非、美国、英国、苏联十二国代表经过 60 多次会议协商，在华盛顿签署《南极条约》。条约于 1961 年 6 月 23 日生效，对所有联合国成员开放。《南极条约》作为管理南极事务的第一部国际性法律文件，由序言和 14 条条文组成，言简意赅地解决了南极最为迫切的原则性问题。

一是坚持和平利用南极。序言和第一条明确规定，为了全人类的

---

① Joyner C. C. , "Governing the Frozen Commons: The Antarctic Regime and Environmental Protection", Columbia: University of South Carolina Press, 1998.

② 丁煌等：《极地治理与中国参与》，科学出版社 2018 年版，第 232 页。

利益，南极应永远专为和平目的而使用，不应成为国际纷争的场所和对象；禁止一切具有军事性质的措施，例如，建立军事基地、建筑要塞，进行军事演习以及任何类型的武器试验等。

二是冻结领土主权要求。根据条约第四条规定，既不承认、也不否认各领土主权声索国的主权要求，规定在条约有效期间所发生的一切行为和活动都不得构成主张、支持或否定对南极的领土主权的要求的基础，也不得创立在南极的任何主权权利；规定对在南极的领土主权不得提出新的要求或扩大现有要求。

三是推动科学研究与合作。条约序言、第二条、第三条规定，缔约各方同意在南极科学考察自由的基础上继续国际合作，包括交换情报、交换科学人员、交换或自由得到有关南极的科学考察报告和成果、鼓励同有关联合国专门机构或其他国际组织建立合作的工作关系。

四是建立协商会议制度。条约第九条规定，条约协商国为便利交换情报，召开会议共同协商有关南极的共同利益问题，并阐述、考虑以及向本国政府建议旨在促进条约原则和宗旨的措施。协商会议是南极事务的决策机构。协商国拥有决策权，派代表参与会议，就南极重大事务进行商讨、协调并作出决定。协商会议最初为每两年召开一次，1994 年后改为每年召开，按照协商一致原则表决，每个协商国拥有一票。协商国必须满足双重条件，既要成为《南极条约》的缔约国，又要在南极进行实质性的科学考察活动。

截至目前，《南极条约》共有 50 个缔约国，其中 29 个为协商国（包括 12 个原始缔约国），21 个为非协商国。中国于 1983 年加入《南极条约》，1985 年成为协商国。[①]

（二）南极条约体系的形成

南极条约体系是区域性国际法律制度，以人类在南极大陆及其沿海的活动为规范对象。经过六十年的发展与演变，国际社会形成了以

---

① 《南极条约》，外交部官网，2023 年 11 月 22 日，http：//www3. fmprc. gov. cn/web/ziliao_674904/tytj_674911/tyfg_674913/202311/t20231122_11185073. shtml。

《南极条约》为核心，涵盖《南极海豹保护公约》《南极海洋生物资源养护公约》《关于环境保护的南极条约议定书》等国际条约及其附件，以及历次协商会议通过的各项措施和决定等法律文件在内的庞大条约体系。①

在南极条约体系中，《南极条约》占据重要地位，是该体系的主干和基石。② 其中，《南极条约》协商会议制度对南极条约体系的发展、完善起了关键作用。条约缔约国在 1964 年签订《保护南极动植物议定措施》，1972 年签订《南极海豹保护公约》，1980 年签订《南极海洋生物资源养护公约》，1988 年通过《南极矿物资源活动管理公约》的最后文件，1991 年签订《关于环境保护的南极条约议定书》。随着上述条约的出台，有关南极问题的条约体系逐渐完善，在确保南极地区的非军事化、促进科学考察和国际合作、保护南极环境等方面卓有成效。

（三）南极条约体系的主要内容

1.《保护南极动植物议定措施》

1964 年，第三届《南极条约》协商会议通过第一个专门针对南极动植物保护的国际条约——《保护南极动植物议定措施》。该条约对南极动植物及其生态系统的保护作出了详尽的规定，其主旨是实现保护与利用动植物资源的平衡，避免外来物种的引进，维护南极生态系统。该条约的最大贡献是将整个南极条约地区（60°以南地区）设定为保护区，并首次提出在南极具有突出科学价值地区设立特别保护区。截至 2019 年，《南极条约》协商国共在南极设立 72 个特别保护区，分别由美国、英国、澳大利亚、新西兰、智利、阿根廷、意大利、波兰、法国、

① Dodds K, "Reflecting on the 60th Anniversary of the Antarctic Treaty", Polar Record, Vol. 55, No. 5, 2019, pp. 311 - 316.

② Catherine Redgwell, "Protection of Ecosystems under International Law: Lessons from Antarctica, from International Law and Sustainable Development", Cambridge: Cambridge University Press, 1999, p. 206.

中国、印度、俄罗斯、挪威、日本、韩国、西班牙十六个国家设立。[①]

2.《南极海豹保护公约》

1972年，第七届《南极条约》协商会议通过《南极海豹保护公约》。该公约以南极特有物种海豹作为保护对象，旨在维护海洋生态系统平衡。[②] 公约将南极条约体系管辖区域从陆地延伸至海洋，适用范围扩大到60°*S*以南海域，对于维护南极环境的整体性具有重要意义。该公约从三个方面设置了严密的管理规定：一是许可证制度，规定缔约国必须对捕猎人员和船只进行资质检查；二是管理制度，对捕猎期、捕猎区、捕猎品种、捕猎总量、捕猎方法等进行严格的限制，防止对海豹的滥杀，从而维护海豹生存的可持续性[③]；三是报告制度，各缔约国必须将本国捕猎情况、未来捕猎计划向南极研究科学委员会和其他缔约国报告。

3.《南极海洋生物资源养护公约》

1980年，第一个针对所有南极海洋生物资源保护的法律文件——《南极海洋生物资源养护公约》出台。该公约的目的是在南极渔业大规模发展前，通过国际条约保护南极海洋生物资源，促进南极海洋生态系统的科学良性循环发展。[④] 相比之前的法律文件，该公约在适用范围与保护对象上均进行了扩展。该公约涵盖60°以南和自该纬度与构成海洋生物系统一部分的南极辐合带之间水域的南极生物资源；将鳍鱼、鸟类、软体类、甲壳类动物等生物种类囊括在内，从捕捞数量、种群关系、外来物种引进等多个角度维护海洋生态平衡。该公约设立两个重要机

---

① 李学峰、陈吉祥、岳奇等：《南极特别保护区体系：现状、问题与建议》，《生态学杂志》2020年第12期，第4193—4205页。

② 王曦、陈维春：《南极环境保护法律制度之浅见》，《武大国际法评论》2005年第5期，第112页。

③ 田杨洋：《南极环境的区域保护与管理法律制度研究》，硕士学位论文，中国海洋大学，2015年，第16页。

④ Catherine Redgwell, "Protection of Ecosystems under International Law: Lessons from Antarctica, from International Law and Sustainable Development", Cambridge: Cambridge University Press, 1999, p. 450.

构——南极海洋生物资源养护委员会和科学委员会，前者为决策兼执行机构，后者为咨询机构，极大地保障了该公约各项条款的科学落实。①

4.《南极矿物资源活动管理公约》

1988 年，《南极矿物资源活动管理公约》通过，终结了长达十余年的南极矿产资源争端。该公约试图建立一个以环境保护为前提的矿产资源管理机制，规范矿产资源开发，并配套一系列环境保障条款。②该条约对矿产开发作出了极其苛刻的规定，并设立专门的委员会进行监督管理。但截至目前，该法律文件仍未生效。在该公约向各协商国开放签字后，1989 年以澳大利亚为代表的国家公开反对公约，主张禁止南极矿产资源开采。1991 年，《关于环境保护的南极条约议定书》出台，规定禁止任何与科学研究无关的矿产资源活动，《南极矿物资源活动管理公约》实际上遭到废止。③ 该公约虽然没有得到生效施行，但其中有关环境损害赔偿、环境监测等内容由后续法案保留引用，在南极条约体系中仍占有重要地位。

5.《关于环境保护的南极条约议定书》

1991 年，南极环境保护法律体系上具有最重要地位的文件——《关于环境保护的南极条约议定书》诞生。议定书包括“南极环境评估”“南极动植物保护”“南极废物处理与管理”“防止海洋污染”“南极特别保护区”五个附件，对南极环境保护进行全面规定。

第一，严格禁止侵犯南极自然资源环境，严格控制其他大陆来访者，严格禁止向南极海域倾倒废物，禁止在南极地区开发石油资源和矿产资源。第二，开创性设立系列环境保护制度，如环境影响评估制度、废弃物管理规定、环境损害责任制度等，使得各缔约国有法可依，能够采取切实有效的方法保护南极环境。第三，设立环境委员会，落

---

① 陈力:《南极治理机制的挑战与变革》，《国际观察》2014 年第 2 期，第 538 页。

② 沈鹏:《美国的极地资源开发政策考察》，《国际政治研究》2012 年第 1 期，第 106—108 页。

③ 曹亚斌:《全球治理视域下的南极矿产资源问题研究》，《中国矿业大学学报》(社会科学版) 2015 年第 2 期，第 52 页。

实各项环境保护工作，为缔约国提供专业意见，提高环境保护措施的科学性。

三、南极环境保护制度

《南极条约》生效后，人类南极活动越来越频繁。由于独特的地理位置及气候条件，南极生态系统十分脆弱与敏感，南极环境保护问题成为世界的关注焦点。由于《南极条约》冻结了各国对南极领土的主权要求，南极环境保护制度不存在具体、特定、单一的政府管理，需要借助国际法进行规范。

当前，南极环境保护法律体系主要由两部分组成：第一部分是南极特有制度，包含《南极条约》《关于环境保护的南极条约议定书》等在内的一系列保护南极环境的法律文件；第二部分为国际法的一般条约中有关南极环境保护的规定。

（一）南极特有制度

《南极条约》虽然没有直接规定环境保护的条款，但为南极环境保护提供了基本轮廓。条约第五条规定禁止在南极丢弃废弃核材料，第九条涉及南极生物资源的保护与保存。此后，历次《南极条约》协商会议通过诸多具体的保护环境法案。《保护南极动植物议定措施》《南极海豹保护公约》《南极海洋生物资源养护公约》《南极矿物资源活动管理公约》的相继出台，推动南极环境法律体系不断完善。

《关于环境保护的南极条约议定书》的签订具有里程碑意义，将南极条约体系的目标由和平、科学拓展为和平、科学及环境保护。环境保护自此正式成为南极条约体系的三大价值之一，保护南极环境成为从事一切南极活动的根本出发点。与此前分散的环境保护条款不同，《关于环境保护的南极条约议定书》在南极环境保护上取得系列突破：统一了南极环境保护的行为规范，协调了各条约间的关系；填补南极环境保护的法律空缺，将人类在南极的所有行为囊括其中，进行规范管理；终止了关于矿物资源开发利用的争论。[①]

除了以上条约和公约外，《南极条约》协商会议向各国政府提出的建议也是南极环境保护制度的重要组成部分。自 1961 年以来，《南极条约》协商会议一直把环境保护问题列为中心议题，在其历届会议所通过的上百条建议中，60% 以上都关于南极环境保护，成为各国开展南极活动的重要行动准则，对保护南极环境发挥着重要作用。[②] 如第八届、第十届《南极条约》协商会议建议各国旅游管理部门组织游客往返南极时，只在指定区域活动，遵循《南极访客守则》。

（二）国际法的一般条约中有关南极环境保护的内容

国际法上涉及南极环境保护的法律文件数以万计，存在众多条约虽然不以南极环境保护为中心，但其中含有部分条款，从动植物保护、海洋生物资源、气候变化、渔业捕捞、船舶作业等角度，体现对南极环境的规制。如《濒危野生动植物物种国际贸易公约》《南方蓝鳍金枪鱼保护公约》《生物多样性公约》《联合国气候变化框架公约》《促进公海渔船遵守国际养护和管理措施协定》《1973 年国际防止船舶造成污染公约》《国际植物保护公约》《关于 1973 年国际防止船舶造成污染公约的 1978 年议定书》等，均有大量南极条约缔约国参与。

其中，最为重要的当属《联合国海洋法公约》。南极地区除去南极洲陆地部分，其余大部分为海洋水体，而在南极环境保护中，海洋生态系统脆弱敏感，由海洋所引起的环境破坏占据相当大的比重，涉及海洋污染、海洋生物资源保护等，亟须专门针对海洋环境的法律。《联合国海洋法公约》成为南极环境保护法律不可缺失的部分。《联合国海洋法公约》关于保护和保全稀有或脆弱的生态系统、冰封区域环境保护的规定，适用于南极环境保护。

---

① 贾宇主编：《极地法律问题》，社会科学文献出版社 2014 年版，第 19 页。

② 刘惠荣主编：《国际环境法》，中国法制出版社 2006 年版，第 224 页。

第二节　关于北极的国际法规定

与南极不同，北极地区尚未建立专门的、用以规范国家间在该地区一般性权利和义务的国际条约。北极地区法律制度由适用于北极地区的全球性条约、北极国家间签订的有关双边协定、北极国家为主制定的主要适用于北极地区的区域性条约、北极国家的相关立法四个部分构成。其中，《联合国海洋法公约》成为管理北极的基础性文件，北极理事会在北极法律制度发展中的作用日益重要。

一、《联合国海洋法公约》关于北极的规定

《联合国海洋法公约》建立了国际海洋的法律秩序，对和平利用海洋、保护海洋环境起着至关重要的作用。北冰洋作为四大洋中最小的大洋，是世界海洋不可分割的一部分。《联合国海洋法公约》建立的国际海洋法律制度，完全适用于以北冰洋为主体的北极地区。进入新世纪后，随着海洋权益划分实践的逐渐深入，《联合国海洋法公约》得到不断的修订和完善，已成为当前各方解决北极利益争端的最有效法律手段。2008 年，美国、俄罗斯、加拿大、丹麦、挪威五国发表《伊卢利萨特宣言》，指出《联合国海洋法公约》明确了北冰洋治理所需的重要权利和义务，包括大陆架外部界限的确定、海洋环境保护、自由通行、海洋科学研究和其他海洋利益等，成为管理北极的基础性文件。①

（一）北极国家

除美国外的北极七国，均已批准《联合国海洋法公约》。美国是《联合国海洋法公约》的签字国，承认《联合国海洋法公约》的关键条款属于国际习惯法，为美国适用。②

---

① 陆俊元：《北极地缘政治与中国应对》，时事出版社 2010 年版，第 351 页。

② ［加］迈克尔·拜尔斯著，陈子楠译：《国际法与北极》，时事出版社 2020 年版，第 37 页。

就北极地区而言，主要涉及《联合国海洋法公约》的有以下内容：第二部分“领海和毗连区”的概念、划界标准和权利义务；第五部分“专属经济区”的概念、划界标准和权利义务；第六部分“大陆架”的概念、划界标准和权利义务。

按照《联合国海洋法公约》，北极国家依法在以下区域享有主权或管辖权。第一，内水。各国内水向北极地区延伸，至领海基线为止。第二，领海。各国领海基线向外延伸至12海里以内。第三，专属经济区。各国领海基线向外延伸至200海里以内。第四，大陆架。各国陆地向海洋自然延伸形成的海底区域部分。[①] 根据《联合国海洋法公约》和国际法的一般原则，各国对于本国的内水和领海依法享有领土主权。在领海和内水范围内，各国依法享有完全独立的排他性统治权和专属权。但是与领海和内水相连的大陆架、毗连区、专属经济区则不属于领土，各国不能在这些区域宣示和行使主权，但可对这些区域的经济利益和战略地位进行排他性的主权权利主张。

（二）非北极国家

按照《联合国海洋法公约》规定，除内水、领海、专属经济区、大陆架外，北冰洋其他海域应为公海海域和国际海底区域。根据《联合国海洋法公约》规定，任何国家不得对公海和国际海底区域宣示主权或主权权利，公海中适用自由通行原则，而国际海底区域由国际海底管理局进行统一管辖。非北极国家在北极不享有领土主权，但《联合国海洋法公约》将公海与海底区域的法律地位以人类共同继承财产原则确定下来，赋予非北极国家在北冰洋公海享有科研、航行、飞越、捕捞等权利，在北冰洋国际海底区域享有资源勘探和开发等权利。[②]

《联合国海洋法公约》的诞生，极大地改变了原有的北极各国利益之争的混乱局面，彻底结束了原有少数国家独霸北极海洋资源的历史。

---

① 高健军：《国际海洋划界论——有关等距离/特殊情况规则的研究》，北京大学出版社2005年版，第12页。

② 胡斌：《回归公域治理原则：人类共同继承财产拓展适用的出路》，《上海交通大学学报》（哲学社会科学版）2023年第3期，第29—43页。

《联合国海洋法公约》中确立的人类共同继承财产原则得到了广大发展中国家和地理不利国家的支持和积极响应，也为世界各国维护本国的北极利益提供了法律依据。《联合国海洋法公约》已然成为各国维护北极利益的首选法律武器，在解决北极地区权益争端中发挥核心作用。

二、北极海上边界条约

北冰洋海域沿海国的海洋边界争议非常突出。根据《联合国海洋法公约》，每个沿海国均有权利主张领海、专属经济区、大陆架，相邻或相对沿海国之间不同海上区域（即跨海湾、海峡或其他海洋部分）的边界争端频发。在北极地区，北冰洋沿海国互有重叠的海洋权利主张，如美国与俄罗斯、美国与加拿大、挪威与俄罗斯、加拿大与丹麦、丹麦与挪威等。[①]

（一）加拿大和丹麦格陵兰岛区域划界协议

加拿大和丹麦间的海洋划界争端由汉斯岛的主权争端引起。汉斯岛位于加拿大与格陵兰岛之间的纳雷斯海峡，常年被冰雪覆盖，无人居住。自 1973 年以来，该岛的领土主权一直存在争议。

1973 年，加拿大和丹麦签订《加拿大与丹麦格陵兰岛区域海洋划界协定》，在格陵兰和加拿大北冰洋各岛之间的地区确定一条分界线。该分界线是一条经调整的中间线。两国约定，将根据新的勘查结果调整分界线。为快速解决两国海洋划界问题，协定忽略汉斯岛的主权争议，把汉斯岛作为大陆架边界的一部分。2012 年，两国更新和完善了 1973 年的协定，根据埃尔斯米尔岛和格陵兰北部海岸的等距离线划定边界。

（二）美国与俄罗斯白令海峡划界协议

美国和俄罗斯的海洋划界争端始于 1867 年《俄国和美国阿拉斯加割让条约》。1867 年，美国从俄罗斯购买阿拉斯加，在涉及海洋划界

① J. Ashley Roach, “Arctic Sovereignty: Cold Facts, Hot Issues, International Law and the Arctic”, Southwestern Journal of International Law, Vol. 28, No. 1, 2009, p. 13.

时，由于两国采取不同的地图绘制方法，导致产生了约1.5万平方海里的争议区。

1990年，两国通过《苏维埃社会主义共和国联盟和美利坚合众国海洋划界协定》，将有争议的区域大致一分为二，新的分界线明确划分渔业和海底资源的管辖范围，但该协定未获得俄罗斯批准。

（三）丹麦与挪威格陵兰岛海域划界协议

2006年，丹麦和挪威就格陵兰和挪威北极斯瓦尔巴群岛之间的通用海上边界进行谈判，通过《格陵兰和斯瓦尔巴边界条约》，依据等距线划设长约430海里的边界线。通过签订该条约，丹麦隐含承认挪威在斯瓦尔巴群岛附近存在专属经济区和大陆架的主张。[①]

（四）俄罗斯与挪威巴伦支海和北冰洋海洋划界协议

2010年，俄罗斯与挪威签订了《挪威王国和俄罗斯联邦关于巴伦支海和北冰洋海洋划界与合作条约》，结束了两国起自1970年以来长达四十年涉及1.75万平方千米争议海域的边界谈判和划界进程，重启了已冻结三十年的北极争议海域大陆架油气田开发。[②] 条约划定了两国在巴伦支海及其毗邻的北冰洋的大陆架和专属经济区的边界，明确了两国在巴伦支海和北冰洋的管辖权和主权权利界限。根据双方发表的联合声明，条约将争议地区划分为面积大致相等的两部分，西侧归属挪威，东侧归属俄罗斯。除海上分界线，条约附件就渔业和油气资源合作进行规定，创设跨界油气矿床的联合管理制度。

三、北极环境保护制度

北极环境保护制度主要由适用于北极的国际条约、八国国内法以及与环境保护相关的软法构成。

---

① ［加］迈克尔·拜尔斯著，陈子楠译：《国际法与北极》，时事出版社2020年版，第46页。

② "2010 Treaty Between the Kingdom of Norway and the Russian Federation Concerning Maritime Delimitation and Cooperation in the Barents Sea and the Arctic Ocean", 2791 UNTS I－49095.

（一）北极环境法律制度

北极环境法律制度初期主要以双边或区域的环境立法为主。[①] 例如，1911 年美国与英国、苏联、日本签署的《保存和保护北太平洋的海狗公约》；1973 年，加拿大、丹麦、挪威、美国与苏联签署的《保护北极熊及栖息地协定》。20 世纪 70 年代后，国际环境法崛起，越来越多的国际公约开始适用于北极地区，从《联合国海洋法公约》到控制船舶污染、陆源污染和海洋倾倒废物的国际公约。

此外，由于北极地区的领土主权归属于北极八国，各国针对各自在北极的领土都作出了法律规定，其中的环境保护内容成为北极环境法律的重要组成部分。如美国的《阿拉斯加国家重要土地保护法案》《北极荒野法》；俄罗斯的《俄罗斯联邦环境保护法》；加拿大的《北极船舶污染防治法规》《北极水域污染防治法》；瑞典的《瑞典环境法》；丹麦的《格陵兰岛自然保护法案》；挪威的《自然保护法案》《限制渔区和禁止外国在渔区内钓鱼法案》；芬兰的《荒地保护法令》。

（二）北极环境软法制度

20 世纪 90 年代，《北极环境保护战略》的制定和北极理事会的成立代表着北极地区的多边合作进入一个实质阶段，形成了北极地区现有的区域性环境软法制度。相较于法律的惩戒和处罚，软法则侧重非强制性的指引，以原则性的影响和舆论上的渗透强化国家间的主动参与和自愿配合。

1991 年，北极八国签署《北极环境保护战略》。作为典型的软法框架，《北极环境保护战略》敦促北极八国以集体承诺的形式，在北极环境治理、污染源控制等方面进行合作。《北极环境保护战略》虽没有强制约束力，但鉴于北极八国在北极事务中的主导地位，其共同承诺

---

① 吴琼：《北极海域的国际法律问题研究》，博士学位论文，华东政法大学，2010 年，第 169 页。

具有不逊色于法律规范的内部约束力和实施效力。[①]

《北极环境保护战略》第一次把北极环境问题作为一个整体进行综合性考虑，制定指导原则，明确工作机制。《北极环境保护战略》确认了北极地区六大环境问题，即持续有机污染物、石油污染、重金属污染、声音污染、核辐射和海洋酸化问题。在经过甄别后，26个全球性环境公约被认为可以适用于北极地区的环境保护，主要涉及北极地区四个领域的环境问题：海洋环境、大气、野生生物和其他领域。[②] 根据不同的工作内容，《北极环境保护战略》成立五个工作组具体实施北极环境保护工作，分别为北极监督和评估计划组、北极动植物保育组、紧急预防准备和反应组、保护北极海洋环境组、永续发展工作组。[③] 五个工作组开展关于北极环境治理的集体行动，互通有无，相互配合。此外，《北极环境保护战略》定期召开部长级会议，搭建北极环境保护的交流平台，进行信息共享与数据交流。

在《北极环境保护战略》推动下，1996年，北极八国在加拿大举行会议，成立北极理事会，确定由北极理事会承担《北极环境保护战略》的全部职责。随着北极事务的不断发展，法国、德国、英国、中国等非北极国家通过观察员身份参与北极理事会事项讨论，推动北极理事会在污染治理和环境保护方面发挥更大作用。

四、《斯匹次卑尔根群岛条约》

斯匹次卑尔根群岛又称斯瓦尔巴群岛，位于巴伦支海和格陵兰海之间，是北极地区的重要岛屿。1956年，荷兰航海家巴伦支发现该岛，并命名为斯瓦尔巴，意为冰原上的尖峰。17世纪以来，欧洲国家陆续登陆该岛，进行捕鲸、科研、采矿等活动。19世纪末，为争夺该

---

① 范晨恩：《北极环境治理的软法路径研究》，硕士学位论文，浙江大学，2019年，第14页。

② Linda Nowlan, “Arctic Legal Regime for Environmental Protection”, IUCN Environmental Law Programme, IUCN Environmental Policy and Law Paper No. 44.

③ 李威：《责任转型与软法回归：〈哥本哈根协议〉与气候变化的国际法治理》，《太平洋学报》2011年第1期，第33—42页。

岛丰富的自然资源，挪威、俄国、瑞典等国相继宣称对该岛的主权要求。

经多轮谈判，1920年2月9日，英国、美国、丹麦、挪威、瑞典、法国、意大利、荷兰及日本等十八个国家在巴黎签订《斯匹次卑尔根群岛条约》，1925年条约正式生效，同年7月中国正式成为条约缔约国。

《斯匹次卑尔根群岛条约》改变了斯匹次卑尔根群岛无主地的法律地位，在该岛建立起一种独特的法律制度。[①] 一方面，条约规定挪威对斯匹次卑尔根群岛享有充分而完全的主权；另一方面，又明确缔约国国民在斯匹次卑尔根群岛享有一系列权利，包括自由进入该岛领土和领海，在这一区域平等从事海洋、工业、矿业和商业等活动的权利。

思考题

1. 南极条约体系与以《联合国海洋法公约》为代表的一般国际海洋法体系之间存在怎样的矛盾？这将对南极条约体系的稳定性产生何种影响？

2. 中国作为《联合国海洋法公约》的缔约国，应该怎样运用《联合国海洋法公约》维护自己的极地权益？

---

① 贾宇主编:《极地法律问题》，社会科学文献出版社2014年版，第65页。

第十一章　极地安全的突出问题

极地作为未来战略热点，面临着生态环境与地缘政治双重威胁。一方面，随着极地升温，极地自然环境快速恶化，引发冰川消融、海平面上升、极端天气激增，导致环境污染加剧与生物多样性受损。另一方面，极地地缘政治低紧张状态面临挑战。俄乌冲突爆发后，北极七国与俄罗斯分道扬镳，北极重现冷战局面；南极领土主权声索国也不断利用制度漏洞，推动南极再领土化，同时以美国为首的多国加强在南极的军事存在，鼓噪南极环保议题政治化。

第一节　极地环境变化带来的生态安全挑战

当前，极地生态环境正遭受全球变暖的巨大挑战，极地海冰正以前所未有的速度减少。极地是全球气候系统的重要组成部分，其产生的“蝴蝶效应”将系统性地影响全球气候和生态环境，导致极端天气事件频发。此外，随着水资源短缺趋势加剧，围绕南极淡水资源的争夺也愈演愈烈。

一、极地海冰融化问题

近一百年来，北极平均温度升高速率约为全球平均气温升高速率的两倍，被称之为北极放大。[①] 与北极相比，南极气温升高的速度虽然较慢，但南极的冰体崩塌与融化的现象同样不容忽视。1972 年，首次人类发展峰会就将极地海冰融化问题作为解决气候变化问题的重要抓手。

（一）极地海冰融化的具体表现

1. 北极海冰融化

自 1979 年有卫星记录以来，北极的海冰以每十年约 12% 的速度减少，特别在 2000 年后，北极海冰的减少开始呈加速状态。海冰覆盖面积范围不断缩小，北极海冰面积在每年 2—3 月达到全年峰值，从 1979 年至 2022 年，每年 3 月的海冰平均面积年均缩小约 3.9 万平方千米，总计减少约 228 万平方千米，超过了格陵兰岛的面积。海冰的厚度不断减少，北极的海冰厚度分布不均，约为 0.6 米—2.5 米不等。[②] 美国国家海洋和大气管理局发布的《2022 年北极地区情况报告单》指出，2021 年北极地区的多年冰范围、海冰厚度、海冰量达历史新低。[③] 2022 年 7 月，北极点附近出现了一块显著的无冰区域，并且持续了数周时间。2023 年 6 月，联合国政府间气候变化专门委员会最新评估报告认为，北冰洋最早在 2050 年前后出现“夏季无冰”的现象。

2. 南极海冰融化

与北极海冰快速消融不同，南极海冰出现独特的、复杂的变化。在 2015 年前，南极海冰表现出小幅增长态势，特别是 2012 年至 2014 年海冰范围连续增大。[④] 然而 2016 年以后，南极海冰范围迅速减小，并跌破历史纪录，成为有卫星观测记录以来的最低值，随后海冰范围

---

① Bowen J. C.，“Arctic Amplification of Global Warming Strengthened by Sunlight Oxidation of Permafrost Carbon to CO2”，Geophysical Research Letters，Vol. 47，No. 12，2020.

② 孙晓宇等：《基于我国第七次北极科学考察——2016 年夏季北极海冰厚度观测与特征分析》，《海洋预报》2017 年第 4 期，第 11—19 页。

③ NOAA，“2022 Arctic Report Card”，December 13，2022，https：//arctic. noaa. gov/report - card/report - card - 2022/.

④ Comiso J. C.，“Positive Trend in the Antarctic Sea Ice Cover and Associated Changes in Surface Temperature”，Journal of Climate，Vol. 30，No. 6，2017，pp. 2251 - 2267.

略有恢复，但仍维持在较低水平。[1] 2022 年、2023 年南极夏季海冰面积最小值连创历史新低。2022 年，媒体报道，南极思韦茨冰川正在以惊人的速度融化。思韦茨冰川厚度达到 4000 米，面积为 18 万平方千米，是南极最大的冰川。根据美国国家冰雪数据中心数据，南极海冰面积目前正处于有记录以来的最低水平。每年 2 月（南半球夏季）融化的南极海冰本应在同年 7 月（南半球冬季）重新积聚，但在 2023 年，南极海冰远未恢复至预期水平，南极海冰面积较 1981 年至 2010 年的平均值减少了 260 万平方千米，这一面积几乎与阿根廷的国土面积相当。

（二）极地海冰融化的危害

1. 引发海平面上升

海冰对海岸线有保护作用，海冰的消融将侵蚀海岸线，引发海平面上升。据统计，过去数十年间，格陵兰岛冰盖融化对全球海平面上升贡献占比达 20%—25%，如果格陵兰岛冰盖全部融化，全球海平面将上升 7 米左右。[2] 同时，相关科学研究表明，一旦南极思韦茨冰川完全融化，将对世界大部分沿海城市造成破坏。此外，由于北极有原住民居住，冰雪的减少将威胁北极原住民生存。北极绝大多数原住民都生活在低洼地区，缺乏抵御海平面上升的能力。

2. 破坏生物多样性

受海冰融化的影响，极地生物的生存环境遭到破坏。北极熊依靠浮冰捕猎，而海平面上升加剧了北极熊觅食的难度，伴随着栖息地不断减少，北极熊将被迫进入城市觅食。2022 年 6 月，俄罗斯诺里尔斯克曾发现瘦骨嶙峋的北极熊在垃圾桶中翻找食物。研究显示，北极熊可能成为 21 世纪末第一个因为气候变化而灭绝的已知物种。田鼠、北极狐、小白额雁等物种的数量均呈下降趋势，北极区域内的海洋浮游生物也向北迁移。此外，南极海冰对于南大洋生物的生存也至关重要，

---

① Eayrs C, “Rapid Decline in Antarctic Sea Ice in Recent Years Hints at Future Change”, Nature Geoscience, Vol. 14, No. 7, 2021, pp. 460 – 464.

② 杨剑等：《北极治理新论》，时事出版社 2014 年版，第 350 页。

南极海冰消融将影响磷虾、企鹅、海豹、鲸等诸多生物构成的南极生态系统。①

3. 威胁水资源安全。

南极作为地球淡水资源的主要集中地，储存淡水量占据世界淡水的90%以上。尽管关于南极淡水资源的开采与利用尚处在理论阶段，但其资源价值对于人类生存至关重要。如果海冰消融不能得到及时有效处理，大量淡水将流入海水中，造成难以想象的淡水资源浪费，阻碍人类可持续发展。

二、极地环境变化与异常天气

海冰作为大气和海洋之间的媒介，隔绝了海洋和上层大气之间的直接热量传输，影响着全球辐射平衡，在全球气候变化中起着重要的作用。② 由于极地气温上升速度较快，全球范围内气温变化呈现不均衡的状态，导致大气动力发生变化，海冰加速消融，出现极端天气事件的概率增加，全球性灾害频发。

（一）极寒天气

极地是地球大气的冷源之一，驱动着全球大气环流。由于赤道和两极之间存在巨大温差，在每个极点都有一个持续的大规模低压区，呈气旋状运动，称为极地涡旋。极地变暖导致南北温度梯度缩小，极地涡旋对冷空气的束缚力减弱，导致冷空气从极地向中高纬度地区入侵的频率上升，造成部分地区出现极寒天气，暴风雪灾害频发。21世纪以来，西欧、北美、日本以及中国东北部地区，冬季多次发生极端暴风雪天气，这与北极变暖有着密切联系。

（二）雾霾天气

北极海冰消融会影响大气环流，导致中高纬度部分地区冬春季风

---

① Massom R. A. and Stammerjohn S. E. , "Antarctic Sea Ice Change and Variability – Physical and Ecological Implications", Polar Science, Vol. 4, No. 2, 2010, pp. 149 – 186.

② Screen J, "The Central Role of Diminishing Sea Ice in Recent Arctic Temperature Amplification", Nature, Vol. 464, No. 7293, 2010, p. 1334.

速减弱，污染物不容易扩散。研究表明，北极海冰减少可能是中国冬春两季雾霾增加的重要原因。从长期看，中国华北、黄淮和长江中下游部分区域冬季雾霾发生的年际变化，与北极海冰秋季雾霾发生的年际变化，存在一定的反向关系。2013 年，中国冬季雾霾严重程度前所未有，这极可能与 2012 年北极海冰大面积融化有关。[①]

（三）山体滑坡、洪水、台风

极地冻土融化造成高山坡面的稳定性下降，同时冰川融化会残留下碎石，加剧了山体滑坡的风险。[②] 此外，受全球变暖影响，极地降雨的速率和范围急剧增加。2021 年 10 月至 2022 年 9 月，北极地区强降水事件频发。未来，降雨可能取代降雪成为极地最常见的降水形式，加之冻土和冰川融化，突发洪水的概率将大大增加。同时，海水温度的上升可能引发台风。2022 年 9 月中旬，异常温暖的海水导致台风“苗柏”形成，阿拉斯加西海岸受袭。极具破坏力的风暴潮导致房屋地基松动，基础设施受损，影响了多个沿海社区。

三、围绕南极淡水资源的争夺

（一）争夺南极淡水资源的原因

随着人口增长和环境污染加剧，地球上可供利用的淡水资源呈现不断下降趋势。淡水总量的不断减少，加之对淡水资源的不合理开采和利用，使得许多国家和地区无法应对水资源短缺问题，极大威胁人类生存。目前，世界一些著名的河道以及河流流域遭受严重的干旱威胁，包括湄公河、印度河、约旦河等。

南极大陆 98% 被冰雪覆盖，据估算，南极冰盖总体积为 2800 万立方千米，平均厚度为 2000 米。南极冰雪总量为 2500 万—3000 万立方

---

① 方正飞：《北极海冰减少加剧我国北方雾霾》，《中国海洋报》2019 年 1 月 23 日，第 3 版。

② Eichel J., et al., “From Active to Stable: Paraglacial Transition of Alpine Lateral Moraine Slopes”, Land Degradation and Development, Vol. 29, No. 11, 2018, pp. 4158 - 4172.

千米，占全球冰雪总量的90%以上。南极洲作为全球最大的淡水资源库，水质极佳。南极冰山作为天然无污染的纯净水资源，可能成为缓解水资源匮乏的新方式。

尽管就目前的情况而言，运输和保存以冰山为形式的淡水资源，缺乏相应的技术支持，并且成本高昂，不具有经济价值，但随着水资源短缺的现状不断加剧，南极水资源必然成为各国争抢的对象。为将利用南极水资源变成现实，美国专家小组曾设计出多种将南极冰山拖曳回本土的技术预案，并估算了相应的成本和收益。[①] 2017年，阿联酋遭遇严重缺水，国家顾问局有限公司制定详细方案，计划从南极赫德岛将一座冰山拖回阿联酋，以解燃眉之急。

（二）南极淡水资源利用的制度争议

然而，除技术问题外，能否利用南极水资源在制度层面也存在争议。一种观点认为，开采南极冰山可能违反《南极条约》中有关生态环境保护的条款。[②] 一旦开采呈现规模化的态势，必然在一定程度上破坏南极地区的生态环境。但另一种观点认为，《南极条约》签订的初衷是为了保护全人类的共同利益。水资源作为人类必不可少的关键资源，是保障人类生存权的必要条件。因此，开采南极水资源显然符合人类的共同利益，其合法性无可争议。

第二节　北极地缘政治新博弈

2022年，俄乌冲突爆发后，西方国家对俄罗斯制裁不断加码，溢出效应迅速在北极地区显现，对北极地区的当前形势和发展趋势产生

① Hult J. L. and Ostrander N. C., "Antarctic Icebergs as A Global Fresh Water Resource – Prepared for the National Science", Rand Corporation, October 1973, https://www.rand.org/pubs/reports/R1255.html.

② Emil A. Zuccaro, "Iceberg Appropriation and the Antarctic's Gordian Knot", California Western International Law Journal, Vol. 9, No. 2, 1979, pp. 405 – 429.

深刻影响，开启北极地缘政治新博弈的序幕。

一、北极治理机制停摆

（一）北极七国与俄罗斯分道扬镳

北极地理位置特殊，北极域内外国家此前均认同该地区的和平与合作不应受到世界其他地区冲突因素影响，但俄乌冲突严重冲击“北极例外主义论”的现实基础。2022 年 3 月，美国、加拿大、丹麦、芬兰、冰岛、挪威、瑞典发布《关于俄罗斯入侵乌克兰后北极理事会合作的联合声明》，指责俄罗斯破坏北极理事会的价值基础，宣布暂停参加北极理事会及其附属机构所有会议。[①] 此举立刻引发各方关注，导致北极地区出现一系列连锁反应。俄罗斯随即表示，决定暂停北极理事会及其附属机构工作直至另行通知，但俄罗斯愿意在适当时候恢复北极理事会对话与合作。2022 年 10 月，拜登政府发布《北极地区国家战略》报告，此系美国政府第二份北极国家战略文件。该文件将俄乌冲突列为北极地缘环境变化的主要威胁之一，称该事件导致俄罗斯与北极地区国家的政府间合作难以实现，但未来仍有恢复可能。

（二）北极区域和次区域治理机制遭遇停摆危机

在区域合作层面，北极经济理事会执委会召开特别会议并投票赞成谴责俄罗斯，决定将年度大会由圣彼得堡转至线上。此系 2014 年克里米亚事件导致北极国家武装力量总参谋长会晤机制暂停后，北极再次出现主要领域治理机制陷入停摆状态的情况。

在次区域合作层面，北欧部长理事会、波罗的海国家理事会先后暂停对俄合作。俄罗斯也不甘示弱，主动宣布退出“北方维度”和巴伦支海欧洲北极地区理事会两大对欧北极合作平台。俄罗斯认为，相关国家不友好行为违背两个组织的基本原则，破坏欧洲北部稳定睦邻

---

① “Joint Statement on Arctic Council Cooperation Following Russia’s Invasion of Ukraine”, US Department of State, March 3, 2022, https://www.state.gov/joint-statement-on-arctic-council-cooperation-following-russias-invasion-of-ukraine/.

关系，导致多年建立的紧密联系崩溃。俄罗斯远东和北极发展部部长阿列克谢·切昆科夫称，北极国家在重大问题上分裂为北大西洋和俄罗斯两个阵营。[①]

二、北极经济合作倒退

（一）美欧国家掀起针对俄罗斯北极油气项目的撤资潮

英国石油、挪威国家石油公司、英荷壳牌石油、埃克森美孚等石油公司纷纷退出与俄合资企业，停止新增项目投资。撤资潮波及沃斯托克、萨哈林 1 号、萨哈林 2 号和北极液化天然气 2 号等俄罗斯目前在北极周边地区主要液化天然气项目的融资、建设和投产。俄罗斯诺瓦泰克公司在液化天然气平台和液化天然气运输船制造技术方面对外国合作伙伴依赖较大。由于美西方禁止西方公司为俄罗斯液化天然气项目提供技术，法国德希尼布、意大利塞班、美国贝克休斯等西方油田服务巨头先后退出诺瓦泰克公司的北极液化天然气项目。

（二）俄罗斯北极航运持续困难

俄罗斯北极地区航运依赖冰级船舶，原材料出口、大型工业模块和部件进口依靠外国航运公司。西方国家制裁加大后，俄罗斯北极地区物流运输链中断。根据挪威媒体报道，国际航运企业重点回避在俄罗斯业务，导致北方海航线 2022 年国际过境运输量触底。[②] 俄罗斯北方航道管理局数据显示，2022 年北方海航线十五年来首次没有国际运输过境。目前，仅有悬挂中国香港、塞浦路斯、巴哈马旗的液化天然气运输船仍然通过该航线为俄罗斯能源项目服务。

（三）俄罗斯北极基础设施建设受到波及

俄罗斯北极海底光缆建设合作面临变局。当前，全球 400 余条海

---

① Alexey Chekunkov, “The Pivot to the East Runs through the Arctic”, March 9, 2022, https：//roscongress. org/en/materials/povorot – na – vostok – proiskhodit – cherez – arktiku/.

② MalteHumpert, “International Shipping on Northern Sea Route Collapses As Foreign Companies Stay Away”, September 12, 2022, https：//www. highnorthnews. com/en/international – shipping – northern – sea – route – collapses – foreign – companies – stay – away.

底光缆支撑起97%的国际信息交换。随着全球变暖和技术进步，北半球国家争相铺设通过北极海域的海底光缆，力图在北极数码基建领域抢先布局。海底光缆成为国际竞争和大国博弈的新领域。① 俄罗斯曾与芬兰达成北极连通海底光缆项目合作，该项目计划在北方海航线沿线建设海底光缆连接欧亚。但俄乌冲突后，该项目已经无限延期。

俄罗斯北极铁路项目被迫推迟。北纬通道铁路是俄罗斯在北极地区铁路走廊建设项目，年货运量约2390万吨货物，总成本为2923亿卢布。俄乌冲突后，俄罗斯政府宣布因经济形势恶化，吸引项目启动资金风险很高，有必要推迟北纬通道铁路项目，俄罗斯交通部将重新开展货流基础分析。

三、北极地缘角逐加剧

（一）北极军事关系紧绷

军事集团对抗趋势凸显。俄乌冲突后，北欧国家加强安全合作的诉求高涨，北约空前团结并成功实现向北扩张。2022年5月，芬兰、瑞典放弃长期奉行的军事不结盟政策，正式申请加入北约。2022年6月，北约30个成员国签署芬兰、瑞典入约议定书。2022年8月，美国总统拜登正式签署批准书，并敦促剩余7个成员国尽快完成批准程序。2023年4月4日，芬兰已经成功加入北约。俄罗斯总统普京认为，北约扩张是对俄罗斯国家安全的直接威胁，瑞典、芬兰加入北约被视为挑衅。

北极多国提升国防开支水平。瑞典国防开支计划在十年间增加85%，实现国防支出占国内生产总值2%的目标；挪威将新增30亿挪威克朗军费，强化与俄罗斯陆海边界防务；加拿大为拖延已久的北美防空司令部现代化改造项目制定一揽子拨款计划。从北欧和北美两个方向对俄罗斯施加军事压力的态势已然浮现，北极军事化水平迈上新

① 谢永顺、王成金：《全球海底光缆网络空间格局与战略支点及通道的识别》，《地理学报》2023年第2期，第386—402页。

台阶。

北极军事沟通机制悉数失灵。2022 年 3 月，北约盟友和伙伴在挪威举行寒冷回应演习，共有 27 个国家的 3.5 万名军人、2 艘航母战斗群参演，规模为冷战结束以来之最。此次俄罗斯明确拒绝在欧洲安全与合作组织框架下，以观察员身份参与相关活动，并在北约演习以西海域发布航行通告，划设射击区域。北极安全治理机制出现危险空窗期。

（二）俄罗斯与挪威海洋权益矛盾复燃

俄罗斯与挪威就《斯匹茨卑尔根群岛条约》适用问题龃龉不断。根据《斯匹茨卑尔根群岛条约》，斯匹茨卑尔根群岛的主权归属挪威，而俄罗斯作为缔约国，享有自由进出的权利[①]，因而在斯匹茨卑尔根群岛形成了俄罗斯居民点。俄乌冲突爆发后，挪威违反条约，阻止俄罗斯向斯匹茨卑尔根群岛俄罗斯居民点运送货物，两国矛盾再次爆发。2022 年 7 月，俄罗斯宣称国家杜马国际事务委员会将研究废除或暂停 2010 年签署的《挪威王国和俄罗斯联邦关于巴伦支海和北冰洋海洋划界与合作条约》。此举迫使挪威妥协，允许俄罗斯补给品入境。

（三）北极科学合作受到波及

地缘局势干扰北极科学合作。北极气候变暖的影响具有不可分割性和全球扩散性，使之成为北极域内外国家合作的契机和动能。[②] 而北极地区的很大一部分领土属于俄罗斯，俄罗斯科学家在北极环境监测方面发挥着重要作用。俄乌冲突后，欧盟暂停了所有涉及俄罗斯的科学合作资金。德国科学组织联盟建议冻结与俄罗斯国家机构和商业实体的科学合作，将俄罗斯排除在德国的所有研究资金之外。美国国家科学基金会虽未明确禁止在俄罗斯进行实地考察，但建议受资助者在没有俄罗斯参与的情况下进行研究。美国白宫科技政策办公室表示，

---

① 卢芳华：《〈斯匹次卑尔根群岛条约〉中的平等权利：制度与争议》，《太平洋学报》2020 年第 10 期，第 14—25 页。

② ［美］奥兰·扬、杨剑、［俄］安德烈·扎戈尔斯基：《新时期北极成为和平竞争区的发展逻辑》，《国际展望》2022 年第 3 期，第 1—21 页。

涉及俄罗斯政府下属机构的科技项目应停止。在此背景下，许多北极科研项目陷入困境。

第三节　南极安全治理新挑战

长期以来，南极条约体系存在较大的内在制度缺陷压力和外在现实挑战。近年来，《南极条约》协商国利用南极条约体系的制度漏洞，不断强化其在南极的实质存在，不但提升了南极再领土化的风险，而且严重冲击了南极非军事化的目标。面对日益严峻的全球生态环境危机，占据道德制高点的南极环保议题获得更为广泛的国际社会认同，南极环保议题的政治化倾向愈发明显，成为取得南极话语权的重要抓手。

一、南极再领土化隐忧浮现

受《南极条约》影响，国际社会不再正面讨论南极的领土主权问题，各国聚焦于科学研究，南极获得短暂平静期。但《南极条约》仅仅暂时冻结了南极的领土主权问题，实际上并没有否定南极七国对南极提出的领土主权要求。

（一）制度漏洞为南极再领土化提供空间

《南极条约》为南极领土主权声索国通过国内立法、设立专门管理机构、制定战略规划、实施行政管理及司法管辖等手段，不断强化其所谓“南极领地”的实际管控预留了制度空间。[①] 在此基础上，法国设立南方和南极土地管理局；英国设立南极领地政府；新西兰制定《南极法》并授权本国法院处理“罗斯属地”和南极其他地方发生的犯罪行为；阿根廷和智利在南极半岛区域建有旅馆、学校、医院、邮

---

① 郭培清、石伟华：《〈南极条约〉50周年：挑战与未来走向》，《中国海洋大学学报》（社会科学版）2010年第1期，第11—16页。

局、银行等一部分准永久性基础设施。[①] 事实上，除阿根廷、英国、智利三国之间因南极领土主权主张重叠而存在争议外，其他南极领土主权声索国间早已相互承认各自的南极领土主权主张。

《南极条约》并未对南极大陆周边海洋的专属经济区、大陆架等问题作出规定。根据《联合国海洋法公约》，领土主权和大陆架主权权利不可分割，拥有领土主权，必然拥有大陆架主权权利。按照大陆架划界审议规程，2009 年 5 月 13 日是大多数沿海国提交外大陆架划界申请案的最后期限。在此之前，南极领土主权声索国纷纷向联合国大陆架界限委员会提交南极外大陆架划界案。[②] 而根据“陆地统治海洋”的国际法规则，这一扩展海洋主权权利的意图实质上是重申了对南极的领土主权主张。

（二）南极再领土化的最新进展

近年来，南极领土主权声索国的手段越发公开化和多样化。一方面，加大主权宣示。2012 年 12 月 18 日，英国外交部宣布将以英国女王伊丽莎白二世的名字，命名英属南极领地的南部地区，作为英国外交部赠与女王登基六十周年的礼物。这片被命名的土地占地 43.7 万平方千米，约为英国国土面积的两倍，驻扎着 3 个英国南极考察队的研究工作站。英国外交部表示，这片土地将作为英国领土的一部分出现在英国版图上。2018 年，澳大利亚发布南极领地调查报告《维护澳大利亚在南极洲的国家利益》，称澳大利亚对南极大陆 42% 的土地享有主权，且这一主张适用于周边近海水域；2020 年，澳大利亚在南极凯西站为其爱尔兰裔探险队员举行入籍仪式。另一方面，强化实际管控。2020 年，阿根廷外交部长明确表示，南极研究所、武装部队和外交部是阿根廷维护国家南极主权的三大主体。2021 年，澳大利亚修订《渔业管理

① Mathias Strobeland Frank Tétart, “Le Tourisme En Antarctique: Un Enjeu Géoplitique?”, Hérodote, No. 127, 2007, pp. 167 – 177.

② 陈力：《南极治理机制的挑战与变革》，《国际观察》2014 年第 2 期，第 100 页。

法》，将公海定义为澳大利亚“南极领地”专属经济区外水域。①

二、南极非军事化目标受挑战

非军事化条款作为《南极条约》的重要成果，避免了南极领土主权声索国间爆发激烈冲突甚至战争。但《南极条约》的某些缺陷，为部分国家在南极进行军事活动与军事存在提供了法律依据。

根据《南极条约》第一条规定，虽然禁止一切具有军事性质的措施，但能够为了科学研究或任何其他和平目的而使用军事人员或设备。而《南极条约》并没有指定区分军事性研究和非军事性研究的条款，在实际操作中，严格区分研究活动的性质十分困难。

第一，中立的科学研究可用于非中立的军事目的。② 南极特殊的地理环境和气候条件，造就南极的科研活动极具军事价值。南极是地球的主要冷源，它通过大气环流、大洋环流和碳循环维持地球生态平衡。而南极在影响全球气候变化中的特殊作用，为各国研究气象武器提供便利。第二，军用和民用的界限越来越模糊。由于近代以来学科划分呈现出精细化和相互交叉的态势，越来越多的军民两用技术出现。如磁场对于通信的影响、气象观测对于天气预测的影响，既可以归为民用技术，也可以划分为军用高科技。美国长期对南极上层大气开展物理研究，尽管美国对外宣称其目的是科学考察，但该研究对国防通信系统的完善具有重要意义。第三，军事基地含义不明。《南极条约》禁止在南极建立军事基地，但未指明军事基地的性质和条件。③ 当前，在南极的几个基地都是由当事国的武装部队建设并管理，如智利的爱德华多·弗雷军事·蒙塔尔瓦基地和贝尔纳多·奥希金斯·里克尔梅基

---

① 羊志洪、周怡圃：《南极条约体系面临的困境与中国的应对》，《边界与海洋研究》2022 年第 3 期，第 68—86 页。

② Jinyuan Su, “The Peaceful Purposes’ Principle in Antarctica and the Stability of Its Peaceful Status”, Australian and New Zealand Maritime Law Journal, Vol. 27, No. 3, 2010, pp. 152 – 165.

③ 石伟华、郭培清：《过热的南极——南极非军事化面临挑战》，《海洋世界》2008 年第 7 期，第 74—79 页。

地，智利声称这些基地均为和平目的服务。

为争取战略主动，各国纷纷加强在南极的军事存在，形成了多国陈兵南极周边的紧张态势。2008 年，智利宣布重启南极的阿图罗·普拉特海军基地，以便更好地控制海上运输，确保南极海域旅游人员的安全，监控环境污染。英国在马岛战争结束后，在该群岛保留有相当数量的驻军，其舰艇频繁在南极水域进行军事演习。美国在“9·11”事件后，打着反恐旗号，修改全球战区的划分，将南方战区和欧洲战区的防御范围扩展到南极洲沿海一线，太平洋战区将整个南极大陆包括在内。[①] 此外，美国太平洋空军组建南极支援特遣队，常驻新西兰，专门负责空军的南极行动。为掩人耳目，驻南极美军的指挥权归属于美国国家科学基金会科考项目极地办公室。

三、南极环保议题政治化

当前，人类对南极的科学认识仍十分有限。近年来，南极冰川融化导致全球海平面上升的科学证据日益坚实，南极生物种群生存受到威胁、塑料污染加剧等现象频发。虽然到目前为止，由于主权归属、开采难度、环境保护等一系列问题，南极矿产资源开发仅限于科学考察，尚未进入商业开发阶段，但随着全球矿产资源短缺愈演愈烈，开发利用南极矿产资源必然成为国际社会的焦点，而资源开发必然导致对南极环境的破坏。[②]

面对日益严峻的全球生态环境危机，未来和平利用南极的环保门槛与科学技术门槛将不断攀升，南极生态环境保护将占据道德制高点，成为南极科学考察和开发利用的出发点，影响南极治理规则的走向。一国在南极事务决策中的话语权将取决于其南极生态环境保护能力与

① Klaus Doddsand Alan D. hemmings, “The United States 2002 Unified Command Plan: Antarctica and the Areas of Responsibility of Military Commanders”, Polar Record, Vol. 44, No. 2, 2008, pp. 173 – 177.

② 陈玉刚:《试析南极地缘政治的再安全化》,《国际观察》2013 年第 3 期，第 56—62 页。

南极科研水平。[①] 在此背景下，南极环保议题政治化倾向愈发明显，南极环境保护已成为各国加强南极实质存在、开展地缘政治博弈、主导南极利益分配格局的一部分。这导致南极条约体系所规定的生态环境保护价值共识，在具体的实现路径上出现较大的分歧，必将破坏国际南极合作，激化南极矛盾。

最为典型的案例是近年来南极海洋生物资源养护委员会有关南极海洋保护区提案的问题。一方面，南极海洋保护区提案加剧了南极领土主权声索国和非南极领土主权声索国两大阵营之间的对立。在南极海洋保护区划设范围、科学依据、法律制度等问题上，多国之间存在分歧。[②] 英国、澳大利亚、新西兰、阿根廷、智利等南极领土主权声索国，单独或共同提出的南极海洋保护区提案的覆盖范围，都与各自声索的南极领土主权的专属经济区海域之间存在重叠。因此，即使这些提案出于保护海洋生态环境的目标，但由于涉及南极领土主权问题，非南极领土主权声索国对南极海洋保护区提案保持高度警惕，并质疑提案的合理性和合法性。另一方面，南极条约体系下协商会议制度的协商一致原则遭到质疑。近年来，部分学者或媒体打着南极环境保护的旗号，公然谴责中国、俄罗斯等对南极海洋保护区提案持反对态度的国家，声称其阻碍南极海洋环境保护。在美西方的精心操弄下，南极环保议题俨然成为攻击中国与俄罗斯的又一有利武器。这种做法加深了南极利益相关方之间的裂痕，对未来南极条约体系的决策规则走向产生不利影响。

---

① 马忠法、许子昀：《〈南极条约〉第4条法律问题研究》，《极地研究》2022年第4期，第503—515页。

② 付玉：《南极海洋保护区事务的发展及挑战》，《中国工程科学》2019年第6期，第9—17页。

思考题

1. 近两年，美西方强行把本不属于南极治理范畴的俄乌冲突纳入《南极条约》协商会议和南极海洋生物资源养护委员会会议的讨论议程，并写入会议报告中，此举出于什么目的？将对南极治理产生怎样的影响？

2. 俄乌冲突后，北极地缘政治发生重大变化，为中国带来了怎样的机遇和挑战？

3. 随着极地升温、冰川消融、全球极端天气激增，任何一国都无法置身事外。作为负责任的发展中大国，中国应该如何应对？

第十二章　极地安全政策

随着全球变暖和技术进步，极地开发逐渐成为现实。极地成为大国之间围绕利益和影响力竞争的战略制高点。以美国为首的多国纷纷出台极地安全政策，强化在极地事务中的话语权。作为负责任的发展中大国，中国积极参与极地治理，综合利用各种政策工具和既有国际机制来维护中国在极地的环境利益、经济利益、科考利益、安全利益和参与极地治理的合法权益。

第一节　主要国家的极地安全政策

受现实利益驱动，各主要国家不断强化在极地部署的力度和速度，不断更新极地政策。由于各国所处地理位置、国家实力、利益诉求等不同，其极地政策各有侧重。

一、美国的极地安全政策

（一）美国的北极政策

1867 年，美国花费 730 万美元从急速衰落的俄国手中买下阿拉斯加（按照当时的价格相当于 2 美分每平方千米），从此成为了北极国家。[1] 总的来看，美国北极政策的发展历程大致可分为三个阶段。

1. 初具雏形阶段（1971 年至 1989 年）

二战结束后，美苏开启冷战。北极地区处于直线距离美国和苏联为首的两大阵营最短的特殊地理位置，成为美苏冷战对抗的最前沿。[2]

1971 年，尼克松政府发布第一份美国北极政策文件——《第 144 号国家安全决策备忘录》，明确美国将支持合理开发北极，与其他国家在科学研究、资源开发和环境保护等领域进行合作，提高美国在北极行动和存在的能力。1983 年，里根政府发布《第 90 号美国北极政策指令》，强调在北极地区的利益直接关系到美国的国家安全、资源与能源开发、科学调查和环境保护，把美国对北极的科学研究、经济利益和战略考量联系在一起。

1971 年和 1983 年出台的两份文件，明确提出保护美国在北极地区的安全利益，标志着美国北极战略雏形和轮廓已然初现。

2. 探索成型阶段（1989 年至 2009 年）

随着东西方关系的缓和以及美国全球战略布局的调整，北极地区对美国的战略重要性有所下降。[3]

1994 年，克林顿政府发布《美国北极和南极地区政策》报告。该报告明确了美国北极政策的三大主题：推动北极地区经济和资源开发利用的可持续发展、保护北极地区脆弱的生态环境、推动北极地区的国际合作。这一政策文件为冷战结束之后美国在北极地区的利益和行动提供了重要指导，揭开了美国参与北极事务的新篇章。

在之后的十余年间，美国没有出台任何新的北极政策。直到 2007 年，俄罗斯北极海底插旗事件在国际上引起广泛关注，美国政府开始重新审视北极地区对于美国的重要性。2009 年，小布什政府发布《第

---

① 王传兴：《美国北极战略演进研究》，《东北亚论坛》2022 年第 3 期，第 76—91 页。

② Edgar L. Dosman, "Sovereignty and Security in the Arctic", New York: Routledge, 1989, p. 9.

③ 李益波：《美国北极战略的新动向及其影响》，《太平洋学报》2014 年第 6 期，第 71 页。

66 号国家安全总统指令》(《第 25 号国土安全总统指令》),重申了北极与美国国土安全的重大关系,肯定了《联合国海洋法公约》确保美国北极利益的重要性,指出要推动北极地区经济和资源开发的可持续发展,加强北极地区的国际合作等。[①]《第 66 号国家安全总统指令》的出台,标志着美国北极战略成型。

3. 确立发展阶段(2009 年至今)

金融危机后,美国国家安全战略重心开始从反恐转向制衡中国等新兴经济体,美国的北极战略开始重新回归传统安全议题。[②]

2013 年,奥巴马政府颁布了美国历史上第一份北极战略报告——《北极地区国家战略》报告。该报告在深入分析北极环境变化的基础上,明确美国在北极的五大核心利益——保障美国国家安全、保护资源和商业的自由流动、保护北极地区的生态环境、关切原住民群体的利益与需求、促进北极地区的科学研究。

2014 年,奥巴马政府发布《北极地区国家战略实施计划》。奥巴马政府以气候为切入点,通过担任北极理事会轮值主席,呼吁全球各国共同应对气候危机,以此加强对北极地区事务的管控。这一时期,美国北极战略系列文件的发布标志着美国的北极战略正式成型。

特朗普上台后,对美国的北极战略做出了重大调整,忽视气候变化影响,重视并批准在北极相关海域的能源开发,加强在北极地区军事行动。[③] 尽管特朗普政府颁布的多个相关政策文件均提及通过多边合作实现共同利益,但在实际操作中仍然排斥中俄等国。在 2019 年美国国防部出台的《北极战略》报告中,美国不承认中国的“近北极国家”身份,指出“中国正试图通过经济活动挑战北极的治理

---

① 郭培清、孙兴伟:《论小布什和奥巴马政府的北极“保守”政策》,《国际观察》2014 年第 2 期,第 81 页。

② 孙凯、杨松霖:《奥巴马第二任期美国北极政策的调整及其影响》,《太平洋学报》2016 年第 12 期,第 31—42 页。

③ 信强、张佳佳:《特朗普政府的北极“战略再定位”及其影响》,《复旦学报》(社会科学版)2021 年第 4 期,第 175—185 页。

秩序”。[①]

2022 年 10 月，拜登政府发布全新北极战略报告——《北极地区国家战略》报告。这是继奥巴马政府在 2013 年发布首份北极战略报告后，美国白宫第二次就北极问题发布重要战略文件。新版战略报告围绕安全、气候变化与环境保护、可持续发展、国际合作四大支柱，规划了未来十年的北极议程。安全问题位列拜登政府北极战略“四大支柱”之首，强调将与中俄在北极展开地缘政治博弈，遏制中俄在北极不断提升的国际影响力。

（二）美国的南极政策

美国是南极地区政策的设计师和主要制定者，也是较早参与南极科考的国家。自 19 世纪南极考察开始，美国南极政策经历了从占有南极领土到管理开发南极再到保护南极环境的转变。[②]

在南极条约体系建立前，美国在南极事务上并未处于领导地位。在各发达国家纷纷宣布南极领土主权的国际背景下，美国开始认识到南极的重要性，采取更为积极的南极政策，推动以政府活动为主的美国南极服务项目运转。[③] 在此期间，美国组织了多次大规模南极探险活动，建立两个常年考察站，成为第一个在南极设立常年站的国家。

随着南极领土主张的矛盾冲突加剧，在苏联和盟国的牵制下，美国意识到占领南极领土无法为美国带来最大化的南极利益，只有提高美国在南极议题中的地位，成为南极事务的引领者，才能真正实现美国在南极的利益。[④] 美国以国际地球物理年为契机，提出国际合作考察的建议，推动签订《南极条约》。通过南极条约体系，美国实现了由南

---

① US Department of Defense，“Department of Defense Arctic Strategy”，June 2019，https：//media. defense. gov/2019/Jun/06/2002141657/ – 1/ – 1/1/2019 – DOD – ARCTIC – STRATEGY. PDF.

② 陈力：《美国的南极政策与法律》，《美国研究》2013 年第 1 期，第 65—86 页。

③ ［美］德博拉·沙普利著，张辉旭、邓天佐、熊嘉育、高锦曦译：《第七大陆——资源时代的南极洲》，中国环境科学出版社 1990 年版，第 42 页。

④ Deborah Sharpley，“The Seventh Continent：Antarctica in a Resource Age”，Washington，D. C. ：Resources of the Future，1985，p. 19.

极事务的边缘角色到核心角色的转变。[①]

随着国际环境保护浪潮涌起，《南极条约》协商国对于南极资源开发和环境保护出现分歧，威胁到南极条约体系的稳定。为维护南极条约体系正常运行，保持美国在南极的影响力，美国调整南极政策，从管理开发南极转向保护南极环境。在美国的积极推动下，《南极条约》协商国先后签订了《保护南极动植物议定措施》等条约。

二、俄罗斯的极地安全政策

（一）俄罗斯的北极政策

俄罗斯是北极领土和海域面积最大的国家。[②] 苏联时期，北极是美苏战略对抗的前沿阵地。冷战结束后，俄罗斯因其国家战略方向的调整和经济能力的限制，大大减少了在北极地区的投入，北极战略地位一落千丈。在 20 世纪 90 年代，俄罗斯的北极地区基本处于停滞阶段。进入 21 世纪后，随着俄罗斯国力的回升，北极重新成为俄罗斯国家战略的重要组成部分。[③]

1. 初步形成阶段（2000 年至 2012 年）

2000 年，普京就任俄罗斯总统，将被搁置十年的北极地区列入国家发展规划。2001 年 7 月，普京签署《俄罗斯联邦至 2020 年期间的海洋政策》，北冰洋地区成为俄罗斯的五大战略重点区域之一。

2008 年 9 月，俄罗斯公布《2020 年前俄罗斯联邦北极地区的国家政策原则及远景规划》。该文件是 21 世纪俄罗斯第一份有关北极开发的纲领性文件，将俄罗斯在北极地区的主要国家利益进行了划分，包括四个方面：将北极区域作为保障国家社会经济发展的战略资源基地；保持北极地区作为和平与合作的区域；保护北极的生态系统；将北方

① M. J. Peterson, "Managing the Frozen South: The Creation and Evolution of the Antarctic Treaty System", Berkeley: University of California Press, 1988, p. 3.

② 张朋飞：《俄罗斯北极政策及其决策机制研究》，硕士学位论文，中国海洋大学，2015 年，第 3 页。

③ 黄凤志、冯亚茹：《俄罗斯的北极政策探析》，《吉林大学社会科学学报》2021 年第 5 期，第 133—144 页。

海航道作为俄联邦在北极地区统一的国家交通运输干线。

2. 政策实施阶段（2012 年至 2014 年）

2012 年 7 月，普京签署《关于北方海航道商业航运相关法律条款的修改》联邦法。2013 年 2 月，普京批准了《2020 年前俄罗斯联邦北极地区发展和国家安全保障战略》。文件规定了北极地区的战略目标和优先发展方向，明确了主要机制、方法和手段。这标志着俄罗斯北极地区开发进入全面实施阶段，北极战略更具可操作性。[①] 该战略分解具体任务和强化责任落实，紧扣社会经济发展、资源开发、复兴航道三根主线。[②]

3. 政策调整阶段（2014 年至 2022 年）

2014 年乌克兰危机之后，俄罗斯与美西方国家关系紧张，为应对新的国际局势，俄罗斯先后修订了一系列重要政策文件，凸显俄罗斯维护其北极利益的决心。[③] 2014 年 12 月，俄罗斯出台新版《俄罗斯联邦军事学说》，明确保障俄联邦在北极地区的国家利益是和平时期武装力量的主要任务之一。2015 年 7 月，俄罗斯出台新版《俄罗斯联邦海洋学说》，强调北极海域对于保证俄罗斯海军自由进出大西洋和太平洋、维护资源安全意义重大。

但面对近年来逐渐升温的北极安全竞争态势，俄罗斯仍表现出极大克制，努力避免在 2014 年乌克兰危机和叙利亚问题上与西方国家的对抗性态势外溢至北极地区。2017 年，俄罗斯与美国等十个国家达成《预防中北冰洋不管制公海渔业协定》，表明俄罗斯愿意以国家间合作方式解决北极地区问题。2020 年 3 月，俄罗斯出台《2035 年前俄罗斯联邦北极国家政策基本文件》，再次明确维护北极的和平与稳定，与各方建立互利伙伴关系。

---

① 杨剑等：《北极治理新论》，时事出版社 2014 年版，第 175 页。

② 陆俊元、张侠：《中国北极权益与政策研究》，时事出版社 2016 年版，第 137 页。

③ Marlène Laruelle, “Russia’s Arctic Strategies and the Future of the Far North”, New York: M. E. Sharpe, 2014, pp. 9 – 12.

4. 政策转型阶段（2022 年至今）

2022 年 2 月，俄乌冲突爆发，溢出效应在北极凸显，北极安全环境发生历史性改变。伴随着美西方对俄罗斯抵制和制裁措施不断加码，俄罗斯北极政策大幅度调整。

2023 年 3 月，俄罗斯修改北极国际合作立场，从《2035 年前俄罗斯联邦北极国家政策基本文件》中删去北极理事会和巴伦支海欧洲北极地区理事会的相关内容，强调加强北极的国际经济、科技、文化等合作必须考虑俄联邦的国家利益。这暗示俄罗斯将不再维持原有的北极合作形式，准备好与北极域外大国合作。[①]

（二）俄罗斯的南极政策

在 1949 年前，苏联从未对南极提出任何主权要求。在美国提出签署《南极条约》后，苏联在呼吁冻结南极的领土主权要求的同时，加紧在南极兴建科考基地，成为美国南极战略的主要竞争者。[②] 苏联解体后，南极事务被置于俄罗斯海洋战略之中，成为巩固印度洋海洋地位的重要一环。[③]

2010 年，俄罗斯政府出台《2020 年及以后南极活动发展战略》，部署了南极活动的三个阶段。第一阶段为 2010 年至 2013 年，主要任务是维护俄罗斯在南极的各项活动；第二阶段为 2013 年至 2020 年，主要任务是对南极科考活动的基础设施进行现代化改造；第三阶段为 2020 年至 2030 年，主要任务是确保俄罗斯在南极研究方面的世界地位。2020 年 8 月，俄罗斯政府通过《俄罗斯南极发展战略》。该战略以南极基础设施现代化、综合研究、环境保护、提高探险队员技能为重点，旨在加强俄罗斯在南极的地位，为南极考察提供新动力。

---

① 张耀：《俄罗斯调整北极政策意味着什么》，《环球时报》2023 年 3 月 28 日。

② 郭培清、石伟华编著：《南极政治问题的多角度探讨》，海洋出版社 2012 年版，第 107—108 页。

③ 左风荣、刘建：《俄罗斯海洋战略的新变化》，《当代世界与社会主义》2017 年第 1 期，第 132—138 页。

三、北欧国家的极地安全政策

北欧五国在北极事务中保持着极高的参与权和话语权，将北极作为国家最重要的方向。因篇幅限制，本书选取挪威和丹麦的北极政策进行重点介绍。

（一）挪威

挪威是21世纪第一个开始制定明确的北极战略和政策的国家。[①] 2003年挪威政府向议会提交《北方展望：北极地区的挑战与机遇》白皮书，为后来挪威的北极战略奠定了基础。2006年，挪威的第一份北极战略文件——《挪威政府高北战略》对外发布。挪威将“高北”描述为一个广义的地理和政治概念，涵盖巴伦支海及其周边地区，包括斯瓦尔巴群岛。该战略将存在、活动和知识作为北极事务发展的三大核心支柱，旨在强化挪威在北极地区的存在和主权，成为北极各领域活动和知识建设的领导者。[②]

2014年，《挪威北极政策》公开发布，强调国际合作、商业发展、构建发展知识、基础设施建设、环境保护和应急准备五个方面。[③] 2017年，《挪威北极政策：地缘政治与社会发展之间的关系》出台，在2014年北极政策内容的基础上对北极发展具体事项进行了扩充与增加，更加关注北极的商业发展和基础设施建设。2020年，《挪威北极政策：人民、机遇与挪威在北极的利益》发布，针对日益严峻的北极地缘政治形势，强调北极的安全意义越来越重大。

（二）丹麦

格陵兰岛的存在，赋予了丹麦北极国家身份，并使其在北极事务

---

① ［芬兰］拉塞·海宁恩、杨剑主编：《北极合作的北欧路径》，时事出版社2019年版，第159页。

② Geir Hønneland, “Norway and the High North: Foreign Policy Strategies Since the Cold War”, Current Politics and Economics of Europe, Vol. 28, No. 1, 2017, pp. 31 – 53.

③ 唐雨涵：《冷战后挪威北极战略研究》，硕士学位论文，华中师范大学，2022年，第15页。

中占据着重要的话语权。随着1979年《地方自治法案》生效，格陵兰岛地方政府被赋予有限自治权。2009年，格陵兰岛进一步掌握立法和司法权、金融监管与审计权、对矿产资源开发和海空事务的管辖权等权力，在独立化进程中迈出实质性的一步。一旦格陵兰岛独立，丹麦将失去北极国家身份。因此，丹麦的北极战略将强化丹麦北极国家身份作为重点。①

2008年5月，丹麦发布《丹麦王国北极战略》。该文件作为丹麦的首份北极战略，第一次明确以丹麦与格陵兰岛双方的形式共同参与北极事务，突出利益共享、责任共担的模式。2011年8月，丹麦更新北极战略，发布《2011—2020年丹麦王国北极战略》。该文件指出，丹麦王国的三个部分（丹麦、格陵兰岛和法罗群岛）是平等的伙伴关系，将共同致力于建设一个和平、安全的北极。2018年，丹麦发布《丹麦国防协定2018—2023》，声明将增强北极地区的军事存在。2023年，丹麦公布国防计划，预计在未来十年内投入1430亿丹麦克朗，在北极地区承担更大的责任。

四、大洋洲国家的极地安全政策

作为南极的地理临近国与主权声索国，南极成为澳大利亚与新西兰国家利益中的核心关切。而地理位置的临近性赋予两国参与南极地区事务的天然优势，任何参与南极事务的国家都无法忽视两国在南极地区事务中的影响。② 此外，两国对南极的领土主权要求均承袭于英国，因而两国对南极的战略诉求具有许多相似之处。

（一）澳大利亚

澳大利亚将南极视为其后院和势力范围，把南极政策纳入国家总体安全与战略政策构想中。澳大利亚在南极的战略利益几乎是全方位

① ［芬兰］拉塞·海宁恩、杨剑主编：《北极合作的北欧路径》，时事出版社2019年版，第146页。

② Christopher C. Joyner, "The Antarctic Mineral Neogiation Process", The American Journal of International Law, Vol. 81, No. 4, 1988, p. 886.

的，包括领土主权、安全、政治、环境、科研和经济等。其中，领土主权利益以及由此引发的南极安全关切，是澳大利亚南极战略利益的核心。[①] 1933 年，英国将占南极大陆总面积的 42% 领土主权权利转让给澳大利亚（相当于澳大利亚国土面积的四分之三），该主权声索区被命名为“澳大利亚南极领地”。在此之后，澳大利亚通过国内立法等方式，对其“南极领地”进行实际管辖，向国际社会展示其“主权权利”。

2016 年，澳大利亚公布《澳大利亚南极战略及未来 20 年行动计划》。该文件的发布，标志着澳大利亚首次将南极地区提升到国家战略安全高度。文件明确了澳大利亚在南极地区的利益关切和战略目标：竭力避免南极地区成为地缘政治竞争的焦点区域；维护澳大利亚南极领土主权及临近海域的主权权利；支持和确保南极条约体系的有效性及权威性；开展世界一流的南极科学考察；保护南极环境；挖掘南极大陆及南大洋的经济机遇等。南极环保问题被澳大利亚看作是南极政策中仅次于主权问题的战略要点。在南极条约体系的发展进程中，澳大利亚一贯提倡环境保护应该成为各国参与南极治理优先考虑的议题，扮演着推动南极环境保护主导者的角色。1989 年，澳大利亚拒绝签署《南极矿物资源活动管理公约》，并推动《关于环境保护的南极条约议定书》缔结。近年来，澳大利亚积极督促南极海洋生物资源委员会采取措施限制非法捕鱼，推动设立南极海洋保护区。[②]

（二）新西兰

作为南极门户国家，新西兰在南极拥有领土主权、环境、安全、商业等多重利益。其中，领土主权在新西兰的南极战略中占据压倒性地位。1923 年以来，新西兰主张对罗斯地区拥有主权，称其为“罗斯属地”。“罗斯属地”包括大陆和冰架，大陆面积约为 44 万平方千米，

---

① Stuart Kaye and Donald R. Rothwell, “Australia’s Antarctic Maritime Claims and Boundaries”, Ocean Development and International Law, Vol. 26, No. 3, 1995, pp. 195 – 226.

② 丁煌主编：《极地国家政策研究报告（2014—2015）》，科学出版社 2016 年版，第 376 页。

冰架面积约为33万平方千米，远远大于新西兰27万平方千米的国土面积。2006年，新西兰政府声明保留未来对“罗斯属地”附属南极海域海床提出主权要求的权利。①

1995年，新西兰发布《战略目标声明》，集中陈述了新西兰的南极国家利益及目标。2002年，新西兰发布《新西兰南极战略利益》。综合以上两份文件，新西兰的南极战略目标如下：维护在“罗斯属地”的长期利益以及对“罗斯属地”的承诺和可靠的存在；在南极条约体系中起主导作用，影响决策，使其符合长远利益；保持南极的和平与无核化状态；保护南大洋生物资源，尤其是罗斯海的海洋生物资源，在此基础上提高可持续的经济效益；支持高质量南极南大洋科考活动。

作为一个人口和综合国力有限的小国，新西兰的南极战略高度依赖美国。自1958年开始，两国的海、陆、空三军通力合作，为两国南极项目提供交通运输和后勤支援。根据双方协议，新西兰同意为美国的南极科考活动提供便利。美国在新西兰的基督城设有南极活动指挥部，负责向南极转送人员、派遣船只、安排飞机。

五、拉丁美洲国家的极地安全政策

作为世界的外围、南极的中心，拉丁美洲国家在南极事务中具有特殊地位。阿根廷、智利等拉丁美洲国家不仅具备地理优势，拥有悠久的南极探险史，也是南极国际治理的主要参与方。

（一）阿根廷

阿根廷作为离南极最近的国家之一，是世界上最早在南极建立科考站的国家，其在南极活动已有一百多年的历史。② 在当今世界的南极政治中，阿根廷占有举足轻重的地位。③ 阿根廷是《南极条约》12个原

---

① Anne Marie Brady, “New Zealand’s Antarctica”, Oxon: Routledge, 2013, p. 150.

② Alistair Hennessy and John King, “The Land that England Lost: Argentina and Britain, A Special Relationship”, London: British Academic Press, 2007, p. 260.

③ 华薇娜、张侠编著：《南极条约协商国南极活动能力调研统计报告》，海洋出版社2012年版，第28页。

始缔约国之一，阿根廷首都布宜诺斯艾利斯为南极条约秘书处所在地。

领土主权在阿根廷的南极战略中占据主导位置。1904 年，阿根廷接收了英国设在南极奥尼克群岛劳瑞岛的基地，建立了世界上首个南极科考站——奥长达斯站，成为阿根廷在南极实行“有效占领”的开始。在此之后，基于继承原则、有效占领原则等，阿根廷对 60°S 以南、25°W 至 75°W 的南极地区提出领土主权要求，称其为“阿根廷南极属地”，面积达 96 万多平方千米。但阿根廷的南极主权要求与英国、智利的南极主权要求存在重叠，引发了三国在南极领土主权上的争议。在与智利协商后，双方表示互相尊重在南极的利益，但阿根廷与英国间的矛盾不断，最终引发马岛战争。[①]

《南极条约》签订后，阿根廷的南极政策由以领土主权为主，转变为兼顾领土主权与和平开发利用南极。为加强对南极的有效占领，阿根廷在“阿根廷南极属地”建立科考站、学校、医院、银行等设施，并通过总统和政府高官访问南极，扩大在南极的政治存在。[②]

（二）智利

自 20 世纪 40 年代开始，智利频频涉足南极，宣称以南极点为顶点的 53°*W* 至 90°W 的扇形地区是智利领土，称其为“智利南极省”，与英国和阿根廷的主权要求发生冲突。2008 年，在智利的不断让步下，智利和阿根廷完成了边界划定。

领土主权在智利的南极战略中同样占据压倒性地位。为宣示主权，智利鼓励国民在“智利南极省”居住，许诺给予高额补贴，并在南极的智利站建成小而完整的社区，配备有医院、小学、银行、邮局、超市、教堂等服务设施。此外，智利作为赴南极主要的中转国之一，借助南极旅游，向南极宣示文化主权。

---

① 1982 年，为争夺马尔维纳斯群岛（英国称福克兰群岛），阿根廷和英国爆发了战争，最终阿根廷战败。

② Peter Beck and Croom Helon, “The International Policy of Antarctic”, London: Cambridge University Press, 2005, p. 159.

第二节　中国的极地安全主张与实践

中国于1985年成为《南极条约》协商国，2013年成为北极理事会正式观察员国，至此确立了参与极地全球治理的主体地位。2017年中国首次发布《中国的南极事业》报告，2018年首次发布《中国的北极政策》白皮书，正式明确了中国的南北极政策。中国秉承不越位、不缺位、不独行的极地治理观，倡导以人类命运共同体为理念的治理模式，积极推动与各国的极地合作。

一、中国极地战略的演变

（一）中国北极战略的演变

中国作为北极域外国家，是北极事务的积极参与者、建设者和贡献者。[①] 从历史上看，中国北极战略实践主要历经了三个发展阶段。

1. 中国—北极建立关系（1925年至1999年）

1925年，段祺瑞政府代表中国加入了《斯匹茨卑尔根群岛条约》，成为中国参与北极事务的开端。根据该条约，中国的船舶和国民可以自由进入该岛领土和领海，在这一区域拥有平等从事海洋、工业、矿业和商业等活动的权利。但在此之后，由于战乱和综合国力的限制，中国未能在北极地区开展实际活动。改革开放后，中国开始全面融入世界，积极投身极地科学研究。1982年，中国加入了《联合国海洋法公约》，中国的船舶和飞机享有在北极国家的专属经济区内航行和飞越的自由、北冰洋公海海域的航行自由、公约所规定的船旗国权益。至此，通过缔结国际条约，中国获得北极活动的权益。

---

① 杨剑：《中国发展极地事业的战略思考》，《人民论坛·学术前沿》2017年第11期，第6—15页。

2. 实质性参与北极事务（1999 年至 2018 年）

1999 年，中国科考队开展首次北冰洋科学考察，进行综合性海洋调查。截至 2023 年 9 月，中国科考队已成功组织 13 次北冰洋科学考察。① 2004 年 7 月，中国首个北极科考站——黄河站，在挪威斯瓦尔巴群岛的新奥尔松建成并正式投入使用；2018 年 10 月，中国第二个北极科考站——中冰北极科考站正式运行，位于冰岛北部。中国建立了北极地区的综合观测体系，在北极地质、地理、冰雪、水文、气象、海冰、生物、生态、地球物理、海洋化学等领域科研水平显著提高，取得了一批具有国际影响力的北极科研成果。

2013 年，中国正式成为北极理事会的正式观察员国。中国与北极八国开展了多领域的北极事务对话，并积极参与重要的北极国际论坛，如北极圈论坛大会、“北极前沿”大会、“北极—对话区域”国际北极论坛等。

2017 年，国家发展改革委、国家海洋局发布的《“一带一路”建设海上合作设想》中，首次将北极航道明确为共建“一带一路”三大主要海上通道之一。

3. 明确北极政策（2018 年至今）

2018 年 1 月，中国发表《中国的北极政策》白皮书，此系中国在北极政策方面发表的首部白皮书。文件明确中国是北极事务的重要利益攸关方，在地缘上是“近北极国家”，是陆上最接近北极圈的国家之一。中国的北极政策目标是：认识北极、保护北极、利用北极和参与治理北极，维护各国和国际社会在北极的共同利益，推动北极的可持续发展。为了实现上述政策目标，中国本着尊重、合作、共赢、可持续的基本原则参与北极事务。

（二）中国南极战略的演变

中国南极战略实践主要历经了三个发展阶段。

---

① 《中国第 13 次北冰洋科考考察队抵达北极点》，中国政府网，2023 年 9 月 7 日，https：//www. gov. cn/yaowen/liebiao/202309/content_6902607. htm。

1. 从法律上获得参与南极事务的资格

1978 年，国家海洋局向国务院提出的《关于开展南极考察》的请示报告得到批准，自此中国正式开始南极科考准备工作。1981 年，国家南极考察委员会成立。1983 年，第五届全国人大常务委员会第 27 次会议通过了中国加入《南极条约》的决议。1984 年，中国科考队开展首次南极考察。1985 年，中国第一个南极科考站——长城站，在南极洲乔治王岛菲尔德斯半岛南部建设完成。1985 年 10 月，在布鲁塞尔举行的第 13 届《南极条约》协商会议召开特别会议，一致同意中国为《南极条约》协商国，从法律上确立了中国作为南极事务重要参与国的地位。

2. 通过科学考察增强国家的南极实力①

1986 年，南极研究科学委员会正式接纳中国为成员国，为中国科学家参与科考、贡献知识、分享成果打开了大门。截至 2023 年 9 月，中国南极科考队已 39 次赴南极执行科考任务。中国相继在南极建成了长城站、中山站、昆仑站、泰山站和罗斯海新站。其中，昆仑站建在南极内陆冰盖最高点冰穹 A 附近，海拔 4087 米，是目前南极海拔最高的考察站。中国成为继美国、俄罗斯、日本、法国、意大利和德国之后，第六个在南极内陆建站的国家。中国在横穿南极雪冰环境研究、格罗夫山古气候环境研究、南极陨石回收与研究等领域，均获得国际一流科学成果。

3. 明确南极政策

2017 年，中国首次发布白皮书性质的南极事业发展报告——《中国的南极事业》。报告强调，南极关乎人类生存和可持续发展的未来，建设一个和平稳定、环境友好、治理公正的南极，符合中国和国际社会的共同利益。中国将坚定不移地走和平利用南极之路，坚决维护南极条约体系稳定，加大南极事业投入，提升参与南极全

---

① 杨威：《增强我国在南极的实质性存在——访国家海洋局副局长陈连增》，《中国海洋报》2006 年 1 月 13 日，第 A1 版。

球治理的能力。

二、中国的极地治理观

（一）中国参与极地治理的角色定位

参与全球治理是中国从地区大国走向全球强国的必由之路。[①] 中国在北极是《联合国海洋法公约》和《斯匹茨卑尔根群岛条约》的成员国与北极理事会的正式观察员国，在南极是《南极条约》协商国，是极地治理重要的参与者和贡献者。这些国际法身份和角色，为中国参与极地全球治理提供了国际法基础，也为中国推动完善极地全球治理机制提供了重要途径。

（二）中国参与极地治理的立场态度

中国一贯秉承不越位、不缺位、不独行的极地治理观。[②]

1. 不越位

北极治理的主导者是北极国家，其在北极地缘政治格局中占据支配地位。《中国的北极政策》白皮书指出，中国尊重北极国家在北极享有的主权、主权权利和管辖权。这清楚地向国际社会表明，中国不会超越非北极国家的身份界限去干涉完全属于北极国家之间以及北极区域内部的事务。中国已被接纳为北极理事会正式观察员国，也与多个北极国家分别建立了北极事务双边对话机制。这既表明北极理事会和北极国家对中国在北极地区合法权益与合理关切的认同，也反映出中国在北极事务上的身份定位、利益认知和政策主张，正在逐步打消相关国家对中国参与北极治理的疑虑和戒心。[③]

就主权国家而言，其南极权益是基于国际法、国际条约等规定，

① 卢静：《当前全球治理困境与改革方向》，《人民论坛》2022 年第 2 期，第 46—49 页。

② 丁铎：《北极治理中的中国角色》，中国南海研究院，2018 年 1 月 29 日，http：//www. nanhai. org. cn/review_c/259. html。

③ 丁煌、王晨光：《正确义利观视角下的北极治理和中国参与》，《南京社会科学》2017 年第 5 期，第 58—64 页。

在南极洲及南极海域所享有的相关权利与利益，主要涉及《南极条约》与《联合国海洋法公约》。中国作为《南极条约》协商国与《联合国海洋法公约》缔约国，依据条约在南极享有相关权益。中国一贯主张南极环境保护与利用应该平衡发展，积极倡导开展绿色南极活动，在保护南极生态环境的同时，满足人类对南极认识的渴望。[①]

2. 不缺位

当前，国际社会涉极地事务的制度与规则调整正密集推进，极地作为全球公域，极地治理无法离开域外国家的参与。

在体制机制方面，中国已建立较为完善的极地治理体系。中国政府多个部委机构参与极地事务，分工明确：国家海洋局极地考察办公室负责中国极地科学考察，中国海事局负责极地航运管理，农业部渔业局负责极地渔业管理。此外，《极地考察总体应急预案》《南极考察活动行政许可管理规定》《南极考察活动环境影响评估管理规定》等系列规章制度相继出台。

在立法层面，中国极地法律事业呈现崭新局面。2018 年，第十三届全国人大常委会将南极活动与环境保护法列入立法规划，[②] 南极立法正式提上日程。

3. 不独行

对于中国而言，极地不是战略博弈的竞技场，而是各方合作的新疆域，与极地国家的互动与合作是中国实现极地利益的重要途径。[③]

在北极理事会框架内和双边对话机制下，中国与北极国家始终就各自的北极政策保持着多层级的密切沟通，围绕北极科考、航运、海洋环保、气候变化等议题的务实合作不断深化。此外，非北极国家在

---

① 陈玉刚、王婉潞：《试析中国的南极利益与权益》，《吉林大学社会科学学报》2016 年第 4 期，第 95—105 页。

② 《十三届全国人大常委会立法规划》，中国政府网，2018 年 9 月 7 日，https：//www. gov. cn/xinwen/2018 - 09/08/content_5320252. htm。

③ 杨剑：《以“人类命运共同体”思想引领新疆域的国际治理》，《当代世界》2017 年第 6 期，第 22—25 页。

参与北极事务中存在诸多相同或相近的利益诉求。[1] 中国注重与韩国、日本等国进行适度协调与良性互动，从低敏感领域着手不断拓展东亚国家在北极治理上的共同利益空间。

作为《南极条约》协商国，中国参与了历届南极条约缔约国协商会议，积极参与相关管理规则的讨论和制定。同时，中国努力推动多边、双边和区域国际合作，打造南极合作伙伴关系网络，已与美国、澳大利亚、新西兰等国签订了有关南极合作的双边协定或备忘录。

三、中国的极地国际合作

（一）中国的北极合作之路

1. “冰上丝绸之路”

2011 年，时任俄罗斯紧急情况部部长的谢尔盖·绍伊古在第二届“北极—对话区域”国际北极论坛，首次将北极开发比喻为“冰上丝绸之路”。[2] 2018 年 1 月，中国政府正式发布《中国的北极政策》白皮书，明确提出：“中国愿依托北极航道的开发利用，与各方共建‘冰上丝绸之路’。”共建“冰上丝绸之路”，标志着中俄两国北极合作进入新阶段，在能源、航道、科考等领域取得诸多成果。

2. 与北欧国家的北极合作

中国与北欧国家之间有着长期友好合作的历史，在北极合作方面成果丰硕。

2012 年 4 月，中国与冰岛签署《两国政府关于北极合作的框架协议》和《海洋与极地科技合作谅解备忘录》。2012 年 8 月，中国“雪龙”号极地科考船抵达冰岛首都雷克雅未克，受到冰岛总统的高规格接见，这也是中国北极科考队首次正式访问北极国家。2013 年 9 月，

---

① 叶艳华：《东亚国家参与北极事务的路径与国际合作研究》，《东北亚论坛》2018 年第 6 期，第 92—104 页。

② 钱宗旗：《俄罗斯北极战略与“冰上丝绸之路”》，时事出版社 2018 年版，第 193 页。

中国和冰岛签署《中冰联合极光观测台协议》，中国首次通过双边协议方式建设科考站，标志着中冰两国科研合作迈出了坚实一步。①

2018 年，中国第一艘自主建造的极地科考破冰船“雪龙 2”号下水，标志着中国极地考察现场保障和支撑能力取得新突破。“雪龙 2”号由芬兰阿克北极进行基础设计，代表中国和芬兰北极合作的具体成果，是全球第一艘能够船艏、船艉双向破冰的极地科考破冰船。

（二）中国的南极合作之路

1. 与拉美国家的南极合作

中拉南极合作早在 20 世纪 80 年代就已经开始，中国能够在南极半岛建立第一个科考站并成为《南极条约》缔约国，与拉美国家的支持密不可分。②

阿根廷在中国长城站选址和建设过程中给予了极大支持。1982 年和 1984 年，中国先后派出两个代表团考察阿根廷的南极管理机构和南极考察站，使中国对南设得兰群岛及南极半岛的自然环境有了直接认识，为长城站选址提供了依据。③ 1988 年，中阿两国签署《中华人民共和国政府和阿根廷共和国政府南极合作协定》。该协定就中阿南极科技、后勤等合作进行了详细规定，开启了中拉南极合作的序幕。2022 年，两国政府发表《关于深化中阿全面战略伙伴关系的联合声明》，强调在政府间常设委员会框架下设立海洋、南极和养护分委会，加强中阿在海洋、海洋资源养护和南极领域的合作。

智利是第一个同中国建交的南美洲国家，在中国同拉美合作中发挥了重要推动作用。智利在为中国提供后勤补给服务的同时，与中国开展南极航空网络建设合作，对智利空军南极鲁道夫 · 马什中尉机场

---

① 赵宁宁、欧开飞：《冰岛与北极治理：战略考量及政策实践》，《欧洲研究》2015 年第 4 期，第 125 页。

② 单琰焱、刘明：《新时期中国与南极门户国家的后勤合作及对策建议》，《太平洋学报》2023 年第 2 期，第 81—94 页。

③ Wei - chin Lee，“China and Antarctica：So Far and Yet So Near ”，Asian Survey，Vol. 30，No. 6，1990，pp. 576 - 586.

进行改造，为中国南极科考队员前往南极提供服务。2017 年，国家海洋局与智利外交部签署《中华人民共和国政府与智利共和国政府关于南极合作的谅解备忘录》，双方确认优先推动在南极科学研究、环保、观测、法律政策以及后勤保障等领域合作，提出成立中智南极合作联合委员会。

2. 与大洋洲国家的南极合作

澳大利亚是进出东南极方向的重要门户，拥有完善的后勤基础设施。在南极领域，澳大利亚过去一直是中国南极考察活动的重要科学与后勤合作伙伴，帮助中国南极考察顺利起步。1980 年至 1989 年，应澳大利亚南极局邀请，每年约有 2—3 名中国科学家参加澳大利亚南极考察项目。此外，澳大利亚邀请中国在其南极领土主权声索区建立中山站，为从澳大利亚进出南极的中国队员提供后勤保障。自中国开展南极考察以来，考察船在澳大利亚港口停靠超 50 次。2014 年，习近平主席访问澳大利亚，中澳双方签署《中华人民共和国政府与澳大利亚联邦政府关于南极与南大洋合作的谅解备忘录》。谅解备忘录确立了中澳双方优先在南极科学领域展开合作，积极推进南极和南大洋地区的环境保护与海冰预报合作。受中美战略竞争影响，澳大利亚逐步收紧对华过境政策，加强船舶海事检查，提高从澳大利亚进出南极的门槛，两国南极合作面临困难局面。① 2017 年，中国“雪龙”号停靠澳大利亚弗里曼特尔港口期间，遭遇澳大利亚海关部门的严格检查，致使科考队在之后的港口选择上更倾向于政策相对宽松的新西兰和其他门户国家。

新西兰是中国在南极事务中友好交往较早的国家之一。中新两国在南极拥有共同的科学、环境和安全利益。1981 年至 1985 年，新西兰曾接待 9 名中国科学家到新西兰考察站开展科学考察。此后，新西兰也多次为中国的南极科考事业提供帮助。2014 年，习近平主席访问

---

① Bergin A. and Press T. , “Eyes Wide Open: Managing the Australia – China Antarctic Relationship”, ASPI Special Report, April 2020, pp. 6 – 8.

新西兰，中新两国发表联合声明，决定将全面合作关系提升为全面战略伙伴关系，并在声明中特别强调扩大南极合作。近年来，新西兰在南极门户战略上力求摆脱对美国一家独大的依赖，希望拓展与中国的多元合作，实现新西兰大国外交平衡。基督城市议会和新西兰南极局多次邀请中国考察队在基督城停靠。

思考题

1. 请比较美国、俄罗斯北极战略的异同，并思考中国应如何吸收借鉴相关经验。

2. 在中美博弈日益激烈的背景下，中国应怎样与南极门户国家中的美国盟国开展南极合作？

3. 随着北极安全形势巨变，“冰上丝绸之路”作为中国极地战略的重要组成部分，将面对怎样的机遇与挑战？

图书在版编目（CIP）数据

新型领域安全概论 / 郭晓兵主编 ；刘兰芬副主编.
北京 ：时事出版社，2024. 9（2025. 11 重印）
（国家安全学学科建设工程系列丛书）. -- ISBN 978
-7-5195-0605-6

Ⅰ. E0

中国国家版本馆 CIP 数据核字第 2024YM1257 号

出版发行：时事出版社
地　　址：北京市海淀区彰化路 138 号西荣阁 B 座 G2 层
邮　　编：100097
发行热线：（010）88869831　88869832
传　　真：（010）88869875
电子邮箱：shishichubanshe@ sina. com
印　　刷：北京良义印刷科技有限公司

开本：787×1092　1/16　印张：14. 5　字数：205 千字
2024 年 9 月第 1 版　2025 年 11 月第 2 次印刷
定价：98. 00 元